나만의 멋진 직업을 갖기 위한 전략프로그램

대학생을 위한
BS 컨설팅

엄경아 · 이정훈 · 김은정

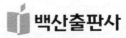 백산출판사

나만의 멋진 직업을 갖기 위한 전략프로그램
대학생을 위한 BS 컨설팅
by 엄경아 · 이정훈 · 김은정

학교와 기업에서 강의와 컨설팅을 하는 세 사람이 만났다.

행복한 삶을 위한 지니의 마술을 부리는 지니BS컨설팅의 이름으로.

(주)지니BS컨설팅은 상대방 중심적이고 사회지향적인 사고를 실현해 나가길 원하는 기업에게 Balanced Solution을 제공함으로써 지속성장의 발판을 마련함은 물론 기업과 임직원의 균형 잡힌 발전방향을 제시하고 있다.

이 책에서는 그동안의 경험을 녹여 인생의 균형(Balance)을 고려한 생애설계와 실천을 할 수 있는 중요한 주제를 다룰 것이다.

특히 첫 직장을 선택하기 전, 대학생들이 겪어야 하는 스펙의 압박과 면접관에게 잘 보이기 위해 위선의 포장으로 둘러싼 자기계발의 함정에서 뛰쳐나올 수 있도록 돕고자 한다.

'진정으로 내가 좋아하는 일이 무엇일까?'

'이 일을 통해 내가 인생에서 이루고자 하는 일은 무엇일까?'

'단지 목적을 이루면 행복할까?'

'목적을 이루는 과정을 어떻게 그릴 수 있을까?'

'그럼, 오늘 당장부터 어떤 일을 해야 할까?'

이러한 질문들에 대한 진정한 답변을 찾기 위한 목적으로 이 책을 집필하게 되었다.

이 책의 특징은 다음과 같다.

첫째, 전체적으로 4part로 나누어 "part 1은 명확한 방향성과 간절함을 가져라, part 2는 나만의 콘셉트를 적어보아라, part 3은 표현의 달인이 되어라, part 4는 꿈을 실현하라"로서 인생의 생애설계를 통하여 자신의 목표를 정하고, 막연한 목표를 실천할 수 있는 로드맵을 그릴 수 있도록 하였다.

둘째, 인생설계부터 목적을 균형 있게 이루는 것. 즉 개인과 가족, 그리고 사회와의 밸런스를 유지할 수 있는 방법과 설계 흐름을 전체적으로 파악하고 실천가이드를 통해 익힐 수 있게 하였다.

셋째, 각 파트의 내용에 앞서서 지니램프를 통하여 마음을 열고, 학생들의 지적 탐구를 위한 도서를 책 속의 책으로 엮어 각 파트의 후미에 정리하였다. 이를 통하여 한정된 책 속의 공간을 넘어 자신만의 인생의 균형을 이룰 수 있는 매직세상을 구축해 보기 바란다.

모쪼록 이 책이 방향성을 잃고 지친 어깨에 '지지 마! 힘내! 살아갈 수 있다!'라는 목소리를 실어줄, 희망과 자신감의 보물단지가 되길 소망해 본다.

끝으로 이 책이 출간되기까지 내용 감수와 자료 제공 등 여러모로 많은 도움을 주신 지니BS컨설팅의 김윤미 팀장님, 권예원 대리 그리고 부족한 글의 출판을 기꺼이 도와주신 백산출판사 관계자분들께 지면을 통해 감사의 말씀을 드린다.

자, 그럼 램프의 요정 지니와 함께 여행할 준비가 되었는가?

그럼, 마법 양탄자를 힘차게 펼쳐라.

여의도 지니BS베이스캠프에서

저자 일동

차 례

Contents

제3부   표현의 달인이 되어라 / 185

지니램프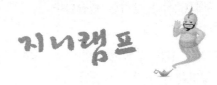

꿈? 그게 어떻게 네 꿈이야. 움직이질 않는데.

그건 별이지, 하늘에 떠 있는. 가질 수도 없는, 시도조차 못하는, 쳐다만 봐야 하는 별.

지금 누가 황당무계 별나라 이야기하재? 네가 뭔가를 해야 될 거 아니야!

조금이라도 부딪히고, 깡을 쓰고, 하다못해 계획이라도 세워봐야 거기에 너의 냄새든

색깔이든 발라질 거 아니야!

그래야 너의 꿈이라 말할 수 있는 거지. 아무거나 갖다 붙이면 다 네 꿈이야?

그렇게 쉬운 거면 의사, 변호사, 판사 몽땅 갖다 네 꿈 하지 왜!

꿈을 이루라는 소리가 아니야. 꾸기라도 해보라는 거야!

사실 이런 얘기 다 필요 없어. 내가 무슨 상관있겠어? 평생 괴로워할 건 넌데.

난 이 정도밖에 안되는 놈이구나. 꿈도 없구나! 꾸지도 못했구나! 삶에 잡아먹혔구나!

평생 살면서 네 머리나 쥐어뜯어봐.

죽기 직전이나 돼서야 단발마의 비명 정도 지르고 죽든지 말든지.

똑똑하면 한 가지 안 좋은 점이 있죠.

세상 돌아가는 이치를 남보다 빨리 깨닫게 됩니다.

어느 날 딱 감이 오더군요.

부자는 계속 부자고 가난뱅이는 계속 가난뱅이구나.

고로 나는 죽을 때까지 이 모양, 이 꼴이겠구나!

그래서 대신 키운 게 자존심이었습니다.

대통령 아들보다 더 고개를 빳빳이 들고 다녔죠. 그렇게 버텼는데…

그것도 물난리가 나자 다 소용이 없어졌습니다.

그날 이후로 나는 그냥 컨테이너에 사는 지지리도 가난한,

그러면서도 수재의연금도 안 받겠다고 튕긴 주제파악도 못하는 거지새끼일 뿐이었죠.

그때 저는…. 그래요, 죽을 생각을 했습니다.

아무것도 할 건 없었습니다.

그냥 가만히 앉아서 십분 정도 견디면 되는 거였습니다.

그때였습니다. 옆방에서 소리가 들려왔습니다.

생전 처음 들어보는 아름다운 음악이었습니다.

정말입니다. 꿈인지 환상인진 모르겠는데

나는 거기서 오케스트라를 봤습니다.

그 오케스트라를 지휘하고 있는 먼 훗날의 나도 봤습니다.

구원이었죠. 위로였고, 힘이었습니다.

그리고 저는, 지휘자가 되었습니다.

그때 제가 받았던 위로를, 그 힘을! 여러분들도 같이 느꼈으면 좋겠습니다.

이기적이 돼야 합니다.

여러분은 너무 착해요! 아니, 착한 게 아니라 바보입니다!

부모 때문에, 자식 때문에, 애 때문에, 희생했다? 착각입니다!

결국 여러분의 꼴이 이게 뭡니까.

하고 싶은 건 못하고, 생활은 어렵고, 주변 사람 누구누구 때문에 희생했다.

피해의식만 생겼잖습니까?

이건 착한 것도 아니고, 바보인 것도 아니고, 비겁한 겁니다.

마음만 먹으면 얼마든지 만들어낼 수 있는 백 가지도 넘는 핑계를 대고 도망친 겁니다.

여러분은 욕심.

넌 그걸 출세니 명예니 그딴 거로만 파악하는 모양인데.

진짜 욕심은 그게 아니야.

이 안에 네 열망이 부글부글 끓고 있는 것!

욕심은 다른 말로 힘이야.

얼마나 힘들고 뭐가 어떻게 가로막던 간에 다 뚫고 나오는 힘! 독기!

넌 결정적으로 그게 없어.

아무도 도와주지 않고 아무리 발버둥쳐도 죽을 수밖에 없는 거.

그게 바로 절망이고 현실이고 실감이야.

그걸 거쳐야만 네가 병 앞에 당당해질 수 있는 거야.

겁이 나서라고 생각해.

사람의 마음이라는 게 어디로 튈지 모르잖아.

좋아했다 실망하게 되고 또 기대하고 예측이 안 되는 거야.

두려운 거라고.

죽은 사람들하고만 놀잖아. 다 나온 악보하고만 상대하잖아.

착각하는 게 있어.

그 악보도 다 그 사람들이 살아 있을 때 쓴 거야.

펄펄 끓는 감정 다 담고 있어.

근데 그 감동 무시하고 어떻게 그 악보를 이해해… 빈 껍데기야.

음악 흉내만 내고 있는 거라고.

솔직해야 돼.

우리들한테가 아니라 자신한테. 자신의 감정까지도 속이고 있다고.

버나드 쇼가 죽으면서 뭐라 했는지 알아?

우물쭈물하다가 내 이렇게 될 줄 알았다고 그랬어!

인생이 얼마나 짧은데

할 수 있을 때 마음껏 솔직히 다 해보는 거야!

-MBC 수목드라마 "베토벤 바이러스"(2008) 강마에 어록 중에서 발췌-

명확한 방향성과
간절함을 가져라

Chapter

나의 세상 엿보기

○ **Objective**

01 인생설계를 위한 첫 번째 양탄자는 나의 소중함을 깨닫는 것이다.

'친구가 있는 사람은 결코 실패자가 아닌 것을 기억하길 바래'라는 글처럼 나의 소중함은 타인과 함께 공유된다.

자신이 먼저 다른 사람의 빵과 소금과 와인이 되도록 하는 것이 나의 가치를 느낄 수 있는 방법임을 알도록 한다.

02 성공의 개념이란 금전적 보상을 넘어서 행복을 이루어 나가는 것이다. 타인이 만든 성공의 기준이 아니라 내가 성공한 사람이라고 말할 수밖에 없는 이유 등을 고찰해 보면서 자신이 그릴 수 있는 성공 개념의 큰 그림을 그려본다.

03 나의 과거, 현재, 미래에 대한 자기분석을 통해 자아를 확실히 깨달아가는 발판을 마련한다.

자기 분석 프로세스의 마법공장에 들어가 보아라.

제1절 빵과 소금과 와인

얼마 전 대학로 소극장에서 참 따뜻한 우유 한 잔 같은 뮤지컬을 보게 되었다. 뮤지컬 'Punch, Punch'에 나오는 동화 속 나라 웨믹마을은 우리가 살고 있는 세상과 아주 흡사하다. 나무 인형들이 사는 마을이지만 다들 각자의 직업을 가지고 있으면서 멋진 일을 하면 별을 몸에 붙이고, 실수를 하거나 일을 망치면 점을 몸에 붙이게 된다. 그런데 착한 일을 하고 선한 일을 했을 때 별을 받는 것이 아니라 사람들이 좋아할 만하고 멋진 일을 해야만 별을 받을 수 있다는 것이 어쩌면 우리가 살고 있는 지구별과 닮아 있다. 별을 가장 많이 받은 '럭셔리'라는 캐릭터는 온몸에 별을 달고 있지만 결국 야망과 욕망의 노예일 뿐 그의 삶은 지루하기만 한 것이었다. 반면, '엉망진창'이라는 이름을 가진 주인공은 착하고 선한 마음씨를 가졌으나 욕심이 없다. 성실히 우유배달을 하며 살아가는 엉망진창 '펀치'. 하지만 계속되는 실수로 몸에 점은 늘어만 가고 나쁜 웨믹들에게 납치를 당해 더 많은 점을 얻게 된다.

친한 친구였던 루시아마저 실종되어 힘겨운 시간을 보내던 펀치.

루시아가 마을로 돌아오던 날, 그녀는 더 이상 점도, 별도 몸에 붙지 않게 변해 있었다. 모두에게 공포의 대상이자 위험한 곳으로 알려져 있는 엘리 숲에 다녀왔다는 루시아, 루시아는 점과 별 때문에 힘겨워하는 펀치에게 엘리 숲으로 함께 가자고 말하지만 펀치는 두려워 망설이기만 할 뿐이었다.

1막의 웨믹마을 소개와 돌아온 루시아에 대한 이야기가 끝나고 2막에서는 웨믹 최고의 명예인 왕별을 따기 위한 왕별 축제가 벌어진다. 모두가 멋진 장기를 뽐내거나 묘기를 부려 왕별을 타기 위해서 바쁜데, 펀치에게는 이것이 매일매일 힘겨운 시련일 뿐이다.

이럴 때마다 항상 곁에서 펀치를 위로해 주는 청소부 '클리'할아버지, 그는 점도, 별도 몇 개 붙어 있지 않지만 펀치를 사랑해 주시던 유일한 분이다. 어느 날

그분조차 사라져, 엘리 숲의 괴물이 잡아갔다는 소문이 돌고 펀치는 할아버지를 구하기 위해 숲으로 가고 싶어하지만, 재미있는 먹잇감을 노리던 럭셔리의 꼬임에 넘어가 왕별 축제에 참가하기로 한다. 그러나 결국 웃음거리가 된 펀치. 3막이 열리며 다른 웨믹들에게 손가락질을 받으며 괴로워하는 펀치에게 루시아는 엘리 숲에 있는 엘리 아저씨에 대한 놀라운 사실을 알려주며 펀치를 숲으로 이끈다. 더 이상의 시련은 없을 것처럼 너무나도 큰 상처를 입은 펀치는 마지막으로 용기를 내어 엘리 숲으로 떠난다.

엘리 아저씨의 집에서 엘리는 따뜻한 목소리를 가진 그를 만나게 된다. 바로 처음 엘리를 만든 나무인형 조각가인 엘리 아저씨, 그리고 상처받은 엘리에게 두 팔을 벌리며 "나는 한 번도 쓸모없는 웨믹을 만든 적이 없으며 너는 특별하단다. 사랑하는 펀치넬로!"라고 말하며 그를 안아준다. 알고 보니 그는 언제나 펀치를 곁에서 위로해 주던 클리 아저씨였던 것이다. 그때서야 비로소 펀치는 깨닫게 된다. 이 세상 어디에도 나와 같은 존재는 없으며, 실수하지 않는 나를 사랑하는 그분이 그를 만들었다는 것을… 그리고 노래한다.

전엔 몰랐어요.
내가 소중한 존재라는 걸 이제는 알아요.
나는 더 이상 혼자가 아니야.
이 세상에 하나밖에 없는 특별한 존재
아무리 많은 실수를 해도
잘하는 게 아무것도 없어도
얼굴이 예쁘지 않아도
나는 특별해요.
난 특별해요.
나는 최고의 작품
난 특별해요.

실수가 없으신 그분이 만드셨죠.

이 세상에 하나밖에 없는

특별한 존재.

스스로 초라해지기만 하던 사람들에게 엘리 아저씨처럼 우리 곁의 친구 같은 그 누구, 동반자, 혹은 믿고 있는 신을 통해 우리가 하나밖에 없는 특별한 존재임을 깨닫게 해주는 펀치의 이야기는 그렇게 많은 이들의 가슴에 울림이 되어 존재의 가치를 깨닫고 스스로 행복해지는 비밀을 속삭이는 듯하다.

2002년에 출간된 철학교양서 『지구가 1백 명의 마을이라면』의 저자 스미스 씨는 "이 세상의 69억 인구 중에서, 만약 아침에 일어났을 때 병에 시달리지 않고 건강하다면 당신은 이번 주를 넘기지 못하고 죽을 수백만의 사람들보다 축복받은 것이다.

만약 전쟁의 위험이나 투옥살이의 외로움, 고문의 고통, 또는 굶주림의 고통을 경험해 보지 못했다면 당신은 세계 5억 명의 사람들보다 나은 삶을 살고 있는 것이다.

만약 괴롭힘이나 체포, 고문, 사망의 공포 없이 자유로이 교회를 다닐 수 있다면 당신은 세계의 30억 명의 사람보다 축복받은 것이다.

만약 냉장고에는 음식이 있고 옷을 입고 있으며 지붕이 있는 잠을 잘 곳이 있다면 당신은 전 세계 인구의 75%보다 부유한 것이다.

만약 은행에 돈이 있고 지갑에 돈이 있으며 거스름돈을 나눠줄 수 있다면 당신은 부로 세계 8% 안에 드는 것이다.

만약 당신의 부모님들이 아직 살아계시고 아직 이혼하지 않았다면 미국과 캐나다 안에서도 당신은 매우 특이한 경우다.

만약 당신이 이 글을 읽을 수 있다면 누군가 당신을 생각해 준다는 것이므로 두 배의 축복을 받은 셈이다.

더욱이 당신은 전 세계의 전혀 읽지 못하는 20억 인구보다 더 축복받은 것이다.

누군가는 말했다. 떠난 것은 다시 돌아온다고.

그러므로

돈이 필요 없는 것처럼 일하고(Work like you don't need the money.)

한 번도 상처받아 본 적이 없는 것처럼 사랑하라.(Love like you've never been hurt.)

아무도 널 보지 않을 때처럼 춤추고(Dance like nobodies watching.)

아무도 듣지 않을 때처럼 노래하라.(Sing like nobodies listening.)

지구가 마치 천국인 것처럼 살아가라.(Live like its Heaven on Earth.)"라고 했다.

당신은 지구상에서 하나밖에 없는 특별한 존재이다. 때문에 당신이 세상에 남긴 자취는 이전에도 없었고 이후에도 없을 것이다. 그 누구도 당신과 같은 꿈을 꿀 수 없고 당신과 같은 목소리로 누군가를 격려해 주지 못한다.

동기부여 세미나에 참석하는 사람들은 자신이 스스로를 사랑할 때까지는 다른 사람들도 자신을 사랑할 수 없다는 이론을 듣게 된다. 그래서 사람들은 스스로를 사랑하기 위해 매우 열심히 고군분투하지만 결국에는 무위에 그치고 만다.

영화 '멋진 인생'은 주인공으로 나오는 제임스 스튜어디스의 크리스마스 기적을 보여주는 작품으로 스티븐 스필버그가 어린 시절 감동받은 작품이기도 한데 미국에서는 연말특집 영화로 종종 방영되고 있다.

아주 가난한 이태리계 이민자들이 힘들게 처음으로 새 집을 장만해 이사를 할 때 제임스는 주택기금을 마련해 주는 정직한 저축은행의 담당자로서 그들에게 빵과 소금과 와인을 선물하며 손을 잡아준다. 그리고 이렇게 말한다. "빵은 이 집에 가난이 결코 없기 위해서, 소금은 삶의 질을 향상시키기 위해서, 포도주는 기쁨과 번영이 늘 함께하기를 바라는 바람에서 드립니다."

내적 성찰이 중요하긴 하지만 그것이 자신의 진정한 가치를 객관적으로 알려줄 수는 없다.

있는 그대로의 우리 모습을 사랑하는 그 누군가의 눈을 통하지 않고서는 결코 우리 자신의 진정한 가치를 알 수 없다.

자신의 일생 동안 스스로에 대해 확신할 수 없었을 때, 자신을 믿어준 그 누군가를 곁에 두지 않은 상태에서 진정으로 성공한 사람은 단 한 명도 없을 것이다.

누군가의 빵과 소금과 와인이 되면 나의 소중함도 나를 사랑함도 그렇게 어렵지 않은 것을 알 수 있을 것이다.

그러면 당신은 스스로 하고 싶은 일을 할 것이고 그것을 통해 삶을 완성시킬 수 있다. 당신과 주변 사람들에게 마음의 평화와 행복을 가져다줄 수 있다. 당신은 그만한 가치가 있다. 당신은 69억 개 소행성 중의 유일무이한 아주 특별한 하나이니까.

제2절 성공의 개념

일흔일곱 살. 두 번의 암수술. 그럼에도 불구하고 "행운의 숫자가 두 번이나 겹치는 딱 좋은 나이다. 오늘이 내 삶의 클라이맥스"라고 말하는 헤어드레서 그레이스 리 씨는 가정주부에서 헤어드레서 그리고 중국요리 선생으로 3막 인생을 시작했다. 이 선생님의 주방에서 펄떡일 통영 바닷가의 싱싱한 생선처럼 우리의 마음 속 깊은 곳에는 세상이 말하는 성공이 아닌 내가 선택한 가치 있는 삶, 가슴이 쿵쾅거려 잠 못 이룰 만큼 설레는 삶을 살고자 하는 바람이 있다. 진정으로 행복한 삶이 무엇인지, 또 진정으로 가치 있는 삶이 무엇인지를 스스로에게 묻는다면, 돈을 많이 버는 것도, 사회적인 명예를 얻는 것도, 또 많은 지식을 쌓는 것도 아님을 쉽게 알게 된다.

직장인들의 책상 위와 서랍 속, 자동차 뒷좌석, 가방 안을 들여다보면 한결같이 '성공'이라는 한 가지 주제로 집약되는 각종 카세트, 서적, 소책자 및 기타 잡동사니들을 발견할 수 있다. 많은 직장인들이 동기 부여나 성공관련 자료에 대하여 저장창고 노릇을 하고 있는 것이다. 이와 같이 성공에 대하여 세계적 명성을 자랑하는 최고 권위자들의 지혜를 수집하는 데 심혈을 기울이고 있음에도 불구하고, 대다수 사람들은 평균 수준을 크게 벗어나지 못한 정도의 성공만을 거두고 있는 실정이다. 마치 웨믹마을의 나무인형들처럼 말이다.

수많은 사람들이 그토록 열망하는 성공의 고지에 도달하지 못하고 그저 그렇고 그런 수준에 머무를 수밖에 없는 이유는 무엇인가. 전문가들은 그런 문제의 일부 요인에 대해 "대부분의 사람들이 성공을 오직 금전적인 관점에서만 정의하는 동시에 성공적인 인생을 구성하고 있는 기타 핵심적인 요소에 대해서는 거의 백안시하고 있기 때문"이라고 말한다.

『신념의 위력』을 쓴 심리학자 잔 골트 박사는 "성공의 의미를 아주 편협하게 정의하고 있는 사람들은 자신의 금전적인 실패에 대해 '극복하기에는 너무 어려운 상황'이라며 포기하는 경우가 다반사"라고 설명한다. "당신이 반복해서 퇴짜를 맞거나 큰 판매건수를 놓쳐버리거나 또는 부도위기에 직면하였다고 가정해 보십시오. 인생의 성공이 오직 이 한 가지 요소에만 달려 있다고 생각하면 마치 인생의 패배자가 된 것처럼 느낄 것입니다. 사람들은 이런 상황에 놓이면 쉽게 우울증에 빠져들 수도 있습니다."

그러나 우리가 현재의 경제적 상태와 그 결과를 바꿀 수는 없다고 할지라도 그 결과를 인식하고 해석하는 방법에 따라 얼마든지 자신의 정신과 감정의 상태는 통제할 수 있다는 것이 잔 골트 박사의 주장이다.

이렇게 해야 '금전적 성공'이라는 좁은 의미가 아닌, 진정한 의미의 영속적인 성공이 가능하다는 것이다.

이와 관련하여 *Biznet times*에서 말콤 플레쉬너(Malcolm Fleschner)는 이러한 예화를 소개하였다.

미 남동부의 정상급 보험회사인 스테이트팜의 보험사무소 중 하나를 총괄 운영하고 있는 클리프 갤리언은 '자신의 성공 정도는 전적으로 다른 사람을 도울 수 있는 자신의 역량에 달려 있다는 사실'을 직장생활 초기에 깨닫게 되었다고 주장한다.

"내가 막 사업에 첫발을 들여놓았을 때 내가 알고 있는 한 여성이 극히 개인적인 가정문제를 가지고 전화를 걸어왔습니다. 그녀는 남편과의 불화로 이혼상황에 놓였던 것이었습니다.

그녀는 호소조로 '클리프, 당신이 우리 애들에게 지도를 해주었던 것처럼 이제는 나에게 도움을 주었으면 좋겠네요.'라고 말하더군요. 그녀는 남편과 이혼하게 되자 혼자의 생존에 필요한 자동차보험과 주택보험, 건강보험, 그리고 생명보험을 갖춰야 했던 것이죠.

그 순간 나는 내가 커다란 사명을 수행하고 있다는 사실을 비로소 깨닫게 되었습니다. 이 경험은 나에게 세일즈란 단순히 제품을 판매함으로써 돈을 버는 것뿐만 아니라, 사람들에게 도움을 베푸는 것이라는 인식을 심어주었습니다.

당신이 어떤 분야에 종사하든 세일즈에는 하나의 목표가 있기 마련이며, 특히 나처럼 보험사업을 하는 경우에는 사람들의 건강과 자산, 그리고 가정을 보호하는 것이 그 목표라고 할 수 있습니다.

그러나 당신이 금전적인 측면에만 너무 치중하다 보면 그 본연의 사명감을 상실하게 되고 말 것입니다. 당신은 사람들이 직면하고 있는 장애와 문제를 극복할 수 있도록 도와준다는 그 진정한 측면을 간과해서는 안될 것입니다.

당신이 본연의 사명감에 충실할 때 세일즈는 자동적으로 발생하는 것이죠. 나는 사업 초기에 이와 같은 진리를 터득할 수 있었지만 다른 많은 사람들은 그렇게 운이 좋지 못한 것 같아요."

"사람들은 세일즈의 성공을 종종 단순한 금전적 보상이라는 개념으로만 해석하고 있지만, 나는 그것이 당신의 제품이나 서비스를 통해 그 누군가에게 효용을 제공해 주는 것으로 생각합니다.

당신이 양질의 볼펜 제품을 상대방에게 제시할 때, 단순히 매력적인 가격조건뿐만 아니라, 상대방이 그 제품을 사용함으로써 어떤 문제점을 해결할 수 있는지 알려줄 수도 있는 것이죠."

제3절 타인이 만든 성공의 기준

자기계발서 『석세스로드맵』(이상각)은 성공이란 무엇인가에 대해 이렇게 정의 내렸다. "돈을 버는 것, 명예를 얻는 것, 꿈을 이루는 것, 잘 먹고 잘사는 것, 물론 이 모든 해답이 정답이다. 하지만 이 모든 정답이 오답이 될 수도 있다. 한 가지 물음에 여러 가지 정답이 오답이 될 수도 있다. 한 가지 물음에 여러 가지 정답이 나올 수 있는 문제는 문제랄 수 없기 때문이다. 그러므로 질문은 이렇게 바뀌어야 한다. 당신은 성공을 무엇이라고 생각하는가 그리하여 한 사람에 하나밖에 없는 해답이 모습을 드러낸다. 그리고 그것은 결코 오답이 될 수 없다. 성공이란 행복의 진행형이다."

교육을 잘 하기로 유명한 유태인들은 그들만의 성공법칙을 공유하고 있다.

바로 '셰마 이스라엘'. 이는 정신적 가르침으로써 그들은 무엇을 하든 '마음', '목숨', '힘'을 다해서 하도록 어릴 때부터 훈련을 받는다. 그리고 이것을 '거듭거 듭' 반복하도록 일상에서 배운다. 이러한 삶의 자세에서 그들은 '행복'을 느끼며 그 행복감이 자연스럽게 성공을 이끈다.

행복이란 '작고 평범한 것에 있는 맑고 의미 있는 것'이라고 할 수 있다. 사람들 이 자신의 커리어를 찾고 발전시키려고 노력하는 가장 근간은 바로 행복을 찾기 위해서이다.

여기에서 행복이란 말 자체가 가지고 있는 무수한 함수를 상상해 보라. 행복이 란 지속적인 만족이고 완성이며 도전이다. 그러한 삶을 사는 사람들이 곧 성공한 사람이며 성공한 삶을 살고 있는 사람이라는 뜻이다.

어떤 사람이든 도달하고 싶은 인생의 목적이 있고 그것을 완성시키고자 하는 욕망이 있다. 그렇지만 수많은 사람들이 명확한 계획을 세우지 못하고 행동을 주 저하는 까닭에 소중한 세월을 낭비하고 있다. 다시는 돌아오지 않을 시간을 잃어 버리는 만큼 당신의 존재가치는 엷어진다.

그리고 현재의 일이 다음과 같은 기준에 적합한지를 검토해야만 하는 것이다.

첫째, 자신은 물론 가족의 생활을 만족시킬 수 있는 수입이 있는가?

둘째, 그 외에 다른 사람을 위해 쓸 수 있을 만큼의 여유가 있는가?

이 두 가지 질문에 만족스럽지 못하다고 해서 실망할 것은 없다.

이제 당신은 종이와 펜을 들고 인생의 계획표를 그려낼 차례가 된 것뿐이다. 그것이 바로 당신 안에 담겨진 보물지도가 될 것이다.

제4절 무지함이 주는 골병

가장 훌륭한 크리스마스 소설로 사랑받으며 매년 전 세계 수백만 독자에게 읽히는 고전소설 『크리스마스캐롤』은 1843년 작가 찰스 디킨스가 직접 출판, 발간 즉시 큰 반향을 일으키며 장기 베스트셀러 대열에 올랐다. 최초의 시간여행 소설인 이 작품은 유령 이야기 중에서 가장 사랑받는 작품이다. 그러나 그 핵심은 '다시 태어남'이다. 주연을 맡은 짐 캐리는 말한다. "잘 만들어진 개과천선 스토리는 모든 사람들의 심금을 울린다. 인생에서 진정 중요한 것이 뭔지를 깨달아가는 한 인간의 이야기를 이처럼 잘 그린 작품도 드물 것이다."

찰스 디킨스의 소설 『크리스마스캐롤』이 2009년 디즈니사에 의해 원작의 환상과 감동을 3D 화면에 고스란히 옮겨졌다. "마치 영화로 만들기 위해 이 소설을 쓴 것 같다. 매 장면이 너무나 시각적이고 영화적이다"라는 찬사를 받은 이 작품은 시공간의 여정을 다룬 소설 중 최고의 걸작이다.

내용은 소설을 조금 각색했을 것이라는 짐작과 달리 소설의 내용 그대로를 거의 재현해 놓았다고 볼 수 있다. 천하의 구두쇠 에비니저 스크루지(짐 캐리 분)는 올해도 여느 때와 다름없이 자신의 충직한 직원 밥(게리 올드먼 분)과 쾌활한 조카 프레드(콜린 퍼스 분)에게 독설을 퍼부으며 크리스마스이브를 맞는다. 그날 밤,

그의 앞에 7년 전에 죽은 동업자 말리의 유령이 나타난다. 생전에 스크루지만큼 인색하게 살았던 벌로 유령이 되어 끔찍한 형벌을 받고 있는 말리는 스크루지가 자신과 같은 운명에 처하는 것을 막고 싶었던 것. 그는 스크루지에게 세 명의 혼령이 찾아올 것이라고 알려준다. 그 이후 말리의 이야기대로 과거, 현재, 미래의 세 혼령이 찾아와 스크루지에게 결코 보고 싶지 않은 진실을 보여준다. 그가 과거에 어떻게 살았었고, 현재는 어떻게 살고 있고 또 미래엔 어떻게 죽게 될 것인지를…. 스크루지는 너무 늦기 전에 지금까지의 삶을 돌아보고 미래의 파멸을 피할 수 있을까?

인색한 스크루지를 개과천선시키는 데 결정적 역할을 하는 것은 물론 유령들이다.

과거 크리스마스의 유령은 명멸하는 불꽃의 형태로 등장한다. 원작자 디킨스는 이 유령을 '밝고 선명한 빛의 분출'로 묘사했다. 과거의 유령에 의해 젊은 시절로 돌아간 스크루지는 도제시절 자신의 상사였던 페지위그와 동료 딕 윌킨스, 사랑하는 약혼녀 벨 등을 만나 뼈저린 감회에 빠진다.

현재 크리스마스의 유령은 긴 옷을 입은 쾌활한 거인의 형태로 등장, 현재의 스크루지의 삶이 어떤 것인가를 있는 그대로 보여준다. 자신의 고용인인 서기 크라칫의 초라한 집을 방문한 스크루지는 그의 막내아들 꼬맹이 팀이 중병에 걸렸음을 알게 된다. 다음 방문지는 크리스마스 파티가 열리고 있는 조카의 집. 그곳에선 스크루지를 조롱하는 스무고개게임이 한창이었다.

스크루지를 찾아온 마지막 유령은 미래 크리스마스의 유령. 그는 최근에 죽은 한 남자의 시신 앞으로 스크루지를 데려간다. 사업가들은 그의 유산에 관해 이야기를 나누고, 하녀 딜버 부인과 고물상 조 영감은 죽은 남자의 커튼과 침대 시트 따위를 빼돌려 판다. 스크루지는 죽은 남자가 누군지 말해 달라고 유령에게 요구한다. 그의 묘비명에 자신의 이름이 쓰여 있음을 알고 경악하는 스크루지. 그에게 단 한 번만의 기회라도 남아 있는 걸까?

짐 캐리는 자신의 배역을 이렇게 설명한다. "스크루지는 자신의 삶을 사랑하는 인물이 아니다. 그는 홀로 살기를 원하지만, 산에 숨어사는 영적인 은둔자 스타일은 아니다. 그는 자신의 둥지가 최대한 안락하기를 원하는데, 그 둥지 밖으로 나가 세상 사람들에게 비참한 자신의 모습이 노출되는 것을 원치 않기 때문이다. 그러나 나는 그가 단순한 수전노는 아니라고 생각한다. 누구나 한 가지 면으로 설명될 수는 없지 않은가? 결국 누구나 마음 깊은 곳에는 선한 구석이 있기 마련이다."

유령들 셋 다 결국은 스크루지 모습의 확장이라 할 수 있다. 저마다 나름대로 스크루지의 모습이 숨어 있다는 뜻이다. 그래서 짐 캐리가 세 유령들의 캐릭터까지 모두 맡아 연기했다.

그러나 이렇게 훌륭한 연기자 짐 캐리는 당신 인생스토리의 주인공이 될 수 없다.

이제 당신 스스로가 스크루지와 세 유령이 되어 보자.

이번 절에서는 우선 자기 자신의 과거와 현재, 앞으로의 구상과 꿈 등을 통틀어 자아를 깨달아가는 자기 분석을 통해 잠시 '과거사 비밀'이라는 열쇠로 잠겨 있던 비밀의 방을 열고 어린 시절의 나를 만나 보기 바란다. 마치 스크루지가 과거의 혼령과 같이 과거로 날아간 것처럼. 그리고 마치 시력이 감퇴된 사람처럼 다른 사람은 보는데 내가 보지 못하는 맹점을 찾고 미래로 날아가 보자.

스크루지가 이러한 무지함을 갖지 않았다면 유령과 여행하는 동안 골병을 앓지 않았을 텐데 말이다. 실천가이드를 참고하여 내용을 차근차근 적어보도록 한다.

세 유령	특 징	실 행 과 제(실천가이드 참고)
과거의 유령	밝고 선명한 빛의 분출	어린 시절로 돌아가기
		내 안의 열정 찾기
현재의 유령	긴 옷을 입은 쾌활한 거인	진로발견 프로세스
		나만의 키워드 써보기
		내가 걸어온 길
		자서전
		타인의 눈으로 나를 보기
		SWOT분석
		취업활동기간 동안 목표 정하기
미래의 유령	그림자	성공한 미래 상상하기
		플랜, B·C 만들기
		미래의 명함 만들기

○ 실천가이드

1. 설득형 펩톡 만들기

　스스로를 키워주는 말들, 즉 펩톡이 지속적 동기부여를 하지 못하는 이유는 뇌를 설득하지 못했기 때문이다. 이를 설득형 펩톡으로 바꾸어 보도록 한다. 내가 이해할 수 있는 질문과 답의 유형으로 바꾸고 질문에 대해 스스로의 답을 작성한다.

before	after
나는 정말 사랑스런 사람이야	내가 정말 사랑스런 사람인 이유가 무엇일까?
나는 친절하고 정도 많고, 타인들에게 나눠줄 것도 많이 갖고 있어	내가 친절할 때는 언제일까? 내가 정을 실천할 때는 언제일까? 내가 타인들에게 나눠줄 많은 것은 무엇일까?
나는 재능도 많고 지적이며 창조적인 사람이야	내가 가진 재능은 무엇일까? 내가 지적이며 창조적일 때가 언제일까?
나는 하루하루 점점 더 매력적으로 변해가고 있어	내가 하루하루 점점 더 매력적으로 변해가는 모습은 무엇일까?
내겐 삶에서 최고의 것들을 누릴 자격이 있어	내가 삶에서 최고의 것들을 누릴 자격이 있는 이유는 무엇일까?
나에게는 베풀 것이 많아. 다른 사람들도 그렇게 생각하고 있어	내게 베풀 것이 많은 건 무엇일까? 왜 다른 사람들도 그렇게 생각할까?
나는 세상을 사랑하고, 세상도 나를 사랑해	내가 세상을 사랑할 수밖에 없는 이유는 무엇일까? 세상이 나를 사랑할 수밖에 없는 이유는 무엇일까?
나는 기필코 성공할 거야	내가 기필코 성공할 수밖에 없는 이유는 무엇일까?

2. 어린 시절로 돌아가기

어린 시절 겪었던 흥미로운 추억이나 남들로부터 인정 혹은 칭찬을 받았던 특기 등을 기억해 본다. 딱지 치기는 무조건 1등을 했다거나, 영어시간만 되면 수업시간에 유달리 집중하게 되었다거나 하는 일들 말이다. 이러한 과거의 일들은 우리가 의식했든 의식하지 못했든 자아확립시기에 아주 큰 역할을 담당했을 것이다. 과거에 잘했던 일들이나 타인들로부터 인정받았던 사건들은 현재 스스로 자신감을 회복할 수 있는 좋은 촉매제가 된다.

나는 남들에게 주목받은 경험도 없고 특별히 상을 받아 본 것도 없다고 좌절하지 말자.

어린 시절 밥 먹는 것도 잊고 무언가 몰두했던 경험이 있을 것이다. 밥 먹는 것보다 좋았던 것, 그건 무엇이었을까?

▶ 학창시절 좋아했던 과목이나 잘했던 과목들을 떠올려 보자.	
[과거의 유령과 함께 만난 과거의 나] – 나는 몇 살일까? – 나는 어떤 옷을 입고 있을까? – 나는 어떤 표정을 하고 있을까? – 내 손에 책이 있다. 책 표지에는 무엇이라고 씌어 있을까? – 그 책의 50p를 열어보라. 첫 소절을 읽어 보아라	[과거의 유령과 함께 만난 과거의 나] *그려보자
좋아했던 일이나 과목	잘했던 일이나 과목
공통적으로 드러나는 특성	

3. 내 안의 열정 찾기

학창시절 공부에 흥미를 갖지 못했다고 해도 무언가 열중하게 되는 일들은 한 가지씩 가지고 있다. 그것이 학습과 연관되지 않더라도 스스로 기쁨과 집중력을 발휘하게 되는 일이기에 그 가치를 함부로 취급할 수 없는 것이다.

지금까지 살아오면서 가장 열중했던 일을 생각해 보고 이를 통해 자신이 좋아하는 일이 궁극적으로 무엇인지 확인해 본다. 그리고 긴 시간 동안 지속할 수 있었던 이유를 파악하여 내 안에 이미 가지고 있는 능력을 꺼내는 시간을 가져보자.

▶ 지금까지 살면서 시간 가는 줄 모르고 가장 열중했던 일은 무엇이었을까?	
단기	- 10시간 이상 지치지 않고 했던 것이 있다면 무엇이었을까?
	- 왜 10시간 이상이나 이 일을 했을까?
	- 이 일을 통해 무엇을 얻었을까?
장기	- 3개월에서 1년 이상 열중해서 지속했던 활동은 무엇이었을까?
	- 이 일을 하게 된 나의 목적은 무엇이었을까?
	- 이 일을 마쳤을 때 무엇을 느꼈을까?

4. 진로발견프로세스

　과거유령과의 관계를 청산하고 이제 현재의 긴 옷을 입은 쾌활한 거인유령을 만나보자. 사회준비생으로서 전반적인 자세를 갖추기 위해 가치관과 같은 내적 자세와 현실적으로 어떻게 실천할 만한 계획을 세우고 있는지 외적인 자세를 갖추어 보도록 한다.

▶ 진로발견프로세스는 제3장 환호성을 부르는 나의 직업을 통해 실습해 본다.

5. 나만의 키워드 써보기

　키워드라는 말은 일반적으로 인터넷 검색 용어로 주로 쓰인다. 이제 이 키워드를 나 자신에 고정시켜 보고 '나는 어떤 사람인가'라는 질문에 대답하기 위해 어떤 대표적인 단어 하나를 내세워야 나에 대한 설명이 가능한지 생각해 본다. 이 키워드는 관념적인 단어보다는 구체적인 단어를 생각해 내는 것이 좋다. 평가는 옳으면 ○, 중간이면 △, 다르면 ×로 표현해 본다.

▶ 아래의 키워드를 다음 문장에 넣어 옳으면 ○, 중간이면 △, 다르면 ×로 표시한다.

나는 _____ 한 사람이다.

키워드	평가	키워드	평가

6. 내가 걸어온 길

기업의 CEO만 내가 걸어온 길에 대해 쓸 수 있는 특권이 있는 건 아니다. 아르바이트나 각종 인턴과정을 통해서 자신이 좋아하는 분야를 잠깐이나마 체험해 본 적이 있는지, 혹은 학교에서의 정규교과과정 외에 여러 가지 사회경험이나 특이한 경력을 쌓아둔 것이 있다면 생각의 제한 없이 기입해 보자.

▶ 내가 걸어온 길							
대학생활 동안 자신이 경험했던 내용을 구애받지 말고 자유롭게 기술해 본다.							
항목		항목		항목		항목	
기간		기간		기간		기간	
배운 점		배운 점		배운 점		배운 점	
항목		항목		항목		항목	
기간		기간		기간		기간	
배운 점		배운 점		배운 점		배운 점	

7. 자서전

자서전은 나이가 많아야만, 그리고 꼭 억대연봉을 받는 사람들이 쓸 수 있는 것은 아니다. 자기가 그간 살아온 삶을 뒤돌아보고 앞으로의 인생을 더 힘차게 살아갈 사람이라면 누구든지 자서전을 쓸 수 있다.

성공사례의 경우 그 당시 발휘된 자신의 강점과 역량이 무엇이었는지 살펴보고 그 일을 통해 이룩한 성과를 살펴보는 시간을 갖는다.

실패사례의 경우 숨기기보다는 정확한 원인을 찾아보고 그 일로 인해 배운 점을 기록한다. 그리고 재실패하지 않도록 노력했던 실천사례가 있었는지 다시 한 번 되짚어본다.

▶ 자서전			
시기		사건	
성공/실패의 원인			
성과/배운 점/극복을 위한 노력			

8. 타인의 눈으로 나를 바라보기

지금까지 살아오면서 가족이나 친구 등 주변 사람들로부터 자신에 대한 다양한 평가의 말을 들어왔을 것이다. 때론 벅찬 기쁨과 함께 칭찬의 말을 들었을 것이고, 때론 당장 이 자리를 피하고 싶을 정도의 비판의 말을 들었을 것이다. 혹은 진심 어린 따뜻한 충고도 빼놓을 수 없을 것이다.

타인에게 들었던 칭찬과 충고 등 여러 가지 평가의 말을 기억해 보자. 이를 통해 나의 장단점을 좀 더 객관적으로 판단해 볼 수 있다. 이는 직업을 선택하는 것뿐만 아니라 조직생활에 임했을 때 내가 발휘할 장점은 무엇이며, 또 내가 고쳐야 할 여러 가지 약점들을 미리 방지하는 데 큰 도움이 될 것이다.

▶ 타인의 눈으로 나를 보기

타인에게 들었던 칭찬 중 나를 가장 잘 표현해 주었던 말을 모두 적어보자.

타인에게 들었던 충고와 조언들을 생각나는 대로 모두 적어보자.

9. SWOT분석

　SWOT분석은 약자로써 Strength(강점-자기 자신의 내부적 강점), Weakness(약점-자기 자신의 내부적 약점), Opportunity(기회-자신이 어떻게 할 수 있는 사항은 아니지만 기회가 되는 외부요소), Threat(위기-외부적으로 열악한 부분)의 앞 글자를 딴 것이다. 강점(S), 약점(W), 기회요인(O), 위협요인(T)을 위와 같이 분석하되 가장 기본적으로 취업의 기본은 우선 '나'부터 파악해야 한다. SWOT분석은 차분하게 그리고 오래 생각해야 한다. 절대로 한 번에 나오는 결론은 없다. 여기에 덧붙여 나만의 차별요인, 금상첨화를 작성해 보자.

예시)

S: 긍정적이고 적극적인 성격, 꼼꼼함 　경영학 전공 　인턴십 경험 　뛰어난 프레젠테이션 능력 　요약·정리 기술 뛰어남	W: 낮은 학점 　토익점수 낮음 　자격증 없음
O: 채용인력 증가추세 　경영전공 우대 　실무형 인재 중시 　기업 인턴기회 확대	T: 경기침체 　정규직 취업난 　낮은 연봉
S:	W:
O:	T:
금상첨화:	

10. 취업기간 동안 목표 정하기

　취업을 위한 기간이 의외로 짧을 수도 있고 장기전으로 돌입할 수도 있다. 한마디로 그 누구도 예상할 수 없는 일이다. 그렇기에 더더욱 세부적인 목표의식을 가지고 도전해야 한다. 취업활동기간 중 정신적으로 혹은 신체적으로도 목표를 정해 놓아야 하며, 입사공고에 따른 그때그때의 도전목표 등 잠시도 긴장의 끈을 놓지 않고 스스로 세워놓은 자시만의 약속에 충실해야 한다.

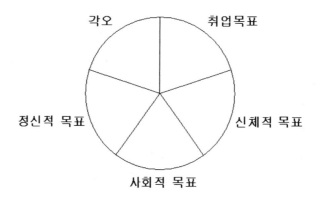

11. 성공한 미래 상상하기

눈을 감고 머릿속으로 상상해 보라. 지금으로부터 10년 뒤를 상상하는 것이다.

이런 자신의 미래를 그려보는 것은 기분 좋은 일이다. 즐거워지고 기운이 솟는다. 용기와 의욕이 생긴다. 지금은 이루어진 것이 없지만 미래에는 분명히 그렇게될 것이라는 자신과의 약속이기도 하다. 그 약속을 이루기 위해 열과 성을 다하겠다는 다짐이 되기도 한다.

상상은 곧 소원의 다른 말이며 하고 싶은 일이 무엇인지 무엇을 어떠한 방식으로 성공하고 싶은지 생각해 보자.

나는 10년 뒤에 _____로 유명해졌고
내 사무실은 _____게 꾸며져
있을 것이다.

	나는 ＿＿＿＿＿＿＿로 성공하여 상대방들과 ＿＿＿＿＿＿＿＿에 대해 이야기하고 있다.
나는 ＿＿＿＿＿＿로 성공하였고 ＿＿＿＿＿를 하며 가족들과 행복을 나 누고 있다.	

12. 플랜, B · C 만들기

플랜 A는 지금 자신이 가장 중요하게 생각하여 진행하고 있는 일이다. 사람들마다 천차만별의 플랜 A를 가지고 있다. 예를 들어 학위를 취득하는 일, 외국어 공부, 토익점수 취득하기, 대학 졸업 후 원하는 취업하기 등 아마 써도 끝이 없고 다행히 큰 이변이 없고 원하는 것을 준비하는 대로 착착 진행이 되면 좋겠지만, 미래를 설계하는 일을 막 실행에 옮기려 할 때 내가 원하는 플랜 A로만 미래가 펼쳐지는 것은 아니기 때문에 여러 가지 대비책을 마련해 놓고 있어야 한다. 인생이 방향을 설정하는 중요한 시기에 아무것도 하지 않는 공백기가 생긴다면 슬럼프에 빠지거나 차후 자신의 커리어에 악영향을 미칠 수도 있기 때문이다.

자신이 가장 원하는 미래계획인 플랜 A 말고도 다른 대안을 생각해 보는 시간을 갖자. '만일 이것이 아니라면?'이라는 전제로 플랜 B, 플랜 C를 생각해 보는 것이다. 이를 위해 먼저 내가 생각하고 있는 멋진 일이란 어떤 것인지, 자신을 정의하는 문구와 표어, 그리고 존경하는 사람들을 통해 떠올려보자.

플랜 B: 플랜 A가 끝나면 바로 이어서 진행할 일, 하고 싶은 것

플랜 C: 플랜 B가 진행되지 않았을 경우의 차선책

'멋진 일'은 어떤 것일까?

나를 정의하는 문구 10가지를 생각해 보라.

자신 있는 표어를 내세워 보아라.

존경하는 야구선수, 기업가, 요리사, 영화배우 등을 떠올려보자. 어떻게 하면 그들처럼 일할 수 있을까?

플랜 B

플랜 C

13. 미래의 명함 만들기

'비즈니스의 첫인상은 명함이 결정한다', '명함은 당신의 얼굴이자 강력한 마케팅 도구다'라는 말은 명함의 중요성을 알 수 있게 해준다. 그럼 명함을 미리 만들어 보는 기회를 가져보자. 내가 하고 싶은 일을 생각해 보고 목표를 명확히 하고 책임감을 느껴볼 수 있을 것이다. 미래 자신의 명함을 작성하고 친구들과 명함을 주고받으며 간단하게 자신을 소개해 보자.

이름 :	이름 :
직업 :	직업 :
일하는 곳 :	일하는 곳 :
나는 특히 이런 일을 잘해요	나의 좌우명

인생의 좌표를 잡아라

Chapter

○ Objective

01 삶 전체를 조망해 보는 것은 그야말로 중요한 프로젝트이다. 사회에 첫발을 내딛기 전, 대학시절 인생 생애주기를 이해하고 시행착오를 줄일 수 있는 방법에 대해 알아가도록 한다.

02 성공이란 단순히 현금화할 수 있는 돈이 목표가 아니며, 이러한 돈이 발전을 저해하는 사슬이 되지 않도록 균형 잡힌 관리를 어떻게 해야 할지 정확한 로드맵을 그려본다.

03 행복경영의 5가지 원칙을 알아보고 자신에게 적용할 수 있는 방법을 찾아낸다.

제1절 일과 가족, 시간, 돈 속에서의 균형 잡힌 삶

'A balanced life' – 모든 사람의 꿈이다.

그러나 오늘날 이런 꿈을 이루는 사람은 많지 않다. 삶의 환경이 일을 점점 더 많이 할 수밖에 없는 환경으로 바뀌는 것 같아 안타깝지만, 마냥 현실에 끌려갈 수만은 없지 않은가?

자아의 생존과 지속성장을 위해선 자발적인 몰입이 이루어져야 한다. 하지만 예측 불가능한 경제·금융환경과 짧은 경제활동기로 인해 발생하는 노후에 대한 불안감 등으로 인해 몰입이 원활하게 이루어지지 못하는 것이 현실이다. 따라서 삶의 많은 부분을 차지하는 재무적 문제를 해결할 수 있어야 하며, 그 가운데 일, 가족, 시간과의 균형적인 공생을 추구하여야 한다. 'Balanced Solution'은 지속성장의 발판을 마련해 주는 해결방법이다.

대부분의 사람들은 매일 주어지는 과업과 의식주 해결, 양육문제 등 일상적인 문제만으로도 충분히 바빠 1년 후도 생각해 볼 여유가 없다.

알제리아 가빌 지방에서는 원숭이를 잡을 때 특별한 방법을 쓴다. 그 지방의 농부들은 쌀을 넣어 둔 호리병을 나무기둥에 묶어놓는다. 그 병의 주둥이는 원숭이가 겨우 손을 넣을 정도이다. 밤이 되면 허기진 원숭이가 나무기둥에 접근하여 호리병 주둥이에 손을 집어넣어 쌀을 한 움큼 움켜쥐고는 손을 빼내려고 안간힘을 쓰지만 빠지지 않는다. 원숭이가 움켜쥔 쌀을 포기하면 손을 뺄 수 있겠지만 거기까지 생각이 미치지 못하는 것이다. 그렇게 밤새도록 호리병에 갇혀 몸부림치던 원숭이는 날이 밝으면 그만 농부에게 사로잡히는 신세가 되고 만다.

탐욕은 원하는 것을 손에 넣을 수는 있지만 제대로 쓸 수 없게 할 뿐만 아니라 자신의 신세까지 망친다는 교훈이다. 하지만 세상에는 이와 같이 부질없는 행동에 집착하는 사람들이 많다. 물론 자신이나 주변 사람들의 행복을 도외시하고 돈을 모으고자 한다면 부자는 될 수 있겠지만 결코 성공한 사람은 될 수 없다.

1. 지금부터 관심 갖고 준비해야 할 '생애주기 재무관리'

10년 후는 고사하고 인생 전반을 생각해 볼 시간은 거의 없다. 그런데 오지도 않을 것 같은 10년 후가 어느새 '지금'이 되어 있고, 남들이 경험하는 생애 이벤트가 나의 일로 다가온다. 관심 갖고 준비해야 할 '생애주기 재무관리' 나이대별로 어떤 이슈가 발생하고 어떻게 관리해야 할지 살펴보면, 먼저 20대 '사회초년기'에는 졸업, 취직, 결혼, 능력개발 등의 이슈가 발생하고 자연스럽게 결혼자금마련, 전세자금마련, 취업 후 홀로서기 등의 재무적 목표가 형성된다. 요즘은 통신이 발달하여 정보나 지식을 쉽게 습득할 수 있어, 일찍부터 재무관리에 관심을 기울이는 영리한 사회초년생도 많다. 그러나 20대까지는 사랑과 우정을 무엇보다 중요하게 생각하고 소득활동시간이 많다는 여유 때문에 재무적인 문제를 소홀히 하는 경우가 대부분이다.

20대는 우선 재무적·경제적 분야에 관심을 가지는 것이 매우 중요하다. 이때는 시간이라는 자원이 풍부해서 일단 시작하기만 하면 유리한 기반을 아주 빠르게 조성할 수 있다. 무엇보다 투자에 대한 경험을 길게 가져갈 수 있어 실패에 대한 복구 가능성이 크고 더 큰 성공의 밑바탕이 된다.

20대에 시작하느냐 안 하느냐에 따라 향후 50년이 크게 달라질 수 있다.

30대 '가정꾸미기'에는 결혼생활, 자녀출산, 양육, 교육 등의 이슈와 자동차구입, 육아비용마련, 주택구입자금, 자녀교육비마련 등의 재무목표가 발생한다. 결혼, 출산, 육아 등 현실의 굵직한 많은 문제들과 부딪히면서 누가 뭐라 하지 않아도 재무나 경제에 강한 관심을 갖게 된다.

뒤늦게 재무준비를 시작해서 속도가 늦을 수 있지만 이때라도 크게 불리하지 않다. 그동안 투자해서 쌓인 역량과 네트워크를 잘 활용한다면 20대에 시작한 영리한 사회초년생을 따라잡을 수도 있다. 재무적 투자가 필요하지만 본업의 성과에 더욱 집중해야 한다.

40대 '자녀성장기'에는 자녀교육, 재산형성의 이슈와 자녀교육비 마련, 주택규모

넓히기, 자녀결혼자금 마련, 은퇴자금 마련 등의 재무목표가 발생한다.

이 시기에는 소비할 금액이 커지지만 일반적인 경우라면 소득도 높아진다. 지겹도록 일해서 모아도 변함없던 자산이 본격적으로 불어나기 시작한다. 10여 년 몸담은 본업에서 소득이 높아지고 별생각 없이 적립하고 있는 푼돈들도 큰돈이 되어간다.

일찍부터 가입한 보험은 납입기간 만료가 가까워지면서 비용이 아닌 자산으로 형성되어 간다. 자연스럽게 여유가 생겨 안전하게 더 많은 투자기회를 잡을 수 있다. 투자할 여력이 더 많아지고 자산 불어나는 속도가 더욱 빨라진다. 복리효과는 이렇게 생성된다.

특별한 경우가 아니라면 40대부터는 보수적인 재무관리가 필요하다. 알다시피 이때부터는 실패에 대한 복구가 쉽지 않다.

은퇴준비는 일찍 시작하면 좋지만 준비하지 않았다면 반드시 시작해야 한다. 자녀교육에 집중하는 바람에 본인의 은퇴준비에 소홀할 수 있는데, 이제 은퇴준비도 자녀를 불편하지 않게 하는 부모의 책임이 되어가고 있다.

50대 '가족성숙기'에는 자녀결혼, 은퇴 및 노후생활 준비라는 이슈와 자녀결혼자금 마련, 자녀 대학교육비 마련, 은퇴 후 재무적 독립, 노후생활 준비, 상속 · 증여 준비 등과 같은 재무목표가 발생한다.

자산가치가 크게 증가함에 따라 상속 · 증여 계획을 잡고 서서히 준비해 나간다. 동시에 은퇴생활에 대해서 계획한다.

60대 '노후생활기'에는 노후생활을 시작하면서 실제 은퇴생활과 상속설계를 실행해야 한다.

현금화가 어려운 자산을 유동화시키거나 안정적이고 확실한 현금흐름 확보, 위험자산 비중축소 등 자산구성의 조정이 필요하다.

'노후생활기'는 효율적인 재무관리를 수행하였는지에 따라 그 결과가 결정된다. 정신적으로 현실에서 탈피할 수 있을지라도 경제적으로는 바꿀 수 있는 여지가 거의 없다.

　　이러한 '생애주기 재무관리'는 개인마다 환경과 조건이 달라 차이가 있겠지만 일반적으로 대부분의 사람들에게 통용되는 기준이다.

　　이 수준에서 생애주기에 대한 재무관리에 대해서 관심을 갖고 차근차근 준비해 나간다면 '행복한 인생'은 자연스럽게 만들어질 것이다.

　　이를 표로 정리하면 아래와 같다.

〈생애주기 재무관리〉

시기	20대	30대	40대	50~60대
구분	성장기: 터를 닦는 시기	가정 형성기: 자산 뼈대 형성기	왕성한 활동기: 자산 굴리기	보수적인 자산운용시기
목표	결혼자금마련 내 집 마련 준비시작 국민연금으로 노후 설계시작	내 집 마련 완료 자녀교육 자금준비 노후설계방향 점검 자기계발에 투자	노후 대비 본격시작 주택확장, 자녀교육 사망에 대한 위험관 리 제2 인생 설계 및 준비	장기 간병비 마련 등 노후대비 마무리 인생 2막 시작 가능 국민연금 수령 개시
핵심 전략	종자돈 마련을 위한 저축과 절제습관 재테크 관련 정보 습득	자산형성의 핵심기 종자돈, 대출 등을 활용한 투자 확대	무리한 교육비 자제 수익성보다는 안정 성 위주로 투자구조 조정	고정 수입원 확보 증대 위주로 투자 일을 통한 건강관리

　　'생애주기 재무관리' 지금부터라도 관심 갖고 체계적으로 준비해 나가야 한다.

2. 나의 인생시계

　　그렇다면 과연 지금은 내 인생에서 몇 시일까? 인간의 수명을 90세라고 볼 때 '인생 90년'을 다음 표와 같이 하루 24시간에 비유하여 자기 인생에 대해 근본적인 질문들을 자문해 보면, 손쉽게 자신의 삶을 점검해 볼 수 있게 해주므로 나름대로 중요한 의미가 있을 것이다.

1) 나의 인생은 지금 몇 시에 해당하는가?

2) 앞으로 나에게 남아 있는 시간은 얼마나 있나?

3) 이미 성취했어야 하는데 아직 이루지 못한 일은 어떤 것이 있는가?

4) 나는 얼마나 가치 있는 삶을 살고 있는가?

5) 나는 얼마나 나의 인생을 즐기며 살았는가?

6) 지금은 무슨 일에 무게중심을 두어야 하는가?

7) 앞으로 펼치고 싶은 인생 2막, 인생 3막은 어떻게 준비해야 하는가?

8) 나의 생애에 대해 나의 가족과 세상 사람들은 어떻게 평가하고 있을까?

자신이 위치해 있는 시간대별로 꼭 해야 할 일들은 다음과 같다.

00~04시(20대) : 삶의 가치관을 정립하고 자기를 계발하는 데 돈과 시간 그리고 열정을 집중 투자하는 시기

04~08시(30대) : 돈을 효율적으로 쓰고 관리하는 습관을 들이며, 대인관계의 폭을 넓히는 시기

08~12시(40대) : 투자에 있어 자기중심을 지켜야 하는 시기, 그리고 일과 휴식을 적절하게 조화시켜 건강을 챙겨야 하는 시기

12~16시(50대) : 투자의 열매를 철저하게 관리하면서 퇴직에 대비하는 시기

16~20시(60대) : 인생은 지금부터 시작이라는 기분으로 자기 일을 찾아 지속해야 하는 시기

20~24시(60대 이후): 봉사하는 삶을 통해 인생의 아름다운 은퇴를 준비해야 하는 시기

〈인생시계〉

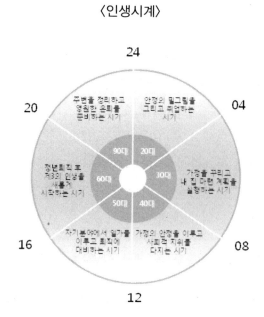

3. 나의 재무설계 Plan, Do, See

자아를 그대로 반영하며 이것을 잃으면 다른 것이 아무리 많아도 아무것도 얻을 수 없는 것이 건강이다. 한편 내가 좋아하고 잘하고 가치 있는 일이라고 생각하여 능력을 고려한 성과를 발휘하는 것이 일이다. 이때 가족은 삶의 기본 토양이 되고 내가 존재하는 이유가 된다. 누구에게나 주어지는 제한된, 통제 불가능하게 배분된 것이 시간이다. 그리고 돈의 가치는 상대적이며 적절한 계획과 관리를 해야 하지만 재무관리는 돈이 아니라 사람관리다. 우리 가족이 어떤 모습으로 살아가기를 원하는지, 인생에서 제일 하고 싶은 일들이 무엇인지를 함께 의논하여 재무목표를 세우는 것이다. 돈에 대한 걱정과 두려움에서 벗어나 자유롭게 해주는 재무설계 5단계를 배워보자.

1) 1단계 : 나의 목표 정하기

목표를 단기목표와 중장기목표, 장기목표로 나눈다. 이때 중요한 것은 물론 가족들이 함께 가고자 하는 꿈, 정말 중요시여기는 게 무엇인지 대화를 통해 의논하여 세워보는 것이다. 가족 간의 목표에 대한 차이를 조절하여 우선순위를 정하면 목적의식이 강해진다.

미혼의 경우에는 무엇보다 결혼자금준비가 필요하다. 먼저 부모님의 재정상태를 점검하고 얼마나 지원해 주실 수 있는지, 그것이 어렵다면 결혼자금과 전세자금 등을 위한 준비를 하고, 자동차는 가능하면 결혼 후에 구입하도록 한다.

〈나의 재무설계 목표 정하기〉

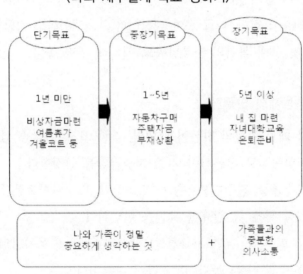

2) 2단계 : 나의 재무상태 알기

막연히 모으고 막연히 쓰면 돈은 어디론가 새어 나간다. 따라서 돈의 흐름을 파악하여 얼마가 수입으로 모이고, 지출로 나가는지 재무일기를 써보도록 한다.

합리적인 예산은 수입 안에서 지출하는 것이다. 이때 지출을 하고 나머지를 저

금하는 것이 아니라 저금한 후에 나머지로 한 달을 살도록 한다.

재무일기를 통해서 수입과 지출, 자산의 상황을 수시로 업데이트하여 불필요한 과소비와 지출을 예방하도록 한다. 지출할 때의 느낌이나 감정을 써보는 것도 좋다.

---

* 가계부 작성의 원칙
  자신과 가족의 재무목표를 설정하라
  예산작성을 통한 구체적 지출을 계획하라
  가계부를 결산, 평가하라
  재무일기와 함께 써라

이때 하루도 빠짐없이 기록하고 지출을 중심으로 작성한다. 시간과 항목, 금액을 정확히 기재하도록 한다. 티끌 모아 태산이라고 소액이라도 정확히 기록해 둔다. 제품 구입처 및 구매 물건의 사용날짜도 기록해 두면 좋다.

3) 3단계 : 행동계획 만들기

예산을 작성할 때는 통장의 자동이체 내역, 각종 고지서, 각종 영수증, 신용카드 사용내역을 소비항목별로 구분하여 기준 지출금액을 산정한다.

급여통장은 저축통장, 필수비용통장, 생활비통장, 비정기지출통장, 비상자금통장으로 통장쪼개기를 통해 꼭 필요한 목돈을 마련한다. 저축통장은 목적에 따라 자녀교육통장(10년 후 사용), 주택자금통장(5년 후 사용), 자동차구입(3년 후 사용), 은퇴자금통장(20년 후 사용) 등과 같이 다시 분류한다.

4) 4단계 : 행동계획 실행하기

예정된 지출을 하고 비상지출을 위한 통장을 마련하였으므로 신용카드를 사용하며 후결제시스템을 활용하던 패턴을 현금을 사용하는 선결제시스템으로 만든다.

5) 5단계 : 검토 및 평가

4단계까지를 매월 검토하고 평가한다. 대부분의 사람들이 처음에는 바뀐 계획대로 살아가기가 힘들다. 그렇다고 실망하지 말고 실패했다고 느꼈을 때 다시 1단계부터 시작하라. 참고 6개월 정도를 지속하다 보면 자연스럽게 정착될 것이다.

4. 인생의 수레바퀴

개인과 기업 모두 사회의 구성원으로서, 행복한 인생을 주도적으로 추구하는 가운데 사회적 가치가 있는 참된 삶을 지속적으로 성장시킬 수 있다.

개인은 모두 자신의 가치를 높이는 삶을 추구한다. 그로 인해 행복을 가꾸고 나아가 사회에 기여할 수 있는 꿈을 꾼다. 그 꿈이 내가 미래에 몸담을 기업에 대한 신뢰를 갖고 신바람 나게 일하고 일터를 통해 미래에 대한 비전 달성의 기회를 예측할 수 있다면 금상첨화이다. 자신의 인생과 직업 속에서 기업가 마인드를 갖고, 주도적으로 삶의 가치창조를 위해 적극적인 인생설계 및 경력관리를 해야 한다.

이는 자기가치경영마인드와 경제마인드를 갖고, 인생 목적에 따른 재무설계를 실행·관리할 수 있게 한다. 사회적으로 상대적 오류에 빠지지 않고, 자신이 진정 주도하는 삶을 살아가도록 도울 수 있는 것이다.

특히 성공하는 사람일수록 삶의 균형을 이루는 것뿐만 아니라 삶의 균형적 발전을 위한 목표를 체계적으로 수립한 인생의 수레바퀴를 가지고 있다.

현재 나의 인생의 수레바퀴의 어느 부분이 삐걱거리고 있다면 그 부분에서 반드시 스트레스를 받고 있을 것이다.

다음은 독일의 시사주간『슈테른』이 소개한 '나의 스트레스 원인은 무엇인가'를 찾는 테스트다. 이를 통하여 내가 어느 부분에 균형이 깨져 있는가를 살펴볼 수 있다. 너무 깊이 생각하지 말고 생각나는 대로 즉시 대답하도록 한다.

여기서 말하는 '일'은 하루 중 대부분의 시간을 소비하는 활동을 뜻한다. 가령 직장인들에게는 회사업무, 학생들에게는 공부, 주부에게는 가사일, 취업을 준비하는 사람들에게는 구직활동 등을 의미한다.

자신에게 해당하지 않는 문항은 점수를 매기지 않고 건너뛰도록 한다.

〈삶의 균형 테스트〉

	지금 하고 있는 일과 관련해서 다음의 문항은 얼마나 자주 해당되는가?					
	내 용	전혀 아니다 (5)	거의 아니다 (4)	그저 그렇다 (3)	가끔 그렇다 (2)	매우 그렇다 (1)
일의 성격	늘 일이 밀리기 때문에 모든 일을 기한 내에 다 처리하지 못한다.					
	항상 마감시간에 쫓겨 일을 해야 한다.					
	동시에 여러 가지 일을 해결해야 한다.					
	지금 하고 있는 일과 관련해서 다음의 문항은 얼마나 자주 해당되는가?					
	내 용	전혀 아니다 (1)	거의 아니다 (2)	그저 그렇다 (3)	가끔 그렇다 (4)	매우 그렇다 (5)
자유의지	내가 어떤 일을 해야 할지 다른 사람들과 함께 결정한다.					
	언제, 어떤 일을 해야 할지 대부분 혼자 결정한다.					
	내가 할 일은 거의 전부 스스로 결정한다.					

	지금 일하고 있는 업무환경을 생각할 때 다음의 문항은 얼마나 자주 해당되는가?					
업무환경	내 용	전혀 아니다 (1)	거의 아니다 (2)	그저 그렇다 (3)	가끔 그렇다 (4)	매우 그렇다 (5)
	전체적으로 분위기가 매우 좋다.					
	동료, 상사, 혹은 가족 등 함께 일하는 사람들이 나를 잘 이해하고 인정해 준다.					
	어떤 문제가 생기면 위의 사람들을 믿고 의지할 수 있다.					

	일과 관련해서 지난 반년을 돌이켜봤을 때 다음의 문항은 얼마나 해당되는가?					
일과 삶의 균형	내 용	전혀 아니다 (5)	거의 아니다 (4)	그저 그렇다 (3)	가끔 그렇다 (2)	매우 그렇다 (1)
	그동안 일에만 너무 매달리다 보니 개인적인 관심사가 무엇인지도 모르겠다.					
	나를 옆에서 지켜보는 사람들은 일이 내 인생에서 차지하는 비중이 가장 크다고 말한다.					
	일 때문에 남편이나 아내, 혹은 아빠나 엄마의 노릇을 제대로 못한다.					

	지난 한 달 동안 다음의 감정을 얼마나 자주 느꼈는가?					
스트레스 인지도	내 용	전혀 아니다 (5)	거의 아니다 (4)	그저 그렇다 (3)	가끔 그렇다 (2)	매우 그렇다 (1)
	인생에서 정말 중요한 일들을 제대로 처리할 수 없을 것 같다.					
	내가 뜻하는 대로 일이 진행되지 않을 것 같다.					
	어려운 문제가 생기면 더 이상 감당할 수 없을 것 같다.					

	지난 한 달 동안 어떠했는지 다음의 문항에 답하십시오.					
	내　용	전혀 아니다 (5)	거의 아니다 (4)	그저 그렇다 (3)	가끔 그렇다 (2)	매우 그렇다 (1)
피곤함	얼마나 자주 육체적인 피로를 느꼈는가?					
	얼마나 자주 예전보다 작은 일에도 당황하고 불안함을 느꼈는가?					
	얼마나 자주 패배감에 빠져들고 슬픔에 잠겼는가?					

	육체적·정신적인 건강에 대해서 답하십시오.					
	내　용	나쁘다 (1)	나쁘지 않다 (2)	그저 그렇다 (3)	매우 좋다 (4)	완벽 하다 (5)
건강	현재 육체적인 건강상태는 어떻다고 생각합니까?					
	비슷한 연배의 직장동료나 또래의 친구들과 비교했을 때 건강상태는 어떻다고 생각합니까?					
	현재 정신건강상태는 어떻다고 생각합니까?					

다음의 문항에 대해 얼마나 동의합니까?					

내 용	전혀 아니다 (1)	거의 아니다 (2)	그저 그렇다 (3)	가끔 그렇다 (4)	매우 그렇다 (5)
내가 지금 하고 있는 일을 생각할 때 현재 받고 있는 월급이 적당하다고 생각한다.					
내가 지금 하고 있는 일을 생각할 때 충분히 실력을 인정받고 있다고 생각한다.					
다른 부수적인 일들(가령 친구나 가족에게 도움을 주거나 가사노동, 집안 관련 일 등)을 할 때에도 늘 인정받고 있다고 생각한다.					

(타인으로부터 받는 인정)

배우자, 친구, 가족 등과 관련해서 다음의 문항은 얼마나 해당됩니까?					

내 용	전혀 그렇지 않다 (1)	대체로 그렇지 않다 (2)	잘 모르 겠다 (3)	대체로 그렇다 (4)	매우 그렇다 (5)
슬픈 일이 생기면 누구에게 위로를 받아야 할지 잘 알고 있다.					
기쁨과 슬픔을 함께 나눌 수 있는 사람이 주위에 있다.					
힘든 일이 있을 때마다 도움을 청할 수 있는 믿을 만한 사람이 주위에 적어도 한 명은 있다.					

(주변의 도움)

§ 결과

그룹별로 합산한 각각의 점수를 아래 그래프에 점으로 표시하고 각 점을 선으로 연결한다(보기 참고).

표시한 점이 중앙에 가까울수록 스트레스가 심한 것이다. 다시 말해서 해당하는 문항이 바로 스트레스의 주된 원인일 가능성이 높다. 가령 '건강' 문항의 점이 중앙에 가깝게 움푹 들어가 있다면 평소 건강문제 때문에 많은 스트레스를 받고 있다는 것을 의미한다.

반면 원의 바깥부분에 가까울수록 이 문제에 관해서는 별달리 스트레스를 받지 않고 있다는 것을 의미한다.

각 점의 선을 연결해서 보면 과연 나의 스트레스 원인이 무엇인지, 어느 부분이 내 인생에 균형을 이루지 못하고 있는지를 한눈에 알 수 있다.

▶ 일의 성격

이 문항은 일에 쫓기는 시간의 압박, 일의 양, 동시에 처리해야 하는 일 등에 관한 것이다. 중앙에 가까울수록 지금 하고 있는 일 자체 때문에 스트레스를 많이 받고 있다는 것을 의미한다.

▶ 자유의지

점이 중앙에 가까울수록 일과 관련해서 본인 스스로 결정할 수 없는 위치에 있으며 이로 인해 스트레스를 받고 있다는 것을 의미한다.

▶ 업무환경

같은 일을 하더라도 직장동료, 상사, 친구, 교수, 가족 등이 내 편이 되어준다면 즐겁고 편하게 일을 할 수 있다. 반면 일하는 곳의 분위기가 썩 좋지 않다면 같은 일을 해도 부담감이나 스트레스는 증가하게 마련이다. 중앙에 가까울수록 업무환경으로 인한 스트레스가 많다는 것을 의미한다.

▶ 타인으로부터 받는 인정

칭찬을 들으면 누구나 기분이 좋아지고 활력이 생긴다. 반면 아무리 일을 열심히 해도 만점을 받지 못한다면 정신뿐만 아니라 신체건강에도 해롭다. 가령 오랫동안 칭찬은커녕 비난만 들을 경우에는 매월 5~10개비의 담배를 피우는 것과 맞먹을 정도로 혈액순환에 지장을 초래할 수 있다.

▶ 삶의 의미

바깥쪽에 가까울수록 어떤 문제도 해결할 수 있다는 긍정적인 마음을 지니고 있다.

▶ 주변의 도움

바깥쪽에 가까울수록 현재 주변 사람들을 믿고 의지하고 있다는 것을 의미한다. 이런 사람일수록 더욱 건강하며, 스트레스를 잘 견딜 수 있다.

▶ 건강

건강이야말로 힘의 원천이라는 것은 두말하면 잔소리. 육체적·정신적으로 건강하다면 아무리 일이 많고 부담이 크다고 할지라도 잘 견뎌낼 수 있다. 하지만 본인 스스로 건강하지 못하다고 느낀다면 이 자체만으로도 만성적인 스트레스에 시달릴 수 있다. 바깥쪽에 가까울수록 본인의 건강에 대해 자신이 있음을 의미한다.

▶ 피곤함

스트레스가 오래 지속되면 누구나 피곤함을 느낀다. 그리고 결과적으로는 수면장애, 신경과민, 우울증 등을 앓게 될 수도 있다. 점이 중앙에 가까울수록 이미 피로가 누적되었으며, 이로 인해 만성적인 스트레스에 시달리고 있음을 나타낸다. 특히 이때 '스트레스인지도'가 중앙에 가깝다면 스트레스는 배로 심할 것이다.

▶ 스트레스 인지도

일상생활에서 얼마만큼의 부담을 견딜 수 있는가 하는 것은 물론 사람마다 차이가 있다. 하지만 견딜 수 있는 부담의 크기는 살면서 변할 수 있다. 점의 바깥쪽에 가까울수록 현재 스트레스에 잘 대처하고 있음을 나타내고 있다. 중앙에 가깝다면 스트레스에 대처하지 못하고 있음을 나타낸다.

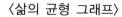

〈삶의 균형 그래프〉

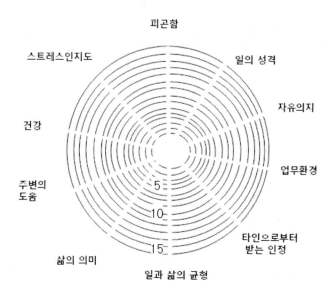

제2절 행복경영의 원리

　세계적인 성공학 연구자 나폴레온 힐은 돈을 벌어 모조리 저축하고 손에는 장갑 대신 헌 양말을 끼고 있는 구두쇠와 애써 번 돈을 모조리 써버리고도 모자라 빚까지 지는 사람 사이의 중간에 행복이 있다고 한다. 따라서 평균적인 자유와 만족을 확신하며 인생을 즐기려면 그 중간지점을 찾아서 당신의 자제력 계발계획의 일부로 삼아야 한다고 했다.

　아이들의 그림동화책 중에는 어른들에게 더 큰 메시지를 주는 책들이 있다. 루시 커진스의 『내가 최고야』라는 책도 그중의 하나이다. 내가 최고야, 아니 네가 최고야! 부모들은 자신들의 아이가 자신감 있고 긍정적인 아이로 자라기 바라며 '네가 최고야'라는 말을 많이 한다. 이 책에서도 마찬가지로 자신감에 차 있고, 뭐든지 잘한다고 생각하는 멍멍이가 등장한다. 멍멍이는 친구들도 많았다. 그 친구들을 좋아하고, 다 멋지다고 생각했지만, 그래도 최고는 나!라는 생각이 언제나 앞섰다. 두더지보다 빠르고 거위보다 땅을 잘 파고, 무당벌레보다 키가 크고, 당나귀보다 헤엄을 잘 치고, 그래서 멍멍이는 자기가 최고라고 자부했다.

친구들은 슬퍼졌다. 멍멍이가 자신들보다 뭐든지 잘했기 때문이다. 하지만 바꿔 생각해 보니, 두더지는 멍멍이보다 땅을 깊이 팔 수 있고 거위는 멍멍이보다 헤엄을 더 잘 치고, 당나귀는 멍멍이보다 키가 더 크고 무당벌레는 날 수 있었다.

친구들이 잘하는 게 없는 게 아니라 잘하는 것을 말하지 않았을 뿐이다.

멍멍이는 슬퍼졌다. 뭐든 내가 최고로 잘하는 줄 알았는데, 친구들도 다 잘하는 게 있었으니 말이다. 아니 슬프기보다는 상실감이 컸을 것이다. 그래도 친구들은 멍멍이의 장점인 귀를 칭찬하며 멍멍이에게 자신감을 심어주었다. 멍멍이는 친구들의 장점을 인정하며, 나의 장점이 나에게는 최고임을 자랑스럽게 여기며, '그러니까 역시 난 최고야'라고 말을 하며 동화책은 끝이 난다. 그래도 멍멍이는 다행히도 좋은 친구들을 만나 자신의 장점을 칭찬받게 되지만, 우리들은 어떠할까? 집에서 마냥 최고인 줄 알고 있었는데, 수많은 테스트 등을 거치면서 나보다 잘하는 사람이 왜 이리 많은지, 나만 이렇게 못났는지, 스스로 자책할 때가 한두 번이 아니다. 도대체 내가 잘 하는 게 있나 하는 생각까지 들 정도이다.

그럴 때 '흠, 다행이다! 사실 털이 복슬복슬한 예쁜 귀야말로 가장 중요하지! 그러니까 역시 난 최고야.'라고 하는 멍멍이의 대사를 기억해 보자.

자신의 갈망에 주의를 기울일 때 자신은 성장하며 '백조다운' 본질을 되찾게 될 것이다.

이러한 행복경영의 원리에는 5가지가 있다.

1. 주도적인 삶을 위한 자기가치경영을 하라

성공했다고 생각되는 사람들을 적어보라. 잭 웰치, 오프라 윈프리, 마이클 조던 등 그들이 특별함을 지닐 수 있게 되기까지 그 과정은 일반 사람들과 어떻게 달랐던 것일까?

사회적으로 성공한 사람이라고 평가받는 사람들을 조목조목 따져보면 보통 사람과 별반 다를 게 없는데 그 사람들을 두드러지게 하는 요인은 무엇일까? 그 요인은 바로 스스로의 내면관리이다. 비슷한 조건과 역량하에서 그 사람의 마음이 어떤 상태인가, 스스로를 믿고 차분하게 사안을 바라볼 줄 아는가, 감정표현을 솔직하게 하는가 등에 따라 겉으로 드러나고 평가받는 결과가 차이가 나는 것이다.

일본 심리 카운슬링 가토 다이조는 『자기가치를 배가시키는 심리경영』이라는 책을 통해 우울증적인 사람은 그렇지 않은 사람과 똑같은 실패를 경험해도 그 실패한 경험에 지나치게 과장된 의미를 둔다고 하였다. 우울증적인 사람은 그 실패만을 근거로 자신을 평가해 버린다. 따라서 모든 것을 있는 그대로 인정하는 것도 살아가는 방법이 될 수 있다.

남을 비난하는 경우에는 정말로 남에게 분노를 느껴서 비난하는 경우와 자신의 욕구불만에서 남을 비난하는 경우가 있다. 그러나 비난해서 얻어지는 것은 아무것도 없다. 타인을 비난하다 보면 자신만 더욱 불안해질 뿐이다.

자신감의 결여는 일정한 사실에 대하여 자동적으로 부정적 반응을 불러일으킨다.

행동이 자신감을 낳고 그 자신감은 또다시 행동을 낳는다. 반대로 자신을 믿을 수 없을 때 타인에 대한 공포심만 생기는 것이다. 저자는 자신의 가치를 더해주는 능력을 네 가지로 보았는데 첫째, 인내하는 능력, 둘째, 결단을 내리는 능력, 셋째, 행동하는 능력, 넷째, 타인과 협력하는 능력이다.

자신에 대한 자신감을 높이기 위해 구체적인 자신만의 명세서를 작성해 보도록 하자.

그러기 위해서 우선 자신에게 어울리는 것이 무엇인지, 자신을 나타낼 수 있는 단어, 자신의 기술과 태도, 개성 등에 대해 그림도 좋고 사진도 좋다. 잡지에서 스크랩한 광고도 좋다.

2. 가치와 목적을 통한 정체성을 찾아라

　정체성을 찾기 위한 나의 환경을 우선 분석해 보도록 한다.

　나의 환경은 크게 자아, 몸과 영혼, 가족, 시간, 건강, 일, 돈으로 구분되는 내부환경과 인간관계와 상황적 환경을 만드는 외부환경으로 나누어진다.

　상황적 환경은 통제와 예측이 불가능하며 급변하는 특성을 갖는다. 인간관계 속에서 타인을 이해하는 것은 나와 같은 그리고 또 다른 세계인 관계를 이해하며 혼자 살 수 없는 세상임을 인지하도록 한다.

　내부환경 분석을 위해서는 자신의 욕구와 재능, 흥미, 가치와 역할을 찾아내 열정에 집중하는 것이 중요하다.

　즉, 내가 무엇을 원하는가? 내가 무엇을 잘하는가? 내가 무엇을 좋아하는가? 내가 무엇이 되고 싶은가? 이러한 주제는 바로 자신의 정체성이다. 서두르지 말고 천천히 작성해 보도록 한다.

〈개인의 내부환경과 외부환경〉

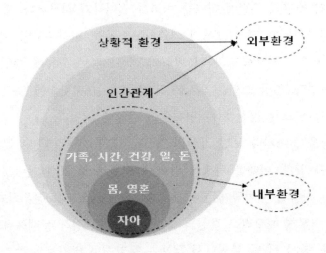

내 안에 잠들어 있는 잠재의식에 대한 세계적인 권위자인 조셉 머피 박사는 저술가이고 교육가이며 동기부여 연사이다. 그리고 철학박사, 법학박사이며 목사이기도 하다. 그는 1981년 숨을 거둘 때까지 전 세계 수많은 사람들에게 잠재의식에 무한한 능력이 있음을 알렸으며, 잠재의식 성공론에 대한 10여 권의 베스트셀러를 남겼다. 머피 박사가 오스트레일리아 강연 여행을 다닐 때였다. 병원 진찰실에서 청소부로 일하는 한 소년을 만났다. 당시 그 소년은 의사가 되는 것이 꿈이었지만, 그에게는 도와줄 가족도 친척도 없었기에 낙담하고 있었다. 머피 박사는 그런 그에게 새로운 가능성을 열어주었다.

"땅에 뿌려진 씨앗은 자신에게 필요한 것을 모두 받아들여 싹을 틔우고 성장한단다. 너는 그와 같은 식물의 씨앗으로부터 배울 수 있을 것이다. 네가 진정으로 원하는 것의 씨앗을 너의 잠재의식 속에 뿌려라. 그러면 그 생각의 씨앗은 대우주로부터 필요한 것을 받아들여 반드시 현실화될 것이다."

소년은 그때부터 밤마다 잠들기 전에 잠재의식 속에 씨를 뿌렸다. 병원 벽에 걸려 있는 의사 면허증에 자기 이름이 커다랗게 쓰여 있는 것을 머릿속에 생생하게 그려넣은 것이다.

4개월 후부터 소년의 주변에 하나둘 변화가 일어나기 시작했다. 평소 소년을 기특하게 여기던 의사 한 명이 그에게 의료기구소독법, 피하주사법, 응급치료법 등에 대해 가르쳐주기 시작했고, 자기 병원의 전문조수로 고용해 주었으며, 의과대학에도 보내주었다. 결국 소년은 의사가 되었으며, 늘 머릿속에 그리던 대로 병원 벽에 자기 이름이 크게 써진 의사 면허증이 걸리게 되었다.

누구나 세상을 살아가다 보면 자신의 힘으로 도저히 해결할 수 없는 어떤 문제에 직면할 때가 있다. 이때를 인생에 있어서 '고난'으로 표현하는 것이다.

의지가 강한 사람들은 어떻게든 문제를 해결하겠다고 고군분투하게 된다. 그러나 많은 경우 어떻게 해보려고 혼신의 노력을 할 때는 정작 문제해결의 방법이 나타나지 않는다. 잠시 한 발 물러나서 문제를 물끄러미 바라보는 순간, 해결방법이 홀연히 나타나는 경우가 많다.

거기에 무슨 메커니즘이 작용한 걸까? 미국의 저명한 동물학자 아가시즈 교수는 잠재의식으로부터 답을 구함으로써 큰 업적을 남긴 사람이다. 어느 날인가 그는 석탄에 새겨진 물고기 화석을 발견했다. 그러나 너무 많이 훼손되어 있어서 도저히 그 물고기의 원형을 복원할 수가 없었다. 그는 그 화석을 앞에 두고 몇 날 며칠을 고민했지만, 쉽게 풀리지 않았다.

그러던 어느 날 밤, 그는 꿈속에서 완전히 복원된 화석을 보고는 잠에서 깨어났다. 아가시즈 교수는 3일간 연속으로 꿈속에서 복원된 화석을 보고는 그대로 스케치했고, 결국 그 물고기 형태를 완벽하게 복원할 수 있었다.

캐나다의 뛰어난 내·외과 의사였던 프레드릭 밴팅은 의학계에 크나큰 공헌을 한 의사이다. 1921년 당시 그는 당뇨병 치료법을 찾기 위해 골몰하고 있었다. 밴팅 박사는 수없이 실험을 반복하고, 또 세계 각국의 문헌을 연구하면서 치료법을 찾았지만, 작은 단서조차 찾기 힘들었다.

그러던 어느 날, 그날도 하루 종일 당뇨병 치료법을 찾다가 지친 상태에서 잠들었는데, 꿈속에서 그는 이상한 지시를 들었다.

'변질된 개의 췌장에서 그 잔재를 뽑아내라'는 것이었다. 그렇게 해서 인슐린이 발명되었다.

오늘날 인류의 삶을 진보시킨 수많은 유·무형의 창조물들 대부분이 이와 같은 경로로 세상에 드러났다.

잠재의식은 시공을 초월하기 때문에, 잠재의식의 활용경로만 안다면 그 어떤 것에 대한 해답도 얻을 수 있다고 머피 박사는 말한다. 그는 잠재의식으로부터 해답을 얻을 수 있는 간단한 방법을 알려준다.

"마음과 몸을 조용한 상태에 머물게 하라. 그리고 몸이 편안한 상태가 되도록 지시하라. 당신의 몸은 당신의 명령을 따르게 되어 있다. 육체는 의사나 주도성을 갖고 있지 못하며, 의식적인 지성도 지니지 못한다. 당신의 육체는 당신의 신념이나 인상을 기록하는 레코드판과 같다.

당신의 주의력을 발동하여, 자기 자신의 문제를 해결하는 데 생각을 집중하라.

의식하는 마음에서 이를 해결하도록 시도하라. 그리고 그 문제가 완전히 해결되었을 때 기뻐 춤추는 광경을 상상해 보라. 모든 문제가 해결되었을 때의 감정을 느껴보라. 편안한 마음으로 그와 같은 기분에 젖어보라. 그런 뒤에 완전한 수면을 이루는 것이다. 잠시 잠에서 깨어났을 때, 해답이 나오지 않았거든 무엇이든 그 외의 다른 일에 열중하도록 하라. 그러면 아마도, 마치 제빵 틀에서 잘 구워진 빵이 튀어나오듯이, 해결의 방법이 머릿속에 떠오르게 될 것이다."

3. 자신의 인생을 디자인하라

'누구나 꿈을 꿀 수 있지만 누구나 꿈을 이루는 것은 아니다.'

존 고다드는 어렸을 때 자신만의 꿈의 목록 127개를 적고 하나하나 이루어 나가 111개의 꿈을 이루었다. 꿈은 500여 개로 늘어났고, 지금은 세계에서 가장 유명한 탐험가가 되었으며, 인류학자, 다큐멘터리, 제작자로도 명성을 얻고 있다. 또한 각종 언론매체와 책 속에 꿈의 목록을 적고 그것을 이루어낸 사람으로 자주 소개되고 있다. 그의 꿈은 결코 실천하기 어렵거나 크고 거창한 것이 아니다. 플루트 배우기, 윗몸 일으키기 200회, 인디언 문화 배우기 등 때론 엉뚱해 보이기도 하는 작은 꿈들부터 목표를 정하고 차근차근 이루어 나갔다. 작은 꿈들은 다시 나일 강 탐험, 킬리만자로 산 등반, 비행기 조종하기 같은 이루기 어려운 꿈들로 발전했고, 존 고다드를 다섯 살 때부터 꿈꾸어 오던 탐험가로 만들었다.

그에게는 두 가지 비결이 있었다.

첫째, 무모하게 상상하기, 둘째, 적자생존! 적어야 산다. 생생하게!이다.

생생한 비전 서명서를 작성해 보라. 상황을 사진과 같이 묘사하면 훨씬 효과적이다.

또한 이때 구체적인 목표를 설정하는 게 중요하다.

구체적이고 측정 가능해야 하며, 행동지향성이 있어야 한다. 또한 현실성과 적시성 이 다섯 가지를 명심하여 비전 서명서를 작성해 보자.

4. 삶 자체를 즐겨라

이미 언급한 바와 같이 삶의 균형은 매우 중요하다. 즉 자신의 일과 건강, 가족, 시간, 그리고 돈의 밸런스를 이루도록 해야 한다.

실패자로 분류된 95%의 사람들은 자신이 원하지 않는 일에 종사하고 있었고 5%는 자신이 원하는 일을 하고 있었다. 또한 5%에 해당하는 사람 모두 체계적인 저축의 습관을 형성하고 있었고 나머지 95%는 저축을 하지 않았다.

1999년 이미 과열화 분위기에 접어든 할인점 시장에 뛰어들어, 최단기간에 업계 톱 브랜드로 키워낸 삼성테스코 홈플러스의 이승한 사장은 지난 8년(2000~2007) 동안 홈플러스의 연평균 매출은 47%, 이익은 4배가 넘는 175% 증가시켰다. 그리고 최근에는 '가장 존경받는 기업'에 선정되기도 했다. 창고형 할인마트 정도로 생각되던 제1세대 할인점을, 세계 어느 곳에서도 유래를 찾아볼 수 없는 제2세대 '가치점'과 제3세대 '감성점'으로 탈바꿈시켰다. 제2세대 가치점은 원스톱 쇼핑에 생활편의시설을 가미한 개념이고, 제3세대 감성점은 문화를 향유할 수 있도록 할인점의 개념을 진일보시킨 개념이다. 뿐만 아니라, 삼성과 합자한 영국 테스코사에 홈플러스 브랜드를 역수출해서 이미 성공을 인정받은 바 있다. 그는 한마디로, '창조경영의 선구자'로 명성을 높이고 있다.

그러나 오늘의 성공 뒤에는 남모를 시련 또한 컸다. 아들의 뜻밖의 죽음에 이어진 아내의 암 투병, 그는 그에게 닥쳐온 일생일대의 시련을 극복하는 과정에서 어려움이 단지 어려움으로만 끝나지 않는다는 사실을 깨달았다고 한다. 인생의 중요한 요소도 깨달았으며 타인을 이해하게 됐다고 고백한다. 그런 그가 직접 작성한 인생을 움직이는 수레바퀴는 그의 성공의 비결을 가늠하게 한다. 여러분도 내 인생의 Steering Wheel을 만들어 보자.

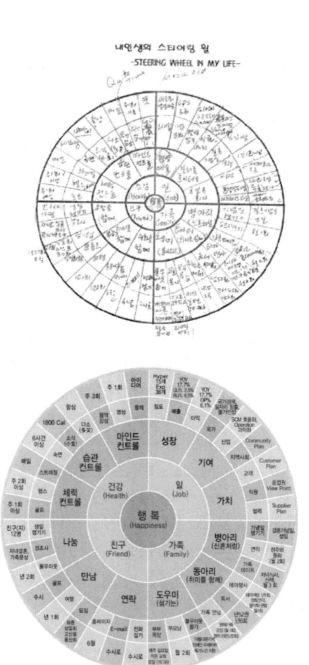

출처: http://www.leeseunghan.pe.kr/

5. 행복을 만드는 습관을 가져라

17년 연속 세계 최고의 갑부자리를 놓치지 않은 사람! 바로 마이크로소프트의 창업주 빌 게이츠이다. 미국의 경제잡지인『포브스』지가 매년 실시하는 미국의 억만장자 순위 매기기에서 빌 게이츠의 아성을 넘볼 자는 없었다. 금융위기로 소란스러운 현재, 그가 보유하고 있는 자산은 작년보다 40억 달러가 늘어난 540억 달러, 즉 우리 돈으로 환산하면 62조 7,000억 원에 달한다.

세계 최고의 갑부답게 빌 게이츠가 지닌 직함도 다양하다.

> 마이크로소프트사의 공동 창업자이자 명예회장
> 빌 & 멜린다 게이츠 재단 공동회장
> 영국여왕의 명예기사
> 한국정부의 정책고문
> 일본 릿쿄, 와세다대학의 명예박사

미국 워싱턴주 시애틀에서 태어난 '윌리엄 헨리 게이츠 3세', 그가 가난한 집안에서 태어나 자수성가했다고 알고 있는 사람도 많지만, 실은 미국 서부 명문가 출신이다. 아버지 윌리엄 H. 게이츠 2세는 저명한 변호사였으며, 외할아버지 J.W. 맥스웰은 미국 국립은행 부은행장이었다. 어렸을 때부터 컴퓨터 프로그래밍을 좋아했던 빌은 자신이 좋아하고 원하는 것에 도전하는 데 거침없는 청년이었다. 하버드대학에 입학했으나 중도하차를 결정한 뒤 폴 앨런과 함께 지금의 그를 있게 한 '마이크로소프트'를 공동 창업하였다. 남들처럼 대학을 졸업해 유명한 회사에 입사하는 대신 자신의 기업을 세운 청춘의 혈기가 세계 1위의 갑부로 다가가기 위한 첫 번째 발걸음이었다.

마이크로소프트사가 창립된 이후 급속한 IT 발전은 빌 게이츠의 금고가 마를 일

없게 만들어준 일등공신이기도 하다. 그가 이처럼 엄청난 부를 이룰 수 있었던 비결은 자기능력에 대한 확신과 분명한 목적의식 아래 자신의 철학이 담긴 회사를 세운 도전 이외에도 성실한 습관과 긍정적인 사고에 있다고 한다.

빌 게이츠는 말한다. "저는 날마다 스스로에게 두 가지 최면을 겁니다. 하나는 오늘은 왠지 나에게 큰 행운이 올 것 같다는 것과 또 다른 하나는 '나는 뭐든지 할 수 있어'라고 상상하는 것이죠. 성공습관에 몸을 맡기세요. 습관은 당신을 성장시킬 것입니다."

빈곤과 질병 퇴치를 위해 'The Giving Pledge'라는 캠페인을 펼치며 기부를 이끌고 있는 모습까지, 그는 세계 1위 자산가 위에 '아름다운 부자'라는 수식어가 어울린다.

여러분을 행복하게 성공시킬 습관은 무엇이라고 생각하는가?

나에게 두 가지 최면을 건다면 나는 뭐라고 말할까? 적어보자.

제3절 인생 디자인

인생을 길게 느끼는 사람과 짧게 느끼는 사람의 차이는 무엇일까. 먼저 나이가 젊을수록 인생은 길다고 느끼는 반면, 나이가 있을수록 인생이 짧다는 생각을 한다. 지나온 세월이 많을수록 인생을 짧게 느끼는 것이다. 모든 사람에겐 공평하게 같은 시간이 주어진다. 그 안에서 우리는 인생의 질을 스스로 만들어가야 한다. 열심히 열정을 다해서 사는 사람은 인생이 짧다고 느끼기 때문에 그렇게 산다. 조금 더 사는 일에 즐거움과 보람을 느끼기 위해서 지금 내가 서 있는 자리에서 앞으로 해야 꼭 해야 할 일들에 대한 고민을 서두를 필요가 있다.

1. 설계도를 갖고 집을 짓자

사람의 삶을 평균 80년으로 보고 시간을 계산하면 우리에겐 70만 시간이라는 얼핏 규모가 잡히지 않는 많은 시간이 주어진다. 여기서 다시 하루 7시간, 주말과 휴일을 제외하고 40년을 일한다고 가정했을 때 모두 7만 시간 동안 일을 하게 된다. 인간에게 주어진 한평생의 시간 중 10%를 일하는 셈이다. 일단 이 10%의 시간을 어떻게 활용하느냐에 따라 한 사람의 생애가 결정된다.

미국에서 성공한 5명의 여성 CEO를 불러놓고 그들에게 성공의 비결을 묻는 질문을 하였다. 그들은 한결같이 "다른 사람이 놀 때 우리는 아침 일찍부터 저녁 늦게까지 일한, 강도 높은 업무량(Hard Work)이 있다"고 대답했다. 방법이 따로 있는 것 같고 요령이 있는 것 같아도 결국 길은 한 가지다. 운동선수는 상대를 이기기 위해 오랜 시간 연습량을 늘릴 수밖에 없고 작가가 되고 싶은 사람은 읽고 쓰는 일에 충실한 길밖에 없다.

그런데 사람이 한평생을 뜻깊게 살려면 나름대로의 일생설계가 있어야 한다. 집을 지을 때 먼저 설계도가 필요하듯이 인생도 한 채의 집이다. 설계도를 가지고 평생에 걸쳐 한 군데 한 군데를 완성해 가는 것이다.

먼저, 60대의 당신 모습에서 시작하라. '인터넷의 지배자'라고 불리는 재일한국인 손정의가 있다. 소프트뱅크를 설립하고 야후를 비롯한 수많은 인터넷 기업을 소유하고 있는 세계적인 거부지만 그의 성공 뒤에 숨은 노력은 그 시작이 달랐음을 알 수 있다. 그는 보통 사람들과 달리 자신의 끝을 보며 앞날을 설계한 인물이다. 19세 때 만들었다는 '인생 50년 계획서'에는 이미 60대의 손정의의 모습이 들어 있다.

"20대에 이름을 날린다. 30대에 최소한 1,000억 엔의 군자금을 마련한다. 40대에 사업에 승부를 건다. 50대에 사업을 완성한다(매상고 연 1조 엔). 60대에 다음 세대에 사업을 물려준다."

사업을 시작하기 전에 이미 그는 자기 인생의 끝을 어떻게 장식할 것인지 분명한 상을 세웠기 때문에 그의 노력은 이미 정해진 미래상을 완성하기 위한 준비된

과정일 뿐이었다. 그리고 자신이 도달해야 할 끝이 분명했기 때문에 불가능해 보이는 일들에 도전했고 또 그것을 이루어냈다.

이처럼 크게 성공하는 사람들 대부분은 어린 시절에 이미 자신이 가야 할 끝과 운명적으로 만나는 경우가 많다. 어떻게 보면 끝이라는 것이 목표와 별 차이가 없어 보일 수도 있지만 그 끝은 목표를 내포하고 있다. 실패하는 가장 큰 원인 중 하나는 가야 할 뚜렷한 결과가 없이 시작한다는 사실이다. 시작이 반이라는 말이 있다. 일단 시작하고 보면 어떻게 되겠지 하는 막연한 희망으로 시작하면 바로 실패의 길로 들어선다. 만약 목표가 무엇인지 몰라서 계획을 세우는 데 어려움이 있다면 빨리 나의 60대 모습을 떠올려라. 나는 어떤 사람이고 싶은가. 바로 그것이 내 다이어리 첫 장에 적을 가장 원대한 목표가 된다.

그도 효과가 없다면 더 극단적이고 절박한 질문을 던져보는 일도 도움이 된다. 당신이 앞으로 열두 달밖에 살지 못한다면 무엇을 하겠는가? 얼마 남지 않은 시간 동안 무엇을 보고, 무엇을 하며, 어떤 소망을 이루고 싶은가? 이 물음에 진지한 답변을 하다 보면 당신은 스스로 목표를 결정할 수 있게 될 것이다.

그러나 설계도에 맞춰 인생이라는 집을 지어가는 과정에서 성공의 관건이 되는 것은 그 일을 해내야 하는 사람의 자기 계발이다. 인생설계도 중요하지만 그 단계마다 자기 계발에 몰두하여야 한다.

한경닷컴 커뮤니티의 전미옥의 "오! 마이브랜드"에 따르면 자기계발을 이루어내기 위해서는 첫째, 자기 일에 열정을 가져야 한다. 열정은 불가능을 가능으로 바꿀 수 있는 인간만이 가질 수 있는 위대한 힘이다. 열정을 갖고 있는 사람은 자신이 하고 있는 일에 미쳐 있는 사람들이다. 순간순간을 전력을 다하여 자신의 목표실현을 위해 매진한다. 목표의식이 분명한 사람은 더 이상 정지된 생각을 하지 않는다. 그때부터야말로 몸을 던져 실천하고 행동하는 것뿐이다.

그들은 물리적으로 규정되는 하루 24시간이 너무나 짧게 느껴진다. 따라서 단 한 시간도 낭비할 시간이 없다. 때로는 보통 사람들이 쓰는 일반적인 시간사용법을 뛰어넘기도 한다. 남들 잘 때 나도 자고, 남들 일할 때 나도 열심히 일한다는 평범한 생각이 성에 차지 않는 것이다.

둘째, 자기 계발을 위한 투자를 게을리하지 말 것이다. 한 기업체의 발전이 R&D(연구비)투자와 비례하는 것처럼 사람도 자신의 발전을 위해 투자하지 않으면 안 된다. 직장인이라면 최소한 월급의 얼마를 떼어내 배우거나 보거나 체험하거나 하는 일에 투자해야 하고, 각종 정보의 수집, 분석, 가공을 하면서 독서량도 늘려야 한다.

셋째, 시간 관리에 철저해야 한다. 인간에게는 누구나 평등하게 주어진 '시간'이라는 재산이 있다. 이것을 어떻게 활용하느냐에 따라 인생의 승패가 결정된다. 24시간을 어떻게 요리하여 25시간을 만드느냐는 자신의 기술과 노력에 달렸다.

처음부터 쉽지는 않다. 느긋하게 내키는 대로 시간을 물 쓰듯 펑펑 쓴 사람에겐 잘못하면 자신이 시간으로 목을 잡아맨 강아지 같은 꼴로 보일 수도 있다. 시간을 요리조리 효율적으로 요리하는 길, 그것도 혹독한 연습을 거치지 않으면 하기 힘들다. 그러나 마음은 넉넉한 낙관주의자가 되어야 한다. 발을 동동 구르고 마음을 달달 볶는다고 일이 술술 풀리는 건 아니다. 긍정적인 자세와 느슨한, 때로는 여유만만한 자세를 갖는다. 끌탕을 하며 속을 새카맣게 태우는 일은 도움이 되지 않는다. 다만 스스로 업무에 대한 마감시간을 정해 되도록 지키려고 하는 노력을 게을리하지 말아야 한다.

시간은 잡으면 내 것이 되지만 내버려두면 그냥 손안에 움켜쥔 물처럼 그렇게 빠져나가 버린다. 늘 내가 지금 시간을 최대한 효율적으로 쓰고 있는지 자신에게 되묻는 자세가 필요하다. 그래야 정말 내가 원하는 것을 하기 위해 꾸준히 시간을 낼 수 있다.

2. 내 인생의 블루프린팅

블루프린트는 건축을 위한 설계도이다. 내 인생의 행복한 성공을 부르는 자기발견과정이자 우연에 기대지 않고 필연을 만들어 나가는 인생설계도가 필요하다. 생각을 자극하는 일련의 질문들을 통해 사람들은 자기 내면에 숨어 있는 마음의 소리를 듣고 결국 삶의 의미와 목적을 분명히 자각하게 된다.

스티브 샌듀스키, 론카슨의 저서『블루프린팅』에서 우화를 통해 제시하고 있는 9가지 질문은 다음과 같다.

1) 9가지 질문

1. ....의 살아 있는 화신이 되어라
2. ....에 충실하라
3. ....에 이끌리는 삶을 살아라
4. ....을 통해 도전의지를 불태워라
5. ....을 소중히 하라
6. ....을 중시하라
7. ....을 현명하게 이용하라
8. ....할 방법을 찾아라
9. ....에게 마음을 열라

9가지 답을 찾으며, 나는 왜 살까? 이 풀리지 않는 질문에 대해 잠시나마 생각해 보는 시간을 가져보는 것은 어떨까?

같은 하수구를 파더라도 더 잘 파는 사람, 더 능률적으로 양계장을 짓는 사람, 더 깨끗하게 바닥을 청소하는 사람, 음식을 더 맛있게 만드는 사람 등. 그런 사람들이 느끼는 행복과 기쁨과 긍지는 돈이 가져다줄 수 있는 것들이 아니다. 정상적인 사람이라면 누구든 평균보다 일을 더 잘해 내고 싶어한다. 예술작품을 창조해 내는 일은 돈이나 다른 형태의 물질로는 대체할 수 없는 기쁨이다.

요즘과 같이 바쁜 현대사회에서 멀티태스크형으로 살아가기 위해서는 몇 가지 전략이 필요하다. 나의 목표목록에 집중하기 위해서 먼저 인생의 우선순위를 결정하고, 쓸데없는 일을 날마다 줄이도록 한다.

2) 인생의 우선순위를 정하라

자신을 돌아보며 지금 균형 잡힌 인생을 살지 못하고 있는 이유를 파악하게 한다. 그 이유가 자신의 야망 때문인지, 다른 사람의 기대 때문인지, 아니면 양심상의 죄책감이나 부담감 때문인지 점검해 보게 한다. 또한 균형 잡힌 인생을 사는 데 가장 중요한 '인생의 우선순위 정하기'를 제시한다.

인생에서 이루고 싶은 것을 실제로 정리해 적어보는 연습을 하면서 일상생활 속에서 생각지 못했던 자신의 인생 목표에 대해 다시 생각하고 집중할 수 있게 된다. 또한 그 실천 가능성을 높이기 위해 우선 그중 다섯 가지를 골라 매일 떠올린다. 그러면 우선순위는 자신의 생활 속에 더 다가오게 되며 시간을 어떻게 보낼지 결정하는 데도 도움이 된다. 결국 시간을 어떻게 사용할지 선택하는 것은 인생을 어떻게 살지 선택하는 것이다.

보통 균형 잡힌 인생을 산다고 하면 회사에도 예전만큼 기여하지 못하게 될 것이라 생각하기 쉽지만 그렇지 않다. 자신에게 중요한 모든 것을 존중하는 생활태도는 회사생활, 가정생활 모두를 더 활기차게 해준다.

3) 시간 사용법 바꾸기

하루 24시간, 일주일에 168시간, 일 년에 8,760시간… 시간은 많다. 그 시간을 어떻게 사용할지 주의를 기울이고 지금까지 무심코 흘려보내온 시간을 새롭게 합리적으로 할애한다면 시간에 쫓겨 휘둘리는 일은 없을 것이다. 그 방법을 나열하면 다음과 같다.

먼저, 우선순위를 정해서 가장 중요한 일을 먼저 한다. 남에게 맡길 수 있는 일은 맡기고, 줄일 수 있는 일은 줄이고 단순화한다. 또한 어떤 일에 쓸 시간을 미리 한정하고 시간낭비를 막는다. 일터에서 떠나는 시간을 '출발시간'으로 정하고 그 시간을 지킨다. 회사(혹은 학교)에서 업무(학업)시간의 10%인 한 시간을 더 일하는 것은 집에서 보내는 시간의 30~50%를 줄이는 것이라는, 시간의 상대적 가치를 염두에 두고 시간을 쓴다. 들어주지 않아도 될 요청에는 '아니오'라고 분명히 대답한다.

4) 인생설계도 작성법

① 내 인생의 목표 3가지를 작성한다.

② 20대 → 30대 → 40대 → 50대 → 60대 → 70대에 이루질 인생설계도를 거꾸로 작성한다.

③ 방법은 많은 양(100가지 꿈)에서 10개로 압축한다. → 다시 5개로 압축한다. → 다시 3개로 압축(내재화)한다.

④ 인생의 로드맵을 10년 단위로 그린다.

생각만 하지 말고 반드시 문서화하는 것이 중요하다. 하버드와 예일대가 문서화의 위력에 대해 공동연구한 결과 3%의 성공자는 인생목표 실시방법을 작성하였다(문서작성함). 10%의 부유층은 인생의 목표의식이 있었다(문서화에 실패함). 그리고 60%의 중산층은 단기계획만 가지고 있었으며 27%의 빈곤층은 아무 계획이 없었다.

제4절 행복의 정원 가꾸기

행복은 어디 있을까

마지막으로 바다를 본 것이 언제였는가?

아침의 냄새를 맡아본 것은 언제였는가?

아기의 머리를 만져본 것은?

정말로 음식을 맛보고 즐긴 것은?

맨발로 풀밭을 걸어본 것은?

파란 하늘을 본 것은 또 언제였는가?

많은 사람들이 바다 가까이 살지만 바다를 본 시간이 없다.

죽음을 앞둔 사람들은 한번만 더 별을 보고 싶다고,

바다를 보고 싶다고 말한다.

삶의 마지막 순간에 바다와 하늘과 별 또는 사랑하는 사람들을

한번만 더 볼 수 있게 해달라고 기도하지 마라.

지금 그들을 보러 가라.

마지막 순간에 간절히 원하게 될 것, 그것을 지금 하라.

-인생수업 중에서-

우리나라의 행복지수는 아래 그림과 같다.

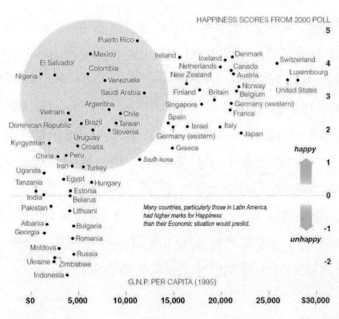

〈세계와 우리나라의 행복지수〉

Source : Ronald Ingelhart,
Human Beliefs and Values : A Cross-Cultural Sourcebook Based on the 1999-2002 Values survays

신묘년 새해 첫날, '행복'을 테마로 우리나라를 비롯한 10개국 국민들을 대상으로 한 신문사 여론조사 결과 '나는 매우 행복하다.'라고 생각하는 한국인이 놀랍게도 10개국 중 가장 적은 것으로 나타났다. 가장 행복할 것 같은 사람을 꼽는 항목에서도 다른 나라의 국민들은 주로 '나 자신'을 꼽았으나 한국인들은 달랐다.

우리나라보다 경제적으로 열악한 나라보다 오히려 행복지수가 낮고 돈과 행복이 무관하다고 답한 비율도 대상국가 중에서 가장 낮은 것을 볼 때 한국인은 재물에 대한 집착이 지나칠 정도로 과도하여 정작 자신의 행복을 느끼지 못하고 살아간다는 것을 입증해 주고 있다.

문제는 돈을 많이 벌려는 가치관 자체가 나쁜 것이 아니라, 이로 인해 행복감, 만족감 등 인간이 누려야 할 기본적인 가치들이 희생된다는 점에 있다.

1. 승목근이 퇴화된 '거지 갈매기'

외포리의 명물은 이른바 '거지 갈매기'로 불리는 갈매기들인데, 녀석들이 거지라는 이름표가 붙은 까닭은 갈매기들이 석모도로 가는 승객들에게 바싹 날아와 밉지 않은 동냥을 하기 때문이다. '새우깡 구걸'로도 불리는 이들의 행동에서 거지 갈매기란 이름표가 붙은 셈이다. 외포리의 갈매기는 사람을 전혀 무서워하지 않는다. 손가락 끝으로 과자를 잡고 허공에 올리고 있으면, 거리낌 없이 다가와 과자를 낚아채 가곤 한다. 그런 모습이 마냥 재미있어 석모도를 여행하는 많은 사람들은 으레 새우깡을 챙겨오기도 한다.

우리의 행복을 느끼는 뇌의 승목근도 거지 갈매기처럼 퇴화되지 않게 하기 위해 첫째, 중요한 것은 상상을 하는 것이다. 우리 뇌는 현실과 상상을 구분하지 못하며, 가상의 정보도 뇌가 들으면 현실이 되기 때문이다.

2. 뇌를 설득하라

『행복에 걸려 비틀거리다』는 하버드대학교 심리학과 교수, 대니얼 길버트의 저

작으로 행복을 '뇌의 작용'이라는 관점에서 분석하고 있다. 이 책은 행복해지기 위한 마음가짐, 전략, 방법에 대해 소개하지 않는다. 오히려 '행복하다'라는 느낌은 뇌의 작용에 따른 것이며, 그것은 매우 주관적이고 불확실한 예측에 근거한 것이라고 이야기한다. 학창시절 '소풍'을 한 번 생각해 보면 알 수 있다. '소풍날' 자체가 즐거운 것이 아니라, 소풍 가기 전의 우리의 상상으로 행복해하지 않았던가? 저자는 상상력이 우리의 미래를 얼마나 부정확하게 예측하는지를 분석한다. 우리의 뇌는 상상할 때 정보를 채워넣기도 하고 빠뜨리기도 하며, 우리의 개인적인 기억이나 신념 역시 부정확하고 근거 없는 낙관적 미래를 예측하게 만든다. 한 파티에서 '자신의 첫아이가 죽게 된다면 2년 후에 당신의 느낌은 어떨까?'라는 짓궂은 질문을 했는데 응답자의 대부분은 '2년이 지나도 무척 비통해하며 힘들어할 것이다'라고 대답했다고 한다. 이것이 바로 현재의 경험으로 미래를 예측하는 것이다. 즉, 미래를 상상할 때 작동하는 것이 현재적 관점이다. 또 다른 예로 다이어트를 생각해 보자. 다이어트를 하기로 결심한 어느 날, 배고픔을 이기지 못하고 배부르게 점심을 먹었다고 하자. 분명, 배부른 포만감에 저녁에 도저히 이만큼 먹을 수 없다고 생각할 것이다. 이런 포만감이 저녁까지 가리라는 근거 없는 상상을 할 때 우리는 현재를 기준으로 미래를 예측하는 셈이다. 우리의 뇌는 우리가 생각하는 것만큼 정교하고 정확하지 않다.

3. 행복의 정원 가꾸는 법

1. Love myself! 나를 사랑하기
2. 먼저 더 나아가기
3. 먼저 더 용서하기
4. 먼저 더 나눠주기
5. 행복호흡법

1) Love myself!

나는 예쁘지 않다.

보이기 위한 쇼는 싫다.

나는 나만의 스타일을 만든다.

그래! 나는 예쁘지 않다.

아름답다.

나는 나를 좋아한다.

어디선가 들은 듯한 이 문장들은 한 통신사의 CF멘트 중의 하나이다. 이 멘트의 주인공 모델 김원경 씨는 지난 2005년 대한항공이 새로운 이미지와 유니폼으로 바꾼 이후 최초로 승무원 외에 섭외된 외부 메인모델이다. CF음악 Robbie Williams 의 The Road to Mandalay와 함께 조화를 이루어 히트를 친 CF가 되었다. 엔딩 때 나오는 그녀의 얼굴로 그녀는 이제 광고계까지 활동영역을 넓히며 자리매김을 하고 있다. 그녀는 말 그대로 예쁘지 않다. 그러나 자신을 사랑하고 자신의 장점에 기울인 결과 최고의 모델로 손꼽히고 있는 것이다.

내가 행복하지 않은 이유는 자신의 대단함을 모른다, 자신의 소중함을 모른다, 자신의 간절함을 모른다는 데 있다. 원인을 알면 치료가 가능한 법.

자신의 대단함을 모른다면 자신의 존재감을 자신에게 자랑하며 나 스스로에게 상을 주는 일을 해보도록 한다.

오늘은 본인에게 가장 훌륭한 대접을 해보자. 평소에 가장 소홀했었던 자신에게

먹고 싶었던 무엇도

하고 싶었던 무엇도

가고 싶었던 무엇도

가지고 싶었던 무엇도

다음에 하지 뭐 하고 미루었던 것들 중에서.

글래이 매터의 시 "작은 기쁨들"이 나를 대접해야 하는 이유가 될 수 있을 것이다.

작은 기쁨들

우리들의 대부분은 인생의 가장 큰 상을
놓친 때 끝을 냅니다.
퓰리처상, 아카데미상, 토니상, 에미상…

그러나 우리 모두는 인생의 작은 기쁨들을
받을 자격을 가지고 있습니다.
어깨를 두드리는 격려의 손
부드러운 포옹
커다랗고 싱싱한 생선
밝은 보름달
텅 비어 있는 주차공간.
활활 타오르는 난로.
멋있는 식사, 황홀한 노을.
따스한 국물과 차가운 맥주.

인생의 큰 상을 잡으려고 너무 애쓰지 말고
아주 작은 기쁨을 즐기세요.
우리 모두를 위해 충분이 마련되어 있으니.

인생에서 더 많은 것을 원한다면 인생에 더 많은 것을 요구해야 한다. 단 한 가
지 조건이 있다. 그 요구가 간절하지 않으면 안된다는 것이다.

대부분의 사람들은 단순한 바람에서 그치기 때문에 인생에서 많은 것들을 이루지 못하는 법이다. 간절하지 않으면 단순한 바람에 그치지만 간절하게 원하고 요구할 땐 그것이 현실이 될 수도 있다.

2) 먼저 더 나아가기

늦은 시간. 일에 지쳐 피곤한 얼굴로 퇴근하는 아버지에게 다섯 살 난 아들이 물었다. "아빠는 한 시간에 돈을 얼마나 벌어요?" "그건 네가 상관할 문제가 아냐. 왜 그런 걸 물어보는 거냐?" "그냥 알고 싶어서요. 말해주세요. 네?" "네가 정 알아야겠다면… 한 시간에 20달러란다." "아…" 아들은 고개를 숙였다. 잠시 후 다시 아버지를 올려다보며 말했다. "아빠, 저에게 10달러만 빌려주실 수 있나요?" 아버지는 귀찮은 듯 "뭐하려고? 장난감이나 사려고 한다면 당장 방으로 가서 잠이나 자거라." 아들은 말없이 방으로 가서 문을 닫았다. 시간이 좀 지나니 아버지는 어린 아들에게 너무 심했다는 생각이 들었다. '아마 10달러로 꼭 사야 할 뭔가가 있었겠지. 게다가 평소에 자주 용돈을 달라고 떼쓰던 녀석도 아니니까.' 아버지는 아들의 방으로 가서 문을 열었다.

"자니?" "아니요, 아빠…" "아빠가 좀 심했던 거 같구나. 오늘은 좀 힘든 일들이 많아서 네게 화풀이를 했던 것 같다. 자, 여기 네가 달라고 했던 10달러다." 아들은 벌떡 일어나서 미소 짓고는 "고마워요, 아빠!" 하고 소리쳤다. 그리고 베개 아래에서 꼬깃꼬깃한 지폐 몇 장을 꺼내는 것이었다. 아들은 천천히 돈을 세어 보더니 아버지를 쳐다보았다. "아빠, 저 이젠 20달러가 있어요. 아빠의 시간을 1시간만 살 수 있을까요? 내일은 조금만 일찍 집에 돌아와주세요. 아빠랑 저녁을 같이 먹고 싶어요."

—Candee Brown의 *Living Beautiful* 중에서 발췌—

이 이야기는 행복의 의미에 대해 많은 것을 생각하게 만든다. 내가 먼저 한 발 더 상대방에게 나아가는 것. 아이가 20달러에 사고 싶었던 아버지의 한 시간처럼,

행복은 거창한 것도, 어려운 것도 아니다. 내가 꼬깃꼬깃한 20달러에 사고 싶은 상대방의 그 무엇, 그 무엇을 향해 먼저 손 내밀어 보자.

3) 먼저 더 용서하기

'내가 먼저 하기'를 시작하기 위해서는, 내가 먼저 안 하는 것부터 생각해 봐야 한다. 내가 먼저 그것을 안 한다면, 그 역시 내가 먼저 하는 것이 된다.

사람들 사이에서는 상대에게 많은 것을 요구하는 관계가 많다. 절충과 타협이 안될 때, 상대의 성격에 대해 불평을 하고 성격이 그러니까 어쩔 수 없다는 식으로 그냥 넘어간다. 만약 원만한 타협이 이루어지지 않아 갈등이 커지면, 그 과정을 견뎌가며 진정한 이해를 구한다는 것이 너무 힘들기 마련이다. 고통스러운 나머지 결국, 상대의 성격을 탓하면서 그것을 포기하는 구실로 삼는다. 따라서 타협은 더 멀어지고 이해나 양보는 불가능해진다.

과거의 일이 되풀이되지 않도록 경각심을 느끼게 하려고 닦달한다. 의도는 좋았어도 부정적인 과거에 대해 비난하는 것은 자신의 의도와는 반대의 결과를 가져온다.

누군가는 과거에 있었던 상대의 잘못을 들추어낸다. '너 때문에 내가 이렇게 힘들었다'고 강조하며 어떠한 보상을 바라겠지만 그럴수록 보상은 더 어려워진다. 과거는 다시 돌아오지 않을 것이고, 만약 현재를 놓치면 보상받을 거리만 늘어나는 격이다.

"남들이 너에게 해주기를 원하는 대로 너도 남들에게 해주어라"는 성서 말씀에 대하여, 우리는 '남들에게는 쉽지'라고 말한다. 사실 상대에게 주기가 더 어렵고 힘이 든 것이다. 마음속에 갈등이 많으면 많을수록 더 어렵다.

과거에 원인제공을 했던 상대방이라도 좋은 마음으로 요구를 들어줄 수 있도록 계산하지 말자. 비록, 자신의 욕구나 규칙에 맞지 않더라도 한 번 해보는 것이다.

대부분의 갈등이 자기중심성을 좀 더 확보하려는 데에서 발생되고, 이로 인한

상처가 쌓이면 회복이 힘들어진다. 이런 상황에서는 상대를 받아들이고 이해하고 용서하는 것밖에 길이 없다.

4) 먼저 더 나눠주기

입의 방문은 전화나 말로써 사람을 부드럽게 하며 칭찬하는 것이고 용기를 주는 방문이다.

손의 방문은 편지를 써서 사랑하는 진솔한 마음을 전달하는 것이고, 발의 방문은 상대가 병들거나 어려움이 있을 때 찾아가는 것이다.

스타보다 더 빛나는 스타는 먼저 더 나눠주는 사람일 것이다. 최불암 씨의 나눔 실천의 동기는 참 특이하다. 1981년 MBC드라마 '전원일기'에서 '금동이'를 양자로 삼아 키우는 이야기가 방영된 이후 최불암 씨에게 "참 훌륭한 일을 하셨습니다."라는 팬레터가 쏟아졌다고 한다. 그는 단지 작가가 쓴 드라마에 출연하여 연기한 것에 불과했는데 칭찬이 이어지자 실제로 어려운 어린이를 도와야겠다는 결심을 하게 되었다고 한다. 그래서 그때부터 거의 30여 년 동안 어린이재단 후원회장으로서 소외된 아동들을 돌봐왔다고 한다. 30년째 꾸준히 후원활동을 하고 5년 전부터는 한 아이를 직접 묵묵히 도와주고 있다고 하니까 참 대단하다. 먼저 더 나눠주기는 멀리 있지 않다. 내가 오늘 하는 칭찬의 한마디, 용기를 주는 한마디, 힘내라는 짧은 문자 한 줄. 이게 시작이다.

5) 행복호흡법

의자에 앉아 등을 곧게 편다. 그대로 양팔을 위로 올리고 크게 기지개를 켠다. 그리고는 팔을 뿌리듯이 단숨에 힘을 뺀다(3회).

눈을 감는다. 자연스럽게 코로 숨을 들이켜고 내쉬는 코 호흡을 반복하면서, 눈을 감은 채 마음속으로 전신을 관찰해 나간다.

가슴, 배, 어깨, 팔, 다리, 목… 신체의 각 부분이 호흡에 맞춰서 어떻게 움직이고 있는지 어떤 상태에 있는지 마음속으로 가만히 관찰한다.

코 호흡을 자연스럽게 하면서 실시하는 것이 포인트.

긴장하고 있는 부분을 발견했으면 의식적으로 호흡을 천천히 해본다.

배와 가슴 양쪽에 숨을 넣고 내뿜는 감각으로 호흡을 해보는 것이다.

반복하면서 신체 내부를 관찰한다.

관찰이 끝났으면 이번에는 당신이 과거에 행복했던 장면을 떠올려본다.

데이트, 일에서의 성공경험, 여행에서의 놀라운 경험, 가족과의 단란했던 기억, 시험에 합격한 경험, 스포츠에서의 성취감 등 과거에 자신의 큰 행복감을 맛보았던 때의 마음을 떠올려본다.

▷포인트 : 특별한 호흡법을 하겠다는 생각은 하지 말고, 우선은 신체 내부의 상태를 하나씩 체크하면서 조용히 호흡을 반복한다. 더불어 과거의 즐거운 장면을 이미지 속에서 재현하고 그때의 호흡을 떠올린다.

▷효능 : 과거의 행운을 상상함으로써 행복한 당신 자신의 마음과 신체상태가 언제든지 떠오를 수 있게 된다. 그리고 그때의 호흡을 거듭함에 따라서 조건반사적으로 마음속에 의식을 심을 수 있다. 행복할 때의 호흡은 당신 자신에게 최적의 호흡이다.

○ 실천가이드

1. 행복의 습관을 적어보자.

(1) 갖고 싶은 것 3가지

  예) 비행기, 자동차, 카페

(2) 하고 싶은 것 3가지

  예) 탭댄스, 백두산 등정, 스카이다이빙

(3) 되고 싶은 인격 3가지

  예) 현명한 투자가, 열정의 리더, 행복한 사람

(4) 빌 게이츠의 두 가지 최면

　　예) "항상 좋은 생각만 한다." "후회 없는 삶을 산다."

2. 10년 단위 인생 로드맵을 적어보자.

　예) 20대 : 마라토너, MBA 수료, 칼럼리스트, 마술, 스쿠버다이빙, 유럽 배낭여행

　　　30대 : 전 세계 친구들(각국마다), 그림전시회, 골프 홀인원, 볼링 퍼펙트, 펀
　　　　　　드 10억 원, 데일 카네기 코스 수료, 하와이 투어

　　　40대 : 세계경제포럼 참석

　　　50대 : 프랜차이즈 개설, 크루저여행

　　　60대 : 대학설립, 주식투자, 놀이공원

　　　70대 : 세계일주, 우주탐험, 리조트

3. 내가 12달밖에 살지 못한다면 무엇을 할까?

24절기를 참고로 계획해 보도록 한다. 혹은 다른 기준도 괜찮다.

절기	양 력	특 징	하고 싶은 일
입춘	2011. 2. 4	봄의 시작	
우수	2011. 2. 19	봄비가 내리고 싹이 틈	
경칩	2011. 3. 6	개구리가 겨울잠에서 깸	
춘분	2011. 3. 21	낮이 길어지기 시작	
청명	2011. 4. 5	봄 농사 준비	
곡우	2011. 4. 20	농사비가 내림	
입하	2011. 5. 6	여름의 시작	
소만	2011. 5. 21	본격적인 농사의 시작	
망종	2011. 6. 6	씨뿌리기	
하지	2011. 6. 22	낮의 연중 가장 긴 시기	
소서	2011. 7. 7	여름 더위의 시작	
대서	2011. 7. 23	더위가 가장 심한 시기	
입추	2011. 8. 8	가을의 시작	
처서	2011. 8. 23	더위 가고, 일교차가 커짐	
백로	2011. 9. 8	이슬이 내리기 시작	
추분	2011. 9. 23	밤이 길어지는 시기	
한로	2011. 10. 9	찬 이슬이 내리기 시작	
상강	2011. 10. 24	서리가 내리기 시작	
입동	2011. 11. 8	겨울의 시작	
소설	2011. 11. 23	얼음이 얼기 시작	
대설	2011. 12. 7	겨울 큰 눈이 옴	
동지	2011. 12. 22	밤이 연중 가장 긴 시기	
소한	2012. 1. 6	겨울 중 가장 추운 때	
대한	2012. 1. 21	겨울 큰 추위	

환호성을 부르는 나의 직업

○ Objective

01 전 세계적으로 진로지도와 상담에서 가장 많이 사용되고 있는 John L. Holland 의 이론에 근거하여 제작된 홀랜드검사를 통해 6개의 직업적 성격유형 즉 실 재형(R), 탐구형(I), 예술형(A), 사회형(S), 기업형(E), 관습형(C)을 측정해 보고 자신의 직업적 성격 유형을 파악한다.

02 성격에 따라 6개의 유형으로 분류한 직업적 성격유형을 통해 나의 직업성격과 잘 맞는 직업을 찾아본다.

03 나의 기술지향성에 잘 맞는 직업을 찾아보고, 역량개발 계획표를 작성해 본다.

제1절 파티에서 놀고 싶은 사람

지금 다이아몬드방에서는 6유형의 사람들이 모여서 각기 즐거운 시간을 갖고 있다.

비슷한 취향과 흥미를 가지고 있어서 아주 재미있게 어울리고 있다.

다음 내용을 살펴본 후 이후에 제시된 세 질문을 읽고 답을 표하십시오.

1. 사람들의 6가지 유형

R	운동 또는 기계적 능력을 소유하고 있고, 물건, 기계, 공구 또는 동물을 가지고 문 밖에서 일하기 좋아하는 사람
I	관측, 학습, 분석, 평가, 문제해결 등을 좋아하는 사람
A	예술적, 혁신적, 직관적인 능력을 소유하고 있고, 자신의 상상력, 창의성을 사용하여 비조직적인 상황에서 일하기를 좋아하는 사람
S	가르치고, 계몽하고, 도와주고, 훈련시키고, 발달시키고, 치료해 주는 등 사람들과 더불어 일하기 좋아하는 사람
E	경제적 이득을 위한 조직목표를 위해 영향력을 행사하고, 설득하고, 수행하고, 지도 관리하는 사람
C	데이터를 가지고 일하기를 좋아하며, 사무적, 수적 능력을 가지고 있고, 세밀히 일을 수행하며, 다른 사람들의 지시에 기꺼이 따르는 사람

1) 다음 질문에 해당되는 번호와 알파벳을 기재한다

① 당신이 장시간 더불어 즐기고 싶은 사람들로서 본능적으로 가까이하고 싶은 그룹은?

② 15분 후 당신이 택한 그룹의 모든 사람들이 다른 파티를 위해 나갔다. 남아 있는 그룹 중 가장 끌리는 그룹은?

③ 15분 후 이 그룹 역시 다른 파티를 위해 당신만 남겨두고 나갔다.

남은 그룹 중 당신이 가장 가까이하고 싶은 그룹은?

(※ 예를 들어 ①번에 E, ②번에 6번 C, ③번에 4번 S를 택했다면, 당신의 코드는 ECS가 된다.)

위와 같은 방식으로 당신의 흥미코드를 정하면 된다.

당신의 흥미코드는 (   )이다.

진로심리학자 홀랜드는 각 사람들의 여러 요소와 환경들을 고려하여 과학적이고 체계적으로 접근하고자 했으며, 그 결과 홀랜드의 6가지 유형인 RIASEC으로 분류하였다. 개개인의 특징을 자세히 분류하기는 어려워도 사람들의 라이프스타일 유형으로 성격과 진로를 철저하게 분석하여 이 모델을 정의하였다. 모두가 다르지만 상호 공통적으로 나타나는 특징들을 구분하기 위한 검사 문항들을 객관적인 방법으로 정립한 것이다.

2. 성격적 특징

1) R형(실재형, Realistic)

남성적이고 직선적인 성향이 많으며, 사물 중심적이어서 기계를 조작하는 등의 신체적인 활동하기를 많이 선호하며 그런 일을 잘하는 편이다. 평소 조용하고 말이 적으며, 혼자서 운동을 한다거나, 가전제품 같은 것이나 조립용품들을 잘 분해하고 만드는 것을 즐겨하는 경향이 있다. 여가활동들은 신체적인 활동을 좋아하여 등산이나 스포츠 등을 하는 편이다.

2) I형(탐구형, Investigative)

혼자 하는 일을 좋아하는 편이라서 온종일 책을 읽는다거나 여러 자료를 정리하거나, 어떤 일을 할 때 논리적이고 분석적으로 하여 연구나 이론을 정립하는 성향이 많다.

수학적인 계산을 잘하는 편이기도 하다. 그래서 대화를 할 때 논리적으로 따지는 편이라 주변 사람이 어려워하는 경향이 있다. 그러나 공부는 잘할 가능성이 높다.

내성적인 성향이 많으며 나서기를 싫어하여 리더 역할을 하기 어려워하는 성향이 있다.

여가활동들은 혼자 하는 낚시나 조용한 산책 등을 하는 편이다.

3) A형(예술형, Artistic)

감정이 풍부하고 미적 감각이 뛰어나 늘 새로운 것을 추구하는 편이다.

대중의 유행을 따라가기보다는 자신만의 독특한 표현으로 개성을 펼치는 경우가 많다.

감수성이 풍부해서 주변 세계에 대해 즉흥적인 반응을 나타낼 수 있으며, 변덕스러운 행동을 하는 경향이 높다. 여가활동들은 언제나 변화 가능성이 많아 다양한 활동을 하고 탐색을 즐기는 편이다.

4) S형(사회형, Social)

이 유형의 사람들은 친절하고 이해심과 포용력이 있으며, 다른 사람들에게 자신의 긍정적인 감정들을 잘 표현하는 편이다. 사랑한다거나, 감사의 마음을 전하거나 하는 등의 표현을 잘 한다. 또한 사람들과 대화하거나 만나는 것을 좋아하는 편이다. 친구나 지인을 만나면 1시간은 훌쩍 넘기는 편이다.

여가활동들은 사람들과 함께하는 봉사활동과 각종 친교모임을 좋아하는 편이다.

5) E형(기업형, Enterprising)

말을 잘하여 설득력이 있고, 자기주장이 강하며, 사교적인 편이다.

외향적인 성향이 많고, 어떤 일이든 적극적이며 경쟁적인 편이다.

남들이 눈치채지 못할 정도로 말은 매우 잘하지만, 자세히 들어보면 체계적이지 못할 때도 있다. 어떤 모임이건 리더십을 발휘하여 그 모임을 이끌어 가는 편이다.

여가활동들은 매우 바쁘며, 많은 모임에 참석하는 것을 좋아하는 편이다.

6) C형(관습형, Conventional)

6가지 유형 중, 가장 체계적이고 모든 것을 정확히 하는 편이다.

어떤 일이든 빈틈이 없어야 하며, 같은 일을 반복하더라도 실수를 용납하지 않는 편이다.

조직이나 사무적인 일에서도 체계와 서열을 중시하며, 항상 메모하거나 기억하여 반드시 맡은 일은 정확하게 완수하는 책임성이 강한 편이다.

아동의 경우, 부모님이나 선생님 말을 잘 듣는 효자나 모범생일 가능성이 높다.

여가활동들은 자신에게 익숙한 것들을 선호하며, 여행을 가면 꼼꼼히 일정을 정하여 정해진 시간에 맞추어 행동하는 편이다.

홀랜드 검사에서는 위의 6가지 유형을 기본으로 하여 결과치에서 가장 많이 나타나는 두 가지 유형을 함께 판별하여 자신의 성격유형 및 진로 코드를 정한다(예를 들면 SC형).

왜냐하면 한 사람의 유형을 한 가지 유형으로 정할 수 없기 때문이다.

경우에 따라 세 가지 유형을 묶어서 표현할 수도 있다(예를 들어 SCA형).

검사결과치에서 가장 많은 유형이 제1 유형, 그 다음으로 2, 3유형이 결정된다.

3. 홀랜드의 6가지 유형

	성격특징	직업활동선호	적성 유능감	가치	생의 목표	대표직업
실재형 (R)	남성적이고, 솔직하고, 성실하며, 검소하고, 지구력이 있고, 신체적으로 건강하며, 소박하고, 말이 적으며, 고집이 있고, 단순하다.	분명하고, 질서정연하고, 체계적인 대상·연장·기계·동물들의 조작을 주로 하는 활동 내지 신체적 기술들을 좋아하고, 교육적·치료적 활동은 좋아하지 않는다.	1. 기계적·운동적인 능력은 있으나 대인관계 능력은 부족하다. 2. 수공, 농업, 전기, 기술적 능력은 높으나 교육적 능력은 부족하다.	특기, 기술, 기능, 전문성, 유능성, 생산성	기계나 장치의 발견 및 기술사, 전문인, 뛰어난 운동선수	기술자, 자동기계 및 항공기 조종사, 정비사, 농부, 엔지니어, 전기·기계 기사, 운동선수
탐구형 (I)	탐구심이 많고, 논리적, 분석적, 합리적이며, 정확하고, 지적 호기심이 많으며, 비판적, 내성적이고, 수줍음을 잘 타며, 신중하다.	관찰적, 상징적, 체계적이며, 물리적·생물학적·문화적 현상의 창조적인 탐구를 수반하는 활동들에 흥미를 보이지만, 사회적이고 반복적인 활동에는 관심이 부족한 면이 있다.	1. 학구적·지적 자부심을 가지고 있으며, 수학적·과학적 능력은 높으나 지도력이나 설득력은 부족하다. 2. 연구능력이 높음	탐구, 지식, 학문, 지혜, 합리성	사물이나 현상의 발견 및 과학에 대한 이론적 기여	과학자, 생물학자, 화학자, 물리학자, 인류학자, 지질학자, 의료기술자, 의사

예술형 (A)	상상력이 풍부하고, 감수성이 강하며, 자유분방하고, 개방적이다. 감정이 풍부하고, 독창적이고, 개성이 강하고, 협동적이지 않다.	예술적 창조와 표현, 변화와 다양성을 좋아하고, 틀에 박힌 것을 싫어한다. 모호하고 자유롭고, 상징적인 활동들을 좋아하지만 명쾌하고, 체계적이고 구조화된 활동에는 흥미가 없다.	1. 미술적·음악적 능력은 있으나 사무적 기술은 부족하다. 2. 상징적·자유적·비체계적 능력은 있으나 체계적·순서적 능력은 부족하다.	예술, 창의성, 재능, 변화, 자유, 개성	예술계의 유명인, 독창적인 작품활동	예술가, 작곡가, 음악가, 무대감독, 작가, 배우, 소설가, 미술가, 무용가, 디자이너
사회형 (S)	사람들을 좋아하며, 어울리기 좋아하고, 친절하고, 이해심이 많으며, 남을 잘 도와주고, 봉사적이며, 감정적이고, 이상주의적이다.	타인의 문제를 듣고 이해하고 도와주고 치료해 주고, 봉사하는 활동들에 흥미를 보이지만 기계, 도구, 물질과 함께하는 명쾌하고, 질서정연하고, 체계적인 활동에는 흥미가 없다.	1. 사회적·교육적 지도력과 대인관계능력은 있으나 기계적·과학적 능력은 부족하다. 2. 기계적·체계적 능력이 부족하다.	사랑, 평등, 헌신, 공익, 용서, 봉사	타인을 돕고 희생, 존경받는 스승, 치료전문가	사회복지가, 교육자, 간호사, 유치원 교사, 종교지도자, 상담가, 임상치료가, 언어치료사

기업형 (E)	지배적이고, 통솔력, 지도력이 있으며, 말을 잘하고, 설득적이며, 경쟁적, 야심적이며, 외향적이고, 낙관적이고, 열성적이다.	조직의 목적과 경제적 이익을 얻기 위해 타인을 선도, 계획, 통제, 관리하는 일과 그 결과로 얻어지는 위신, 인정, 권위를 얻는 활동들을 좋아하지만 관찰적, 상징적, 체계적 활동에는 흥미가 없다.	1. 적극적이고, 사회적이고, 지도력과 언어의 능력은 있으나 과학적인 능력은 부족하다. 2. 대인 간, 설득적인 능력은 있으나 체계적 능력은 부족하다.	권력, 야망, 명예, 모험, 자유, 보상	사회의 영향력 있는 지도자, 금융과 상업분야의 전문가	기업경영인, 정치가, 판사, 영업사원, 상품구매인, 보험회사원, 판매원, 관리자, 연출가
관습형 (C)	정확하고, 빈틈 없고, 조심성이 있으며, 세밀하고, 계획성이 있으며, 변화를 좋아하지 않으며, 완고하고, 책임감이 강하다.	정해진 원칙과 계획에 따라 자료를 기록, 정리, 조직하는 일을 좋아하고 사무적, 계산적 능력을 발휘하는 활동을 좋아한다. 창의적, 자율적, 모험적, 비체계적 활동에는 흥미가 없다.	1. 사무적이며, 계산적인 능력은 있지만 예술적, 상상적 능력은 부족하다. 2. 체계적, 정확성은 있으나 탐구적·독창적 능력은 부족하다.	능률, 체계, 안전, 안정	금융과 회계의 전문가, 사무행정 전문가	공인회계사, 경제분석가, 은행원, 세무사, 경리사원, 감사원, 안전관리사, 사서, 법무사

| 제2절 | 6가지 유형별 직업목록 |

1. 6가지 유형별 직업목록

실재형 (R)	가전제품수리원, 건물도장공 및 도배공, 건물설비관리원, 건설기계운전원, 건축공학기술자, 경륜선수 및 경마기수, 경매사(상품중개인), 경찰관, 공작기계조작원, 광원 및 채석원, 금속 및 재료공학기술자, 금형원, 기계공학기술자, 기계설비설치 및 정비원, 네트워크시스템개발자, 농업인(농작물재배자), 단순노무자, 데이터베이스 관리자, 미장공, 방수공, 배관공, 배달 및 수하물 운반원, 번역가, 비파괴검사원, 산업공학기술자, 산업안전 및 위험관리원, 석유·화학물가공 및 제품제조 장치조작원, 세탁원, 시스템소프트웨어개발자(시스템프로그래머), 어업인, 용접원, 우편물집배원, 운동선수, 유리공, 음식료 및 기타 제조장치조작원, 임업인, 자동차정비원, 자연과학시험원, 전기공학기술자, 전자공학기술자, 전자상거래전문가, 전통음식제조원, 정보기술컨설턴트, 정보시스템 감리사, 제품조립원, 제화원(신발제조원), 조경사, 조적공, 직업군인, 철골공, 철근공, 철도 및 지하철 차량정비원, 철도기관사/지하철기관사, 촬영기사 및 방송장비기사, 축산인, 치과기공사, 컴퓨터 사무기기 설치 및 수리원, 컴퓨터하드웨어기술자, 택시운전사, 텔레마케터(전화통신판매원), 통신설비설치 및 수리원, 판금원 및 제관원, 품질 및 생산관리원, 항공기정비원, 항공기조종사, 화물자동차운전사, 화학공학기술자, 환경미화원
탐구형 (I)	대학교수, 동물조련사, 문화재보존원, 사회과학자, 생명과학시험원, 생명과학자, 섬유공학기술자, 시스템운영관리자, 시장조사전문가(시장 및 여론조사전문가), 애널리스트, 의사, 인문학자, 자연과학자, 컴퓨터게임개발자(게임기획자/게임디자이너/게임프로그래머), 컴퓨터보안전문가(정보보호전문가), 컴퓨터시스템설계분석가, 해양공학기술자, 환경공학기술자
예술형 (A)	간판제작원, 건축설계사(건축가), 공예원, 광고 및 홍보전문가, 귀금속가공원 및 보석세공원, 대중가수, 멀티미디어디자이너, 메이크업아티스트 및 분장사, 모델, 무용가, 미술가(화가/조각가), 바둑기사, 바텐더(조주사), 사진작가, 쇼

예술형 (A)	핑호스트, 시각디자이너, 안경사, 애완동물 미용사, 연기자(연극배우/영화배우/탤런트), 연예인매니저, 연출자(영화감독/방송PD/연극연출자/광고제작감독), 음악가(지휘자/작곡가/연주자/성악가), 의상디자이너, 인테리어디자이너, 작가, 전자출판편집원, 전통예능인, 제과·제빵사, 제품디자이너, 조경기술자(조경건축가), 카피라이터, 콘텐츠제공자, 컴퓨터애니메이터, 컴퓨터제도사(캐드원), 패턴사, 프로게이머, 학예사(큐레이터), 한복사, 행사기획자(이벤트플래너), 홍보판촉원(행사도우미)
사회형 (S)	간병인, 간호사(간호사/간호조무사/치위생사), 결혼상담원, 경비원, 노무사, 물리치료사 및 작업치료사, 방사선사, 버스운전사, 변호사, 보육교사, 보험모집인, 부동산중개사, 사회단체활동가, 사회복지사, 상담전문가, 상품판매원, 성직자(사제/승려/목사), 소방관, 수의사, 스포츠강사, 안내 및 접수원, 약사/한약사, 여행안내원/여행기획자, 영양사, 영업원, 웨이터 및 웨이트리스, 유치원교사, 응급구조사, 이·미용사, 임상심리사(심리치료사), 장의사(장례지도사), 점술가, 주택관리사, 중등학교교사, 직업능력개발훈련교사, 직업상담원 및 취업알선원, 초등학교교사, 치과의사, 특수학교교사, 피부미용사 및 체형관리사, 학원강사, 한의사, 항공기객실승무원
기업형 (E)	경영컨설턴트, 경호원, 국회의원, 만화가, 머천다이저, 부서관리자, 아나운서 및 리포터, 운동경기감독 및 코치, 웹개발자(웹프로듀서/웹프로그래머/웹디자이너/웹엔지니어), 응용소프트웨어개발자(응용프로그래머), 증권중개인, 지리정보시스템(GIS) 전문가, 최고경영자, 토목공학기술자, 통역가, 펀드매니저
관습형 (C)	감정평가사, 경리, 관세사, 금속가공장치조작원, 기자, 도시계획가, 목공, 물류관리사(물류관리전문가), 법무사, 변리사, 보험계리인, 비금속광물가공 및 제품제조, 장치조작원, 비서, 사무원, 사서, 세무사, 손해사정인, 외교관, 의무기록사, 일반공무원, 임상병리사, 자원공학기술자, 장학사, 조리사(주방장), 지적 및 측량기술자, 카지노딜러, 통신공학기술자, 판사 및 검사, 항공교통관제사, 항해사, 환경 및 보건위생검사원, 회계사

　　6가지 유형별 직업목록을 참고하여 관심 가는 직업에 밑줄을 긋고 유형코드와 관심이 가는 이유를 작성한다. 총 10개를 작성한 후 순위를 매겨본다. 잘 모르는 직업은 인터넷 검색이나 노동부 홈페이지를 통해 알아보도록 한다.(한국직업정보시스템 http://know.work.go.kr)

2. 내가 관심 있는 직업 찾기 Best 5

　1) 당신의 코드 세 자리를 쓰시오.　　　　　　　흥미코드: : ＿＿＿＿＿＿

　2) 홀랜드의 6가지 유형을 보고 자신의 세 가지 코드에 관한 사항의 내용 중에서 자신과 유사하다고 생각하는 문장에 색펜으로 밑줄을 그어라.
　3) 자신과 유사하다고 생각한 것을 아래의 빈 칸에 적어라.

성격적인 면	
직업활동 선호면	
적성유능감	

가치	
생의 목표	
대표직업	

3. 관심 가는 직업

	직업명	유형코드	관심이 가는 이유	순위
예시	웹개발자	I		2
1				
2				
3				
4				
5				
6				
7				
8				
9				
10				

나의 직업성격과 잘 맞는 직업 찾기

1. 나의 성격에 잘 맞는 직업 BEST 5

직업목록을 참고하여 나의 성격에 잘 맞는 직업을 5개 선택하고 이유를 적어보라. 그리고 그 직업이 갖는 대표적인 성격에 대해 적어보도록 한다.

직업성격 주제	직업명	이유

제4절 | 나의 기술지향성에 잘 맞는 직업 찾기

1. 나의 기술지향성에 잘 맞는 직업 BEST 5

직업명	이유

2. 자기개발 보고서

자기탐구영역	흥미코드	Best 5 직업
흥미유형		
성격유형		
보유능력		

중복 영역	직업	이유
흥미, 성격, 보유능력에서 중복된 직업		

느낀 점	

○ 실천가이드

1. 지원회사를 공략하기 위한 리서치 Item

1) 기본정보 조사

- 회사연혁/회장 또는 사장이름, 출신학교, 전공과목 등
- 회사 사훈, 경영이념, 창업정신
- 회사의 대표적 사업모델과 특색
- 업종별 계열 수와 해외지사 위치 파악
- 회사위치, 제품과 서비스, 주요 상대방, 경쟁회사
- 기업철학과 기업문화와 환경/연혁/최근 뉴스/재무상태(급여수준, 주식 등)
- 사내 복지 수준
- 기업에 대한 평가(장단점)
- 기업의 잠재적 능력개발에 대한 제안(기본조건)

2) 기업조사의 예를 대한항공을 통해 살펴보면 아래와 같다.

▌일반현황 / 비전 & 미션

◐ 비전

" 세계 항공 업계를 선도하는 글로벌 항공사 "
(To be a Respected Leader in the World Airline Community)

◐ 미션

" Excellence in Flight "
≫ 최상의 운영체제(Operational Excellence)
≫ 고객 감동과 가치 창출(Service Excellence)
≫ 변화지향적 기업문화(Innovative Excellence)

객실승무직 상시채용

○ 직무소개

대한항공 서비스의 최일선인 기내에서 주로 근무하는 객실
승무직은 채용 후 신입전문훈련을 받게 되며 훈련 수료 후
당사 국내노선 및 국제노선에 탑승하여 다양한 업무를 수행하
게 됩니다. 객실승무원에게 있어서 객실 안전 및 쾌적 유지와
서비스 제공은 가장 중요한 업무입니다.

● 운항 전 필요한 사항 확인

◎ 운항 전 필요한 사항를 확인하며 객실 내 비상 장구, 의료장구 및
기타 비품를 점검합니다.

● 운항 전후 안전 및 보안 점검 실시

◎ 운항 전후 기내 안전 및 보안 점검를 실시, 보고하며 기장이 지시하는
관련 업무를 수행합니다.

● 기내수하물 탑재상황 파악

◎ 기내 수하물 탑재 상황를 철저히 파악하고 승객에게
Safety Instruction를 실시합니다.

● 객실 내 승객에게 편안한 서비스 제공

◎ 또한 기내 방송, 좌석안내, 식음료 제공, 입국관련 서류 접검, 기내 면세품 판매 등
객실 내 승객에게 편안한 서비스를 제공하는 전반 업무를 수행합니다.

인사철학 PHILOSOPHY

기업은 곧 인간

□ 사람은 회사의 소중한 자원이다.
□ 회사의 발전은 사람을 통하여 이루어진다.
□ 회사와 사람의 동시 발전을 추구한다.

'사람'은 대한항공이 가장 소중하게 생각하는 가치이자 자원입니다.
대한항공의 인사철학은 인사를 운영하는 원칙과 인재상에 반영됨으로써
인사 전반을 움직이는 하나의 Rule로서 인식되고 있습니다.
이는 구체적으로 인사제도를 통하여 나타납니다.

○ 인재상 : KALMANSHIP

□ 진취적 성향의 소유자

▪ 항상 무엇인가를 개선하고자 하는 의지를 갖고 변화를 통해 새로운 가치를 창조해 내고자 하는 진취적인 성향의 소유자를 필요로 합니다.
▪ 지금과 같이 급변하는 시대에 필요한 인재는 고정관념을 깨뜨리고 미래를 관리할 수 있는 진취적인 사람입니다. 주어진 일에 대해 항상 무언가 개선하고자 하는 의지를 갖고 사람들의 머리 속에 고정관념의 틀을 깨며 항상 변화하고 발전을 꾀하는 진취적인 사람들과 대한항공은 미래를 준비하고자 합니다.

□ 서비스 정신과 올바른 예절을 지닌 사람

▪ 단정한 용모와 깔끔한 매너, 따뜻한 가슴으로 고객을 배려하는 서비스정신과 올바른 예절을 지닌 사람입니다.
▪ 항공사란 그 자체가 서비스의 결정체로, 단정한 용모와 깔끔한 매너 따뜻한 가슴으로 고객을 배려하는 모습은 모든 항공사들이 자기 직원에게 공통으로 바라는 이상적인 이미지입니다. 항공사에 있어 주인정신과 프로정신은 바로 서비스정신으로 나타납니다.

□ 국제적인 감각의 소유자

▪ 자기 중심사고를 탈피하여 세계의 다양한 문화를 이해할 수 있는 세계인으로서의 안목과 자질을 갖춘 국제적인 감각의 소유자를 원합니다.
▪ 글로벌 항공사에서 일하고자 하는 사람에 있어 유창한 외국어 구사능력은 기본입니다. 오늘날과 같은 국제화 시대를 이끌어 갈 사람은 어학실력, 열린 마음 및 넓고 깊은 문화적 지식과 이해를 지닌 세계 시민이 되어야 합니다.
▪ 그러나 단순히 외국어를 잘 하는 사람보다 우리의 고유한 문화의식을 바탕으로 외국의 문화와 습관, 에티켓 등을 충분히 이해하여 깨끗한 매너로 상대방을 존중하는 가운데 품위 있고 자신 있는 대화를 나눌 수 있는 능력, 이것이 대한항공이 원하는 것입니다.

□ 성실한 조직인

▪ 작은 일이라도 책임감을 가지고 완수하여 원만한 대인관계를 유지해 나가는 성실한 조직인을 원합니다.
▪ 거대한 조직의 구석구석에서 나사못과 윤활유 역할을 담당하는 성실한 일꾼이야말로 대한항공의 자산입니다. 아무리 능력이 탁월해도 매사에 최선을 다하는 성실성이 없다면 어느 곳에서도 환영 받을 수 없습니다.
▪ 대한항공은 일의 성과 못지않게 그 과정도 중시합니다. 화려한 스타플레이어 못지 않게 보조플레이어의 성실한 역할을 높게 평가합니다.

3) 매스컴에 오르내리는 기업관련 기사 스크랩 : 세계화의 흐름, 혹은 경쟁기업 중
   국제적으로 경쟁력이 있는 회사는 어디인가?

4) 그 회사에 근무하고 있는 사람들이 주변에 있다면 부탁하여 정보를 수집한다.

5) 회사가 공개된 기업이라면 회사 홈페이지 및 그 기업이 실린 기사를 온라인
   으로 확인한다.

6) 기업에서 발간되는 기업 사보를 참고한다.

7) 온라인상의 취업관련 커뮤니티, 블로그, 취업박람회에서 관련정보를 얻는다.
   (일반 취업관련 사이트, 노동부사이트, 인크루트, 리크루트, 잡코리아, 커리어
   넷, 스카우트 등 취업관련 컨설팅업체 참고)

8) 중소기업도 자료가 있다 : 관련분야 트렌드를 읽어라.
   예) 매일경제 중소기업·벤처란 참고

매일경제　2007년 2월 17일 토요일　　　　중소기업·벤처　　　　A13

기로에 선 中企, 현장을 가다 ⑦ 광주 첨단과학산업단지

'빛고을' 光산업 설비증설 열기

케이블등 주문밀려 생산라인 풀가동
작년 생산 40% 증가한 3조5220억원

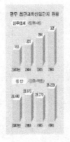

중기중앙회, 환율·FTA 대응방안 설명회

대덕특구본부 이노폴리스 포럼 19일 개최

삼료이앤씨, 정부고속철 1000억 공사 수주

2. 자신이 원하는 직업에 대한 리서치 Item을 스크랩하고 정리해 보라.

3. 자기 자신의 역량을 발전시키기 위해서 구체적으로 어떤 점을 개선시 켜야 하는가?

그리고 목표를 성취하기 위해 자신의 어떤 노력이 필요한가를 살펴보자.

역량 개발 계획표의 예)

목표	3.5 이상으로 졸업 예정	토익 700점	협상력 강화
성취일	2012년 2월	2011년 12월	
이유	높은 학점–성실도	스펙 충족	현명한 의사결정
전략	전공공부 2시간씩 공부 남은 학기 학점 B⁺ 유지	매일 영어 듣기 영자신문사설 파트별 취약점	신문 읽기 커뮤니케이션 강의수강

나만의 역량개발 계획표를 작성해 본다.

목표			
성취일			
이유			
전략			

○ **책 속의 책**

1. 책 제목 : 빙산이 녹고 있다고?

저자 : 존 코터, 홀거 래스버거
역자 : 유영만

2. 주제 : 변화관리와 자기 혁신

개인과 기업에 시원한 변화의 바람을 불러일으킬 펭귄원정대의 가슴 벅찬 모험!
평화로운 펭귄의 보금자리 빙산이 녹고 있다니!

창의적 이노베이터 프레드, 강력한 실천가 앨리스, 부족의 리더 루이스, 똑똑한
분석가 조던 선생, 그리고 인간적인 스토리텔러 버디가 위기탈출을 위해 한 팀으
로 똘똘 뭉쳤다!

변화에 강한 개인과 기업을 만드는 펭귄부족의 특별한 지혜!

변화는 행복이다! 변화는 축제다! 변화는 삶이다!

개인과 조직에 시원한 변화의 바람을 불러일으킬 펭귄원정대의 가슴 벅찬 모험!

3. 내용 요약

펭귄부족 중에서 특히 관찰력이 뛰어나고 호기심이 많았던 프레드는 어느 날 자신이 살고 있는 빙산의 바닥에 커다란 동굴이 생겼다는 사실을 발견한다. 그 동굴은 계절이 지날수록 빙산이 녹으면서 점점 커져 펭귄부족을 위협했다. 프레드는 부족 내에서 리더그룹에 속해 있는 앨리스를 찾아가서 위기상황을 알린다. 앨리스는 중립적이고 객관적인 눈을 지닌 펭귄으로서, 프레드의 발견을 보고는 심상치 않은 상황임을 직감한다. 그리고 그녀는 부족의 리더 루이스를 찾아가 부족 전체에 이 사실을 알려야 한다고 이야기한다.

루이스가 탁월한 리더라는 점은 그가 빙산이 녹고 있다는 사실을 숨기지 않고, 모든 펭귄들과 공유했다는 데에서 알 수 있다. 그들은 말로만 위기상황이라고 떠들어대는 것이 아니라, 빙산모형을 만들어 리더그룹에 보여준다든지 병에 채워넣은 물이 얼면서 병이 깨지는 것을 재연하는 등 모든 펭귄들이 위기를 직접 느끼게끔 한다(변화관리 1단계 : 위기를 눈으로 보여준다). 그리고 그는 5마리로 구성된 펭귄 혁신팀을 구성한다. 리더인 자신을 포함해 뛰어난 문제해결력과 창의력을 지닌 아이디어맨 프레드, 강력한 실행가이자 팀워크를 만들어가는 중간관리자 앨리스, 똑똑한 분석가 조던, 마지막으로 뛰어난 능력을 지닌 것은 아니지만 인간적이고 따뜻한 성품을 지닌 버디가 혁신팀의 멤버다. 그들은 각자 개성이 강하고, 서로 다른 가치관을 지니고 있지만 인간적인 신뢰를 바탕으로 팀워크를 구축해 나간다(변화관리 2단계 : 강력한 혁신팀을 구성한다). 그리고 하늘을 자유롭게 날고 있는 갈매기를 보며, 빙산이 영원한 보금자리가 아니라는 사실을 깨닫고는 '유목생활'을 해결책으로 제시한다(변화관리 3단계 : 비전과 전략을 세운다). 처음에는 변화의 필요성을 느끼지 못했던 펭귄부족은 혁신팀의 다양한 활동, 즉 '펭귄 리더의 감성적인 연설' '포스터 및 홍보활동을 통한 비전 공유' '인간적인 교류'를 통해 점점 변화에 공감해 간다(변화관리 4단계 : 지속적인 커뮤니케이션을 추진한다). 혁신팀은 유목생활을 본격화하기 위해 탐사대를 꾸리고, 그들 중에 탐사대장을 뽑는다(변화관리 5단계 : 행동에 옮길 수 있는 권한을 부여한다). 하지만 한 가지 문제가 있었다. 오래전부터 펭귄부족에는 자기 식구들끼리 먹을 것만 사냥하는 풍습이 뿌리 깊이 내려왔다. 게다가 대다수의 어른 펭귄이 탐사활동을 위해 보금자리를 비우고 나면 먹이를 사냥할 펭귄이 없었다. 이때 샐리 앤이라는 유치원생이 벼룩시장을 제안한다. 각자 오징어 두 마리만 가지고 오면, 필요한 물건을 살 수 있는 행사였다. 그리고 그 행사 말미에는 탐사를 하고 돌아온 펭귄들을 위한 '영웅찬양식'을 치렀다. 결과는 대성공이었다(변화관리 6단계 : 단기간에 눈에 보이는 성과를 낸다). 이제 탐사대를 위해 오징어를 잡는 일은 일상이 되었으며, 2차 탐사를 통해 새로운 빙산으로의 이주를 결정하기에 이른다(변화관리 7단계 : 변화 속도를 늦추지 않는다). 드디어 펭귄부족은 녹고 있는 빙산을 떠나, 더 튼튼하고 먹이가 많은 새로운 빙산으로 안전하게 이주한다. 그리고 그들은 그 다음해에도 꾸준히 탐사대를 조직해서 매년 새로운 빙산으로 이주하는 '유목생활'을 삶의 방식으로 채택한다(변화관리 8단계 : 조직에 변화를 정착시킨다). 드디어 펭귄 그들은 지나치게 서두르지 않고, 부족 전체에 위기상황을 알림으로써 혁신을 시작한다(변화관리 1단계 : 위기를 눈으로 확인시켜 준다). 열정과 희망이 넘치는 펭귄부족의 빙산 탈출 스토리는 '변화'가 두려움의 대상이 아닌 희망의 새로운 이름이라는 사실을 증명한다. 그들의 성공은 개혁과 혁신을 입으로만 부르짖는 현재의 우리에게 강한 카타르시스를 느끼게끔 한다. 그리고 그들의 성공은 변화를 향한 강한 열망도 실행이 없다면 무용지물이라는 사실을 다시금 깨닫게 한다.

4. 존 코터의 변화관리 8단계 프로세스

변화관리 1단계: 위기를 눈으로 확인시켜 준다.

유리병이 깨지듯, 우리의 보금자리도 산산이 부서지고 말 거예요!

변화관리 2단계: 강력한 혁신팀을 구성한다.

루이스의 리더십, 앨리스의 실행력, 버디의 인간미, 프레드의 창의력, 그리고 조던의 논리!

변화관리 3단계: 비전과 전략을 세운다.

저 하늘을 나는 갈매기를 봐요! 그들의 자유가 우리에게 무엇을 말하고 있는지…

변화관리 4단계: 지속적인 커뮤니케이션을 추진한다.

이 빙산은 우리의 전부가 아닙니다. 우리는 언제든지 이곳을 떠날 수 있어요!

변화관리 5단계: 행동에 옮길 수 있는 권한을 부여한다.

위기 속에서 영웅이 탄생하는 법이다. 바로 당신이, 지금 이 순간 영웅이 될 수 있다!

변화관리 6단계: 단기간에 눈에 보이는 성과를 낸다.

비록 어리고 몸집도 작지만, 우리 부족을 위해 뭔가 할 수 있답니다!

변화관리 7단계: 변화 속도를 늦추지 않는다.

녹지 않는 빙산은 없어! 끊임없이 탐사대를 보내고, 이동해야 해! 우리는 변화해야 살 수 있어!

변화관리 8단계: 조직에 변화를 정착시킨다.

그런데 우리의 보금자리는 어디지? 바로 네가 사랑하는 가족이 있는 곳이 너의 보금자리야!

5. 나에게 주는 메시지와 변화활동을 적어보자.

지니램프

당신에게 걸려온 한 통의 전화, 상대방인 그녀는 이렇게 말한다.

"○○씨, 받으실 액수는 육백이십만 유로(약 90억 원)입니다." 당신의 표정은 어떨까. 대부분이 처음엔 놀라면서 나중에 점점 현실을 받아들이면서 그 돈을 어떻게 해야 할지 고민할 것이고, 세상을 다 얻은 거 같은 기분을 느낄 것이다. 과연 그 시간은 얼마나 오래 갈까? 분명한 것은 그 행복은 그리 길지 않을 것이다. 사람의 인생은 행복의 시간보다는 고통의 시간이 훨씬 더 길 테니까.

'바로 지금 그녀에게 새로운 삶이 시작되었다는 소식을 어떻게 전해야 할지 고민했다' 지금 삶을 뒤흔들고 있는 이 일을 어떻게 말을 해야 할지 알만 씨는 고민에 고민을 거듭하고 있다.

내 생애 가장 멋진 날이다. 한 가지는 분명했다. 돈이 사람을 행복하게 만들지 못한다는 주장은 거짓말이거나 착각이라는 것. 나는 행복했다.

내 손에 들어온 그 돈을 이제 어디에 어떻게 쓸 것인가 하는 행복한 고민에 빠진 알만 씨. '돈이 있으면, 접었던 꿈을 펼 수 있고 원하는 것을 할 수 있는 자유를 누릴 수 있다!' 돈, 결국엔 현실이고 우리의 삶을 펼칠 수 있는 중요한 수단일 수도 있다. 종이 쪼가리일 뿐이라고 할 수 있겠지만, 그 종이 쪼가리는 삶과 현실이 되기에도 충분하다.

하지만 '돈'이면 정말 세상을 얻은 거 같은 그런 기분에 행복만 있을 거 같지만 또 그렇지만도 않다. 행복해하는 일만 남았다고 생각한 알만 씨는 이상하게도 점점 더 행복을 놓치고 있었다. 그 행복들이 서서히 부서지기 시작했다.

'생애 가장 행복한 날, 내 행복은 반쪽이 됐다.'

'나는 남편이나 애인답지 않게 조심스러워졌다. 그것은 내 믿음에 흠집을 냈다.'

'고문, 기아, 전염병, 살인, 비행, 해고, 임금포기, 전쟁, 폭동 이것들은 오늘은 내 것이 아니다. 나와는 아무 상관이 없다.'

행복이란 원래 그런 법이다. 열심히 사는 사람에게 손을 흔드는 경우도 있겠지만 엉뚱한 곳으로 가는 경우도 다반사다.

세상은 역시 쉽지 않나보다. 알만 씨, 이제 행복만 남았다고 자부했지만 아내는 이렇게 말한다. "당신은 곁에 있는 사람을 외롭게 해. 당신은 머리로만 살아."

한 주도 채 지나지 않아 50유로를 쓴 알만 씨, 떠나버린 아내. 아내의 공백. 그리고 다른 세상으로 가버린 아버지. 그들의 부재는 돈으로도 해결할 수 없다.

그의 삶을 변화시킨 그 문제의 620만 유로. 그 돈 액수만큼 그는 행복하진 않다. 이방인이 된 기분으로 당분간 살아갈 것이다. 그리고 또 다른 행복을 꿈꿀 것이다.

620만 유로라는 로또 당첨금을 타는 그는, 행복이 다가옴과 동시에 아이러니하게도 불행에도 점점 가까워지게 된다. 돈으로 해결할 수 없는 그 행복을….

행복이라고 믿었던 그것은 '평범한 진리'였던 것들, '일상'을 송두리째 잃게 만들었다.

—독일 작가 토미 바이어의 소설, 『행복에 관한 짧은 이야기』 중에서 발췌—

나만의 콘셉트를
적어보아라

실행전략, 생각을 Show하라

Chapter

○ Objective

01 파트 1에서 실습한 나의 인생목표와 나침반을 토대로 Show를 하라!
내가 어떤 사람인지 표현할 수 있는 창조적 능력을 갖추도록 한다.

02 예술과 놀고 떠들어라. 화가처럼, 건축가처럼!!

03 지금까지 내가 감상한 영화 편수는? 샘하지 마라! 1,000편 미만이라면, 영화
속 명대사에 귀 기울여 보자. 그리고 적어보자!

제1절 창작을 위한 준비운동

1. 하루 15분씩 예술과 놀고 즐겨라!

화가처럼 생각하기 마지막에 나오는 글이다.

"화가가 많은 나라에 과학자도 많다"는 통계로 입증된 대명제로부터 빌 게이츠가 레오나르도 다빈치의 육필원고를 3,000만 달러에 사들인 것은 결코 우연이 아니며, 과학과 예술은 이미지를 이용한 직관적 방법과 창의성을 공통된 자산으로 삼는다.

창의성으로 무장한 이들은 활기찬 에너지와 적절한 훈련·감수성을 동반하고 있다. 우리 안에 숨은 창의성을 발굴하기 위해 동원할 수 있는 방법은 달리기·노래하기·그리기·쓰기 같은 '일상'이다. 진실한 감동을 담아 노래 부르고, 언어에 의해 왜곡되지 않은 채 미술품을 감상하는 일은 창의성 계발에 도움되는 기술훈련이다.

파인딩 포레스터(Finding Forester)라는 영화를 보면 인상적인 글쓰기의 비법을 배울 수 있다. 글을 쓰기 위해 고심하고 있는 16세의 소년 자말에게 단 1권의 책으로 퓰리처상을 받고 대중들로부터 사라진 포레스터는 말한다. 생각하지 말고 그냥 써라. 처음에는 마음으로 쓰고, 나중에 글을 고칠 때 머리로 생각을 해라. 글이 잘 안되면 일단 잘된 남의 글을 타이핑해라. 그러다가 나만의 선명한 아이디어가 떠오르면 계속 그것을 밀고 나가라.

창조성은 나의 의식적인 개입이 최소화되었을 때 저절로 흘러나오는 에너지에 의해 이뤄진다. 작은 스케치북과 연필만 있으면 된다. 또 떠오르는 생각을 적기에도 꼭 필요한 도구이다. 그러나 매일매일 하루에 15분이라도 규칙적으로 해보자. 반복해서.

2. 다름과 창의성

오래전 『마인드 맵핑』이라는 책을 저술한 영국의 국제정치학자인 Barry Buzan 교수는 수업시간에 학생들에게 하얀 종이를 한 장 꺼내라. 그런 후 하얀 종이 위에 Run라는 단어를 쓴 뒤 7개의 줄을 그어라. 학생들에게 Run을 보고 연상되는 단어를 적으라고 하였다. 그리고 각 조 대표를 앞으로 나오게 하여 칠판에 연상된 단어들을 적게 하였다. 그 후 각 조끼리 비슷한 단어를 찾아보라 하셨다. 신기하게도 거의 똑같은 단어는 나오지 않았다. 이어서 그가 설명하였다. "사물을 바라보는 여러분의 렌즈는 모두 다르다. 다른 렌즈를 끼고 있는 것이다. 이것이 학문하는 첫 출발이다. 우리는 모든 것을 다르게 보고 느끼며 생각하게 되는 것이다. 단 학문의 세계에서는 왜 그러한 렌즈를 끼었으며 그렇게 보이는가를 논리적으로 설명하여야 한다"는 점을 강조하였다.

3. 자신감과 행복

한 학생이 미국 유학을 갔다. 영어도 잘하고 장학금도 받아 사기충천한 학생은 첫 수업을 들어갔으나 전혀 알아들을 수 없었고 더욱이 토론에 끼어드는 건 엄두도 내지 못했다. 나아가 그는 그가 가장 강점이라고 생각했던 전공서적의 독해까지 되지 않았다. 친구의 도움으로 외국인을 위한 영어교육센터에 찾아가 도움을 청했다. 진단은 자신감의 상실이었다. 특히 그는 전공지식에 대한 양은 매우 크지만 영어표현능력은 작다는 불균형이 심했던 것이다. 처방은 자신감의 회복이었다. 아주 얇은 초등학교용 영어소설 및 역사이야기 책을 읽으라는 것이다. 그는 돌아와서 즉시 시작했다. 아주 쉽게 읽혔다. 그다음으로 약간 길고 어려운 책을 서서히 읽기 시작했다. 결국 1학기가 지나서야 그는 영어에 대한 두려움을 깰 수 있었다. 자신감과 그것이 주는 행복은 몸이 아파 감기에 걸리듯이 항상 충만할 수 없다. 그러나 조금만 옆에서 도와주면 그것을 회복하여 창의적 활동에 에너지가 될 수 있는 것은 분명하다. 화가가 되기 위해 처음으로 언급한 자신감에 대한 이야기의 중요성은 아무리 강조해도 지나침이 없다.

4. 반복의 즐거움

'갑수도사'라는 화학박사가 있었다. 유학시절에 그를 갑수도사라고 불렀다고 한다. 그의 영어정복은 아주 간단했다. 반복이다. 매일밤 12시에서 새벽 4시까지 대학 경비실에 가면 그를 만날 수 있다. 그는 단순하게 영어책을 따라 읽고 있었다. 그리고 경비 아저씨에게 요구했다. "내가 미국사람이 들을 때 'beautiful'한 영어로 발음하냐구요?" 그때까지 첫 문장을 계속해서 다시 읽었다. 오케이 사인이 나면 그제야 다음 문장으로 옮겼다. 그는 박사과정 6년 내내 그렇게 하였다. 그리고 매일 영화를 보았다. 학기 중 학교 영화관에서 한 학기 쿠폰을 구입하여 지난 영화를 비디오로 상영해 주는 것이었다. 같은 영화도 많이 반복된다. 그는 한 영화의 모든 대사를 완벽히 알아들을 때까지 그 영화를 10번 이상씩 보았다. 급기야는 대사의 상당부분을 외우기에 이르렀다.

새로운 신입생들은 갑수도사 흉내 내기를 시작했지만 무서운 의지로 끊임없이 반복하는 그의 노력을 따라갈 사람은 없었다. 박사논문을 쓸 무렵 모든 짐을 버리고 이불 한 채만 달랑 들고 실험실로 들어갔다. 초심으로 돌아가서 논문을 쓰겠다는 뜻이다. 왜 자신을 그렇게 혹독하게 몰아붙이냐고 물으면 그는 "언제나 하느님께서 그렇게 하지 않으면 나에게 자유를 주지 않는다"라고 하였다.

제2절 건축가처럼 생각하기

우리는 건축과 함께 꿈을 꾼다. 건축은 무에서 유를 창조하며 사물에 질서를 부여하는 작업이다. 또한 우리의 삶을 윤택하게 만들고, 개인과 공동체를 이롭게 하는 예술이기도 하다. 우리는 건축물 속에서 자신의 삶에 대해 여러 가지를 생각하고 꿈꾸며 생활한다. 즉 건축물이란 인간의 꿈과 행복을 담는 하나의 그릇인 것이다. 그렇다면 인간을 행복하게 할 수 있는 건축물이란 과연 무엇일까? 세상에는 아름답게 효율적으로 지어진 건축물도 많지만 도시경관을 망치는 보기 흉한 건축물이나 이용하기 불편한 건축물도 많이 있다. 그중에서도 우리가 꿈꾸는 건축물이란 편안함과 안락함을 제공하면서 안전성을 보장하고 아름다움까지 함께 갖춘 곳일 것이다. 이러한 건축물을 만들기 위해서는 좋은 건축에 대한 이해가 반드시 필요하다.

우리는 무언가를 만들면서 만족하고 즐거움을 느낀다. 예술가뿐만 아니라 많은 사람들이 구체적인 작업을 통해서, 혹은 공상을 펼치면서 기쁨을 느끼는 것이다. 사람이 살고, 물건을 담고, 일할 수 있는 집이라는 공간을 만드는 행위는 인간의 기본적인 욕구라 할 수 있다. 즉, 우리들 마음속에는 확실한 결과물을 얻고자 하는 마음과, 뭔가를 표현해 내고 싶어하는 소망, 복잡한 유기적 구조를 여러 가지 방법을 통해 하나로 모으고자 하는 바람이 자리잡고 있다. 건축은 이런 기본적인 사항들을 예술로 나타내면서 동시에 사람에게 도움이 되게끔 하는 행위인 것이다.

1. 건축가처럼 생각하기란?

건축가처럼 생각하는 태도는 일반적인 사고방식과 차별성을 가지고 있다. 건축가의 활동범위는 광범위하다. 건축일을 하려면 다방면의 지식을 가지고 순차적인 작업단계에 따라 많은 사람들의 요구사항에 부응하기 위해 노력을 기울여야 한다. 건축의 모든 작업과정은 서로 연결되어 있다. 때문에 건축가는 필요한 여러 정보를 모아 효율적으로 정리해야 한다. 예술가로서 떠올린 영감을 표현하기 위해서는 효과적이며 효율적인 수단을 연구해야 하며, 돌발사태의 해결방안을 찾기 위해 논리적인 탐구과정도 거쳐야 한다. 즉, 건축은 창조적인 문제해결방안을 예술형태로 구현한 것으로 다른 예술과는 다르게 기능성을 특징으로 가지고 있다.

사람들이 건축물을 마주할 때 범하기 쉬운 실수 중 하나는 주변환경과 건축물을 분리하여 생각하는 것이다. 건축물은 주변의 배경과 상관없는 단순한 예술작품이 아니다. 우리가 살아가는 도시와 건축물의 디자인은 삶의 질에 영향을 미치기 때문이다. 그러므로 건축물을 평가할 때 주변의 자연환경, 도시적인 배경, 건물내부의 기능 등을 함께 고려해야 한다.

즉 건축가처럼 생각하려면 디자인 전개과정이란 아름답고 튼튼한 건축물만 짓는 것을 의미하지 않는다.

2. 시각화하기

건축가처럼 생각하기가 되었다면 이제 이를 시각화하는 연습이 필요하다. 그림으로도 그려보고 모형으로도 만들어 보고 직접 연필로 그리거나 컴퓨터로 표현해 볼 수도 있다.

건축가의 작업 중 중요한 부분이 시각화작업이다. Drawing, Modeling 그리고 Building. 이러한 시각적 요소들을 음화(音畵)한 '표제음악'이 있다. 건축과 음악 창작 프로세스의 유사성을 은유한 괴테(실제로 괴테는 건축가이기도 하다)의 형이상학적 태도에는 못 미치더라도, 건축과 음악의 애정 어린 관계를 희망하는 한 건축가에게는 이러한 편협한 접근도 꽤 유효한 방법일 수 있다. 물론, 음악이 어떻게 건축에 스며들어 있느냐 하는 반대적인 관점을 포함하여, 무릇 두 예술 사이의 애정이란 이러한 탐색적 관계파악을 시작으로 싹트는 법이다. 건축을 표제로 한 음악에는 어떤 것이 있을까? 그 첫 번째로 서슴없이 꼽을 수 있는 것이 '무소르그스키'의 피아노 모음곡 '전람회의 그림'이 아닐까 한다. 러시아 국민음악파의 한 사람인 음악가의 진보적인 음악을 이해하고 존경하였던 건축가이자 화가인 '빅토르 하르트만'이 31세라는 젊은 나이로 갑자기 사망하자, 그 이듬해 건축가 '하르트만'의 예술을 사랑한 사람들이 그의 유작전을 상트페테르부르크의 미술 아카데미에서 열게 된다. 여기에는 건축가의 스케치, 설계도, 회화, 디자인 등 모두 4백여 점의 작품이 출품되었는데, 친구인 음악가는 이 전람회에서 인상적이었던 10점의 그림을 표제로 피아노곡을 썼다. 그중에서도 '키예프의 성문' 현상설계에 제출할 도면을 보고 쓴 열 번째 곡 '키예프의 성문'은 특히 인상적이다. '무소르그스키'는 전람회를 관람한 후의 감동을 친구에게 보낸 편지에 이렇게 쓰고 있다. "빅토르가 내 가슴 속에 끌어오르고 있다네. 소리와 아이디어들이 허공에 둥둥 떠 있어. 난 그것들을 게걸스럽게 먹어 치워서 내 속에 가득 채우고 있네. 그것들을 종이 위에 옮겨 적을 시간이 없을 정도야." 친구의 음악을 성원하였던 건축가 '하르트만'은 그의 생각을 스케치와 도면을 통하여 묘사하였고, 그 예술에 감명받은 친구 무소르그스키는 그 감명을 표제로 음화(音化)시킴으로써 불멸의 예술을 남긴다. 참으로 감동적이고 부러운 일화 아닌가.

제3절 죽기 전에 꼭 봐야 할 영화, 벤치마킹하기

미국 야후! 영화 편집부에서 죽기 전에 꼭 봐야 할 영화 100편을 뽑았다. 지금까지 100대 영화를 뽑으면 할리우드의 황금시대였던 30~40년대 영화가 많이 선정됐는데, 90년대 이후 영화들로만 선정된 이른바 '모던 클래식'에 '올드보이'가 포함되어 있다.

[1991년]

미녀와 야수(Beauty And The Beast)

양들의 침묵(The Silence Of The Lambs)

터미네이터 2-심판의 날(Terminator II-Judgment Day)

델마와 루이스(Thelma And Louise)

[1992년]

첩혈쌍웅 2-첩혈속집(辣手神探: Hard-Boiled)

말콤 X(Malcolm X)

플레이어(The Player)

홍등(大紅燈籠高高掛: Raise The Red Lantern)

폴리스 스토리 3-초급경찰(警察故事 III-超級警察: Police Story III-Super Cop)

용서받지 못한 자(Unforgiven)

[1993년]

멍하고 혼돈스러운(Dazed And Confused)

사랑의 블랙홀(Groundhog Day)

쉰들러 리스트(Schindler's List)

[1994년]

중경삼림(重慶森林: Chungking Express)

에드 우드(Ed Wood)

포레스트 검프(Forrest Gump)

네 번의 결혼식과 한 번의 장례식(Four Weddings And A Funeral)

펄프 픽션(Pulp Fiction)

쇼생크 탈출(The Shawshank Redemption)

세 가지 색 제3편-레드/박애(Three Colors: Red)

[1995년]

꼬마 돼지 베이브(Babe)

비포 선라이즈(Before Sunrise)

클루리스(Clueless)

히트(Heat)

망각의 삶(Living In Oblivion)

센스 센서빌리티(Sense And Sensibility)

토이 스토리(Toy Story)

유주얼 서스펙트(The Usual Suspects)

[1996년]

빅 나이트(Big Night)

데드 맨(Dead Man)

파고(Fargo)

공각기동대(攻殼機動隊: Ghost In The Shell)

론 스타(Lone Star)

스크림(Scream)

비밀과 거짓말(Secrets & Lies)

슬링 블레이드(Sling Blade)

스윙어스(Swingers)

트레인스포팅(Trainspotting)

[1997년]

부기 나이트(Boogie Nights)

이브의 시선(Eve's Bayou)

LA 컨피덴셜(L.A. Confidential)

달콤한 후세(The Sweet Hereafter)

타이타닉(Titanic)

[1998년]

위대한 레보스키(The Big Lebowski)

하나-비(Fireworks)

표적(Out Of Sight)

라이언 일병 구하기(Saving Private Ryan)

메리에겐 뭔가 특별한 것이 있다(There's Something About Mary)

[1999년]

내 어머니의 모든 것(All About My Mother)

아메리칸 뷰티(American Beauty)

존 말코비치 되기(Being John Malkovich)

일렉션(Election)

파이트 클럽(Fight Club)

매트릭스(The Matrix)

원령 공주(もののけ-: Mononoke Hime)

롤라 런(Run Lola Run)

식스 센스(The Sixth Sense)

쓰리 킹즈(Three Kings)

[2000년]

올모스트 페이머스(Almost Famous)

베스트 쇼(Best In Show)

와호장룡(臥虎藏龍: Crouching Tiger, Hidden Dragon)

하나 그리고 둘(A One And A Two)

[2001년]

아멜리에(Le Fabuleux Destin D'Amelie Poulain)

도니 다코(Donnie Darko)

화양연화(花樣年華: In The Mood For Love)

반지의 제왕 - 반지 원정대(The Lord Of The Rings: The Fellowship Of The Ring)

메멘토(Memento)

멀홀랜드 드라이브(Mulholland Dr.)

로얄 테넌바움(The Royal Tenenbaums)

[2002년]

피아니스트(The Pianist)

이 투 마마(And Your Mother Too)

[2003년]

시티 오브 갓(Cidade De Deus)

엘리펀트(Elephant)

니모를 찾아서(Finding Nemo)

[2004년]

앵커맨(Anchorman: The Legend Of Ron Burgundy)

이터널 선샤인(Eternal Sunshine Of The Spotless Mind)

새벽의 황당한 저주(Shaun Of The Dead)

사이드웨이(Sideways)

[2005년]

40살까지 못해본 남자(The 40 Year Old Virgin)

브로크백 마운틴(Brokeback Mountain)

폭력의 역사(A History Of Violence)

올드보이(Oldboy)(한국)

[2006년]

보랏 - 카자흐스탄 킹카의 미국 문화 빨아들이기(Borat: Cultural Learnings Of America For Make Benefit Glorious Nation Of Kazakhstan)

칠드런 오브 맨(Children Of Men)

타인의 삶(Das Leben Der Anderen)

판의 미로 - 오필리아와 세 개의 열쇠(Pan's Labyrinth)

[2007년]

4개월, 3주··· 그리고 2일(4 Months, 3 Weeks & 2 Days)

본 얼티메이텀(The Bourne Ultimatum)

잠수종과 나비(The Diving Bell And The Butterfly)

마이클 클레이튼(Michael Clayton)

노인을 위한 나라는 없다(No Country For Old Men)

데어 윌 비 블러드(There Will Be Blood)

[2008년]

다크 나이트(The Dark Knight)

슬럼독 밀리어네어(Slumdog Millionaire)

월-E(WALL-E)

[2009년]

아바타(Avatar)

허트 로커(The Hurt Locker)

바스터즈: 거친 녀석들(Inglourious Basterds)

이 영화들 중에서 영화 속 감동 글을 모아보는 것도 좋겠다. 감동 글을 직접 노트에 적어보고 비슷한 자신의 경험을 떠오르는 대로 메모해 둔다.

제4절 연필로 생각하기

신기한 연필이 한 자루 있다. 다른 연필들은 쓸 때마다 조금씩 연필심이 닳기 마련인데, 이 연필은 쓰면 쓸수록 연필심이 점점 더 길게 자라는 신기한 연필이었다.

연필은 나무처럼 쑥쑥 자라, 잎사귀를 피우고 열매를 맺는 것이었다.

이 연필은 무슨 연필일까?

이 연필은 '우리들의 생각'이다.

우리가 생각하는 것을 글로 옮겨 적을 때마다, 이 연필처럼 우리 생각의 키도 점점 더 자라나는 것이다.

지금 여러분 앞에 연필 한 자루가 놓여 있다.

이제 여러분의 이야기를 적어보자.

이 책의 저자는 바로 '여러분 자신'이다. 우리의 마음은 온 우주가 다 들어와도 넉넉한 공간이다. 그 마음으로 세상을 바라보자.

○ 실천가이드

1. 하루 15분 예술과 놀 수 있는 방법을 적어보자.

요일	그림	음악	건축물
월	ex) 인상주의 화가 중 한 명을 선택하여 그림 감상을 한다.	혈액형별 음악을 선곡한다.	세계의 유명호텔을 스크랩해 본다.
화			
수			
목			
금			
토			
일			

2. 다음 영화에 나오는 감동 글을 적어보자. 감동 글이 잘 느껴지지 않는 다면 주제가나 배경음악 가사를 적어보도록 하자.

[2009년]

아바타(Avatar)

허트 로커(The Hurt Locker)

바스터즈: 거친 녀석들(Inglourious Basterds)

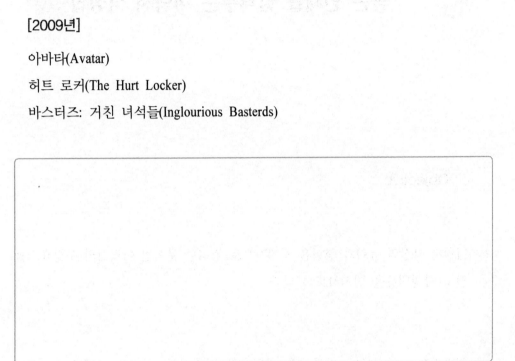

0
Chapter

좋은 인재를 알려주는 이력서 작성법

○ Objective

01 지원자 자신의 능력과 경험을 체계적으로 정리한 문서인 이력서의 구성요소를 알고 작성내용을 인지하도록 한다.

02 일반적으로 인적사항, 학력사항, 경력사항, 자격사항 및 skill, 그리고 수상경력 및 특기사항으로 이루어져 있는 이력서의 작성요령과 주의사항을 안다.

03 이력서 작성의 Good/Bad 사례를 통해 어느 부분에 실수하지 않고 성공적인 취업의 첫 관문을 통과할 수 있는지 그 시행착오를 줄이도록 한다.

제1절 이력서의 구성

1. 이력서란?

이력서란 지원자 자신의 능력과 경험을 체계적으로 정리한 문서이다. 이력서가 중요한 이유는 자기 홍보를 위한 광고지이기 때문이다. 그 외 이력서가 중요한 이유는 다음과 같다.

이력서는 성공적인 취업을 위한 첫 관문이다. 서류전형의 70% 비중으로 당락을 좌우한다. 당신의 이력서는 무수히 쌓이는 수많은 이력서 중 하나이며, 면접으로 가기 위해서는 반드시 서류전형을 통과해야 한다. 같은 경력과 능력이라도 어떻게 포장하느냐에 따라 다르게 느껴질 수 있다. 이력서를 잘 작성한 구직자 70% 이상은 자신이 원하는 자리에 성공적으로 취업하고 있기 때문이다.

몇 해 전 고층빌딩의 옥상에서 심각한 표정으로 서 있는 20대 초반의 젊은이들이 로프와 여러 장비를 들고 있다가 그중 한 명이 친구의 도움을 받아 로프를 타고 빌딩 아래로 휙 내려가는 광고가 있었다. 고층빌딩 밖에서 어떤 사무실 안을 신중히 들여다보던 주인공은 뭔가를 꺼내 창문에 떡 하니 붙인다. 그것은 바로 '이력서'로 자신이 지원하는 회사 사장실 창문에 '사장님 꼭 보세요'라며 이력서를 붙이며, 좋아하는 그의 밝은 표정에 광고카피가 뜬다. '서류뭉치 속의 똑같은 한 장이 되긴 싫다! 맥주 광고 '이력서'편은 아찔하게 높은 고층빌딩에서 미션임파서블을 연상케 하는 고난이도의 액션으로 이루어져 있고 이는 모두 직접 고층빌딩에서 실제상황으로 촬영된 것으로 고층빌딩에서 로프 하나만을 타고 내려가고 사무실 안을 들여다보는 모든 것을 22층이 넘는 고층빌딩 밖에서 진행했다. 그리고 이 모든 액션 대부분의 분량을 메인모델이 해냈는데, 보기만 해도 아찔한 높이에 바람까지 부는 상황에서 그는 재밌는 기구를 타듯 즐겁게 촬영했다고 한다.

그러나 모두가 남다르게 이력서를 작성하고 싶어서 고층빌딩 창문에 매달릴 수는 없는 노릇이다.

그럼, 이력서는 어떻게 구성되어 있으며 작성하는 요령은 어떠한지를 살펴보도록 하자.

2. 이력서의 구성

이력서는 크게 인적사항, 학력사항, 경력사항, 자격사항 및 skill, 그리고 수상경력 및 특기사항으로 이루어져 있다.

1) 인적사항

인적사항은 주민등록등본/초본에 기재되어 있는 내용과 동일하게 기재해야 하며 호주와의 관계는 호주 쪽에서 바라본 관계이다.

2) 학력사항

학력은 고등학교 때부터 적는 것이 일반적이다.

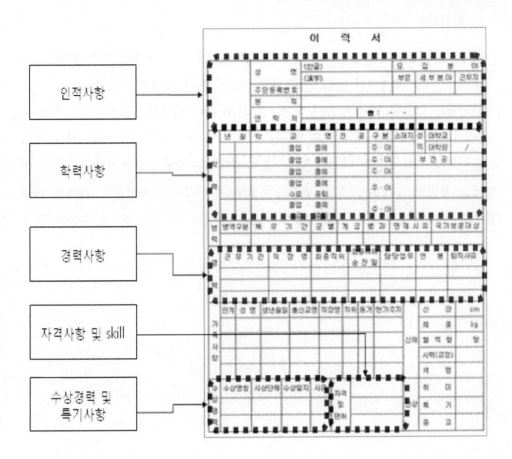

3) 경력사항

자신이 경험한 모든 경력사항을 기재하며, 남자의 경우는 군복무사항을 함께 기재하도록 한다. 지원한 업무분야와 관련된 경력이 돋보이도록 기재한다.

4) 특기사항

수상경력은 자기 PR을 하기에 유용하다. 수상 사실은 일시, 수상내용, 수여기관과 함께 기입한다. 배낭여행, 외국어 구사능력 등의 사실도 함께 기재한다.

5) 자격사항

각종 자격증, 면허증 발급사항 등을 기재한다. 이 경우, 자격증 취득 연월일, 자격증명, 자격증 수준이나 등급, 자격시험 시행처 등을 차례로 기술한다.

최근에는 외모를 여성 채용의 우선 기준으로 두어 발생할 수 있는 성차별을 사전 예방하고자 표준이력서를 활용하는 기업들이 늘고 있다. 표준이력서 활용의 기본원칙과 적용대상은 아래와 같다. 표준이력서는 채용과정에 있어서 성별, 연령에 관계없이 공정한 기회를 보장하기 위하여 이력서 기재사항을 최대한 직무 위주로 설계하여 능력을 공정하게 평가받을 수 있도록 하는 데 그 목적이 있다.

〈입사지원서 양식 A〉

<table>
<tr><td rowspan="5"></td><td>성 명</td><td colspan="2">(한글)</td><td colspan="2">(한자)</td><td colspan="2">(영문)</td></tr>
<tr><td>주민등록번호</td><td colspan="6">-</td></tr>
<tr><td>현 주 소</td><td colspan="6"></td></tr>
<tr><td>이메일주소</td><td colspan="6">@</td></tr>
<tr><td>전화번호</td><td colspan="3">( )</td><td>이동전화</td><td colspan="2"></td></tr>
</table>

<table>
<tr><td colspan="2">※주거형태</td><td colspan="3">통근, 기숙사(호), 기타</td><td>※인력유형</td><td colspan="2">일반( ) 학생( )</td></tr>
<tr><td rowspan="6">학

력</td><td colspan="2">년 월 일</td><td colspan="2">초등학교 졸업</td><td>※입사일자</td><td colspan="2">년 월 일</td></tr>
<tr><td colspan="2">년 월 일</td><td colspan="2">중학교 졸업</td><td>※소속부서</td><td colspan="2">팀</td></tr>
<tr><td colspan="2">년 월 일</td><td colspan="2">고등학교 졸업</td><td>※직 무</td><td colspan="2"></td></tr>
<tr><td colspan="2">년 월 일</td><td colspan="2">전문대학 과
(졸업, 재학, 중퇴)</td><td>※계약구분</td><td colspan="2">정규직( ), 계절직( ),
산학실습( ), P/T( )</td></tr>
<tr><td colspan="2">년 월 일</td><td colspan="2">대학교 대학 과
(재학, 휴학, 편입, 중퇴, 졸업)</td><td>※직종전환일자</td><td colspan="2">년 월 일</td></tr>
</table>

<table>
<tr><td rowspan="3">병
력</td><td>병역구분</td><td>필, 미필, 면제</td><td>군별</td><td></td><td rowspan="3">신
체</td><td>신 장</td><td>cm</td><td rowspan="3">시
력</td><td>좌)</td><td>취미</td><td></td></tr>
<tr><td>복무기간</td><td>~</td><td>계급</td><td></td><td>체 중</td><td>kg</td><td>우)</td><td>특기</td><td></td></tr>
<tr><td>면제사유</td><td colspan="3"></td><td>혈액형</td><td>형</td><td>결 혼</td><td colspan="2">(미혼, 기혼)</td></tr>
</table>

<table>
<tr><td rowspan="5">경
력
사
항</td><td colspan="2">근 무 기 간</td><td>근무처</td><td>직위</td><td>담당업무</td><td colspan="2">급 여</td><td colspan="2">사 직 사 유</td></tr>
<tr><td colspan="2">~</td><td></td><td></td><td></td><td colspan="2">만원</td><td colspan="2"></td></tr>
<tr><td colspan="2">~</td><td></td><td></td><td></td><td colspan="2">만원</td><td colspan="2"></td></tr>
<tr><td colspan="2">~</td><td></td><td></td><td></td><td colspan="2">만원</td><td colspan="2"></td></tr>
<tr><td colspan="2">~</td><td></td><td></td><td></td><td colspan="2">만원</td><td colspan="2"></td></tr>
</table>

<table>
<tr><td rowspan="7">가
족
사
항</td><td>관계</td><td>성명</td><td>연령</td><td>최종
학력</td><td>근무처</td><td>직위</td><td>동거</td><td>부모생존
여부</td><td>부( ), 모( )</td></tr>
<tr><td></td><td></td><td></td><td></td><td></td><td></td><td></td><td>가 족
관 계</td><td>( )남 ( )여 ( )째</td></tr>
<tr><td></td><td></td><td></td><td></td><td></td><td></td><td></td><td>보 훈
대 상</td><td>대상( ) 비대상( )</td></tr>
<tr><td></td><td></td><td></td><td></td><td></td><td></td><td></td><td>접 수
경 위</td><td>광고문의( )
추천기타( )</td></tr>
<tr><td></td><td></td><td></td><td></td><td></td><td></td><td></td><td colspan="2">자격및면허</td></tr>
<tr><td></td><td></td><td></td><td></td><td></td><td></td><td></td><td>종 교</td><td></td></tr>
</table>

지원직무 :

〈입사지원서 양식 B〉

지원분야		접수번호	
성명			
주민등록번호*	×○○○○○-×○○○○○○		
현주소			
연락처	전화	이메일	
	휴대폰		
원하는 근무지			
취업가능연령	법정 취업가능연령 이상입니까? (해당되는 곳에 √ 하시오.) □ 예　　　　□ 아니오		
직무관련 학교교육**	초등학교부터 학교교육을 받은 총년수? _____ 년		
	최종학력 □고졸이하　□고졸　□대졸　□대학원수료　□대학원졸		
	전공	부전공	
직무관련 직업교육			
직무관련 기술 (자격증, 언어 능력 기계사용 능력 등)			

직무관련 총 경력 (년 개월)	근무기간	기관명	직위	담당업무	사용한 기계/설비등	본인 관리하에 있던 직원수와 직위(해당하는 경우만)

직무관련 기타 경험	
병력관련	병력의무에 대하여 해당되는 곳에 √ 하시오 □병력필(기간 :　　　) □병력미필 또는 면제

위 사항은 사실과 틀림없음을 확인합니다.

지원날짜:

지원자:　　　　　　(인)

제2절 이력서 작성내용

최근에는 필기시험 없이 서류심사와 적성검사, 면접만으로 신입사원을 채용하는 기업이 대다수이다. 제한된 시간과 장소, 그리고 인력으로 인해 채용예정인원의 수십 배에 이르는 지원자들 중에서 자기 회사에 적합한 인재라고 생각되는 적임자를 면접에 임하게 하는 작업이 바로 서류심사이다. 그중에서 입사지원서는 채용담당자가 제일 먼저 만나는 규격화된 서류이기 때문에 눈에 들게 할 필요가 있다.

이력서의 양식은 기업에서 별도로 자사에 적합한 입사지원서 양식을 마련하고 있으나 일반적인 이력서 양식에 1절에서 사용한 예와 같다. 입사지원서를 작성할 때는 지원서 작성안내서에 따라 그대로 작성하면 되므로 크게 문제될 것이 없어 보이지만 기업체의 채용담당자들은 지원자의 20%가량이 입사지원서 작성에 오류를 범한다고 한다.

1. 사진

입사지원서의 사진은 실제 인물을 대면하기 전 지원자의 인상을 평가할 수 있는 가장 기본적인 요소이다. 사진은 컨디션이 좋은 날 촬영하되 여건이 허락되면 몇 군데 사진관에서 촬영하여 그중 제일 잘 나온 것을 골라 이용하는 것이 바람직하다.

요즘에는 인터넷으로 서류를 접수하는 경우가 많으므로 반드시 사진을 스캔하여 jpg파일로 저장해 놓도록 한다.

시간이 없다고 해서 일반 사진기로 벽을 배경으로 찍은 것이나 스냅사진을 이용한다든가, 오래된 사진이나 한 번 사용한 사진을 대충 붙이는 것은 금물이다.

될 수 있으면 사진 촬영 시 앞머리나 옆머리가 이마나 귀를 가리지 않도록 하며 또렷한 인상을 주도록 한다. 또한 니트나 티셔츠를 입고 촬영하기보다는 정장에

준하는 재킷이나 블라우스, 드레스 셔츠와 넥타이를 착용한 후 촬영하는 것이
좋다.

2. 성적

학교성적은 대학 전 학년 취득학점을 등급별(예: 3.8/4.5)로 구분하여 소숫점 첫
째자리까지 기입하도록 한다. 기업에 따라 백분율을 기재하도록 한다.

3. 병역

병역관계는 복무기간, 병역면제, 사유별, 군별, 계급별 등으로 자세하게 기록해
야 한다.
여학생의 경우 기입할 필요가 없다.

4. 가족관계

가족관계는 친족관계별로 부모, 형제, 자매 순으로 기입한다. 가족의 출신학교,
근무처, 직위 등에 이르기까지 구체적으로 기재할 것을 요구하고 있으며 주거상황
및 재산에 있어서 미혼자는 부모의 것을, 기혼자는 본인의 경우를 적는다.

5. 경력

일반적으로 사회경험은 근무연도 순으로 기재하나 최근에는 지원한 업무와 관
련된 경력을 위로부터 순서대로 쓰는 이력서도 눈에 띄고 있다. 경력자의 경우 근
무처 및 근무부서, 근무기간, 근속연수, 최종직위, 담당직무, 사직이유에 이르기까
지 자세하게 기재해야 할 뿐 아니라 국내외 연수교육사항을 아울러 적는다. 교내

활동의 경우도 동아리 이름과 간부명까지 가능한 한 상세히 기록하도록 한다.

6. 출신학교

초등학교부터 기재할 것을 요구하는 기업도 간혹 있지만, 일반적으로 고등학교부터 기술한다. 대학의 경우 본교, 분교, 주간, 야간, 소재지(서울, 지방) 등을 정확히 명시해야 한다. 학과명이 변경된 학과는 입학 당시 또는 코드화된 학과명을 기입한다.

7. 자격 및 면허

자격증이나 면허증은 자신이 생각할 때 작은 것이라고 할지라도 가능한 한 모두 기입한다. 국가공인자격증이 아닌 일반단체나 사설기관에서 발행한 것이라도 빠짐없이 기재한다. 의외로 큰 효과를 발휘할 수 있다.

8. 외국어

지원자가 구사할 수 있는 외국어를 상/중/하로 구분하거나 영어일상회화 가능, 혹은 일어 신문독해가능이라고 구체적으로 적는다. 요즘에는 TOEIC, TOEFL, G-TELP, JPT 등의 공인시험 성적을 기재하도록 하는 기업이 많은 편이다.

9. 긴급연락처

입사 전에 실제로 연락이 가능한 휴대폰 번호, 전화번호를 기재한다. 전형기간 중에 주소지가 변경될 경우 인사채용 담당자에게 연락을 취하도록 한다.

10. 기타

기타 종교, 취미, 신장, 체중, 시력(교정시력) 등을 모두 정확히 기재하고 작성 연월일을 쓰고 서명한다. 이때 취미나 특기는 면접 시 질문을 받을 수 있는 확률 이 높다. 따라서 일반적으로 독서나 음악 감상이라고 쓰기보다는 본인이 지원한 업무와 관련하여 좀 더 전략적인 표현방법을 활용하는 것이 좋다.

제3절 **이력서 작성 시 주의사항**

1. 지원하고자 하는 분야를 반드시 기록하라

여러 분야를 채용하는 경우가 아니라 특정 분야만 모집하는 경우에도 지원 분 야를 확실히 명기하는 것이 좋다. 사소한 부분이긴 하지만 이런 작은 부분 하나하 나가 일에 대한 의지나 열정, 자신감을 표현하는 수단이 될 수 있다.

2. 지원 분야와 관련 있는 활동을 효과적으로 기술하라

과거의 경험이 현재와 미래에 어떤 영향을 주는지, 희망업무를 위해 무엇을 준 비했고 어떤 성과가 있었는지 또는 어떤 성과를 기대할 수 있는지를 기술하는 것 이 좋다. 지원 분야와 관련된 인턴 또는 아르바이트 경험이 있다면 가장 최근 내 용부터 경력이 한눈에 들어오도록 소제목을 잡아 작성한다. 만약 여러 가지 경험 이 많다면 시간 순보다는 업무 중심으로 자신의 능력이나 전문지식 등을 집약적으 로 기술하면 좋다. 또 반대로 이런 경험이 아주 없는 경우에는 지원분야에 도움이 될 만한 전공지식이나 학업 중의 특이한 수행과제 내용 등을 업무 중심으로 기술 한다. 업무성격에 따라 내용을 적절히 조절하는 것이 좋은데 예를 들어 언론, 디자인 분야 등은 학업성적보다는 대내외의 활동이나 창의력, 재치 등을 강조하는 것이 좋고, 일반기업은 업무능력과 관련된 활동내용이나 성실성을 강조하면 효과적이다. 혹시 쓸 내용이 적다고 해서 지원 분야와 동떨어진 분야의 경험이나 간접적인 관련조차도 없는 자격증 등을 너무 많이 나열하게 되면 오히려 마이너스로 작용할 수 있다.

3. 지원 분야와 관련이 많은 내용부터 먼저 기술하라

신입의 경우 경력이 없으므로 공모전 수상이나 연수, 아르바이트 등의 활동내용들을 무작위로 나열하기 쉽다. 하지만 그런 사항을 하나하나 눈여겨볼 만큼 인사담당자가 한가하지 않기 때문에 지원 분야와 관련이 깊은 내용부터 먼저 기술하고 나머지는 뒤에서 간단히 언급한다. 또한 인사담당자들은 최근 경력을 중요시하므로 자기소개서 작성 시 대학교(원), 고등학교 순서로 기술하는 것이 좋다.

4. 약어, 속어 등을 삼가고 사소한 실수는 하지 마라

이력서를 기술할 때는 표준어를 사용하고 자칫 경박해 보일 수 있는 약어, 속어는 사용하지 않는다. 또한 오타가 있거나 철자가 틀리면 불성실하다는 느낌을 주게 되므로 반드시 꼼꼼하게 점검하는 과정이 필요하다. 이때 주변 사람과 함께 점검하는 것이 좋다. 자신이 확인할 때는 보이지 않던 문맥상의 어색함이나 오타 등이 있을 수 있기 때문이다. 그리고 온라인이든 오프라인이든 이력서의 유실이나 손상이 발생할 수 있으므로 사본은 반드시 보관하자. 이력서용 사진은 실물과 최대한 가깝게 나온 정장차림의 깔끔한 사진으로 미리 준비해 두자. 너무 수정이 많이 된 사진을 사용하거나 사진이 준비되지 않아 스냅사진을 사용할 경우 감점요인이 될 수 있다.

5. 여백이 없도록 작성하라

주어진 분량을 다 채우는 것이 더 성실하고 성의 있게 보이기 때문에 가능한 한 여백이 없게끔 작성한다. 하지만 꽉 채운 이력서에 눈여겨볼 만한 사항이 없다면 인사담당자에게 배신감을 줄 수도 있으니 '꼼꼼하다', '리더십이 있다' 등 막연한 내용들보다는 구체적인 경험담을 들어 작성하자. 이는 솔직한 느낌을 심어줄 수 있어 일석이조이다. 다만, 가독성을 높이기 위한 단락 간의 여백은 꼭 필요하며, 온라인 이력서의 경우에는 스크롤 기능을 사용하지 않도록 한 화면 단위로 작성하는 것이 좋다.

6. 한 페이지가 넘어가면 페이지 번호를 매겨라

페이지 번호 삽입은 사소하긴 하나 기본적인 문서작성 능력의 한 부분을 보여줄 수 있으며 읽는 사람을 배려하여 다음 페이지가 있음을 설명해 주는 의미를 갖기도 한다. 또한 자신이 공들여 쓴 이력서가 한 페이지인 줄 알고 그냥 넘겨버리는 경우도 피할 수 있다.

7. 지원 서식을 임의로 바꾸지 마라

지정된 이력서의 가족사항 칸을 늘리는 등 주어진 서식을 임의로 바꾸게 되면 지원서류 검토를 방해할 뿐만 아니라 건방진 모습으로 비춰질 수 있다.

제4절 이력서 작성 샘플

1. 눈에 띄는 이력서

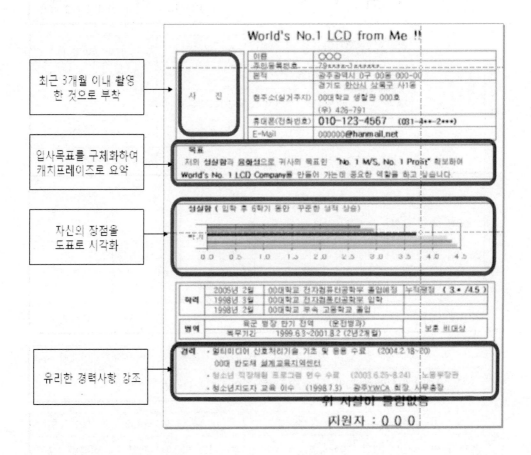

2. 학생작성 이력서 샘플

1) 좋은 사례(이름은 개인정보상 가명을 사용하였다)

이 력 서

지원분야	마케팅
희망연봉	회사내규에 따름

인적사항		이 름 (한자)	김민성 (金珉聖)	영문이름	Kim, Min-sung
		주민등록번호	870105-1******	연 령	만 24세
		주 소	경기도 부천시 소사구 심곡동**번지		
		전화번호	032-610-****	긴급연락처	010-****-****
		신입 / 경력	신입(○)	E-mail	minsung@bc.ac.kr

학력사항	기 간	출신학교명	전 공	학 위	학 점
	2006년 02월 15일	부천고등학교 졸업	–	–	–
	2006년 03월 02일	부천대학교(입학)	경영학과	–	–
	2007년 03월 20일	부천대학교(병역휴학)	경영학과	–	–
	2010년 03월 01일	부천대학교(재학 중)	경영학과	전문학사	3.9/4.5

병력	군 별	육군	계 급	예비역병장	병 과	운전병	복무지역	면제시 사유
	복무기간	2007년 04월 09일 – 2009년 3월 21일 (1년 11개월)					경기 양주	–

경력사항	기 간	회 사 명	담 당 업 무	직 위
	09년 12월 – 10년 02월	대한경영정보	책자편집 및 기타 업무	아르바이트
	09년 06월 – 09년 08월	네모산업디자인학원	학생관리 및 상담업무(TM)	단기계약사원
	09년 03월 – 09년 05월	온라인홈쇼핑	온라인 홍보	아르바이트
	07년 01월 – 07년 04월	네모산업디자인학원	학생관리 및 상담업무(TM)	신입사원
	05년 10월 – 06년 11월	도미노피자	매장관리 및 피자 배달	아르바이트

	기 간	교육과정명	교육기관명
교육사항	2010년 11월 14일	청년취업 사전 직무교육(총 8시간) 이수	노동부, 한국생산성본부
	2010년 10월 15일	'2010 서울국제 프랜차이즈산업박람회' 참관	(사)한국프랜차이즈협회
	2010년 08월 26일	'2010 프랜차이즈 서울 Fall' 참관	COEX,(주)월드전람 공동
	2010년 05월 15일	'제8회 실버산업박람회' 참관	COEX,(주)서울전람 공동
	2010년 04월 29일	'문제해결을 위한 몰입과 선택' 이수	부천대학교 취업정보센터
	2010년 04월 07일	'기업 맞춤형 인재상' 이수	부천대학교 취업정보센터
	2010년 04월 01일	'성공하는 사람들의 프레임' 이수	부천대학교 취업정보센터
	2010년 03월 20일	'제23회 프랜차이즈산업박람회' 참관	(사)한국프랜차이즈협회
	2010년 03월 06일	'2010 프랜차이즈 서울Spring' 참관	COEX,(주)월드전람 공동

	취 득 일	자격 종류	발 행 처
자격사항	2009년 10월 06일	전산회계 2급 운용기능사	대한상공회의소
	2006년 09월 11일	자동차 운전면허 1종 보통	서울지방경찰청
	2005년 07월 25일	정보기기운용기능사	한국산업인력공단
	2004년 10월 28일	컴퓨터 활용능력 3급	대한상공회의소
	2004년 06월 24일	워드프로세서 2급	대한상공회의소

	상훈일자	상훈내용	상훈기관
상벌사항	2010년 11월 02일	'2010년 경영학과 우수 졸업작품' 선정 및 발표	부천대학교 경영학과
	2010년 07월 09일	'2010년 우수인력양성 교육역량강화 장학금' 수혜	부천대학교 취업정보센터
	2010년 06월 21일	'경영학과 성적우수 장학금' 수혜	부천대학교 경영학과
	2010년 06월 07일	'모의입사 콘테스트 동상' 수상	부천대학교
	2010년 05월 14일	'2010년 2차 취업캠프' 입상	부천대학교 취업정보센터
	2008년 10월 13일	'모범운전병' 표창	25사단 방공중대장
	2006년 08월 17일	'경영학과 성적우수 장학금' 수혜	부천대학교 경영학과

형제 관계		1남 1녀 중 장남	주거	자택	취미/특기	매출 다이어리 만들기 / 경영의 안경을 쓰고 영화감상	
가 족 사 항	관계	성 명	연령(만)	학력	근무처	직위	동거 여부
	부	김경철	56	대졸	한국산업	관리부장	O
	모	장영미	56	고졸	–	전업주부	O
	자	김은영	27	대졸	한국전시	대리	O

신 체	신장	체중	혈액형	장애여부	기 타	보훈	결혼
	180	70	A	무		비대상	미혼

사회봉사 활 동	봉사기간	지역	봉사내용	봉사기관
	2005년 05월 16일 –2005년 05월 27일	부천	가스시설점검 학생 봉사활동	한국가스안전공사
	2002년 06월 17일 –2002년 06월 19일	충북	노인 목욕 및 청소/빨래 등	꽃동네–노인요양원

PC 활용 능력	사용가능 S/W	수준
	한글 2007	상
	MS–Office–Excel	중
	MS–Office–Power Point	중
	Adobe Photoshop	중
	기타사항 : MS–Windows 기반 S/W 설치·관리 및 H/W관리, 간단한 컴퓨터 조립 가능	

위 내용은 사실과 틀림없습니다.

2011. 2. 10

지원자 김 민 성

2) 나쁜 사례

본문 146쪽과 150쪽의 두 이력서를 비교하여 나쁜 이력서의 사례에 무엇이 문제인지 파악해 보자.

첫째, 빈 칸이 많이 보이는가? 그렇다. 이력서의 내용은 빈 칸 없이 빠짐없이 작성하도록 한다.

둘째, 글씨체가 사회봉사활동부터 달라진 것이 보이는가? 실수하기 쉬운 부분으로써 하나의 서류에는 하나의 글씨체를 사용하며 특별히 강조하고 싶은 부분은 볼드체로 기입한다.

셋째, 현재의 출신학교, 전공, 학위 등이 전혀 명시되어 있지 않다.

넷째, 경력사항의 아르바이트에 '알바'라는 약어로 기입되어 있으며 어떤 일을 했는지는 설명되어 있지 않다.

다섯째, 형제관계는 위의 표로 보아 3녀 중 차녀로 보인다. 전체 형제자매 중에서 몇째인지 작성하도록 한다.

여섯째, 취미와 특기란에는 자신이 좋아하고 즐겨하는 일 중에서 입사지원업무와 관련이 깊은 부분을 작성하도록 한다.

이 력 서

지원부문	기획 및 마케팅
희망연봉	3600만원

인적사항	사 진 최근3개월 이내 (3*4)	성명	한글	김모은	전화번호	집 : 032-610-****			
			영문	Kim Mo-eun	주민등록번호	핸드폰 :			
						881010- 2******			
			한자	金慕恩	성 별	여	연 령	23	
		현주소		경기도 부천시 원미구 상동 **					
		E-mail		mohee_10137@hanmail.net					

학력사항	기 간	출신학교	전공	학위	학점	소재지
	2006.02.10	부천중학교 졸업				
	2006.02.10	상동여고 졸업				

경력사항	기 간	회사명 (소개자)	담당업무	직 위
	2007.11.01~ 2008.02.28	롯데리아(오산)	알바	
	2008.05.01~ 2008.08.30	킨도아(오산)	알바	

자격 및 기타사항	일자	종류	시행기관	비 고
	2008.07.09	컴퓨터 활용능력	대한상공회의소	
	2008.07.21	정보기기운용기능사	한국산업 인력공단	

상벌사항	상훈일자	상훈내용	상훈기관

가족사항	형제관계		주거	자가	위미/복기			
	관계	성 명	연령	학 력	근 무 처	직 위	동거여부
	부	김길수	48	대졸	대한산업	이사	O
	모	박순옥	45	고졸		주부	O
	자	김도영	25	대재	대학생		X
	매	김도현	17	고재	고등학생		O

사회봉사 활동	봉사기관	지역	봉사내용	봉사기간
	대한적십자사	상동여고	헌혈(견혈)	2007.06.12
	대한적십자사	부천 헌혈의집	헌혈(견혈)	2009.05.13

PC 활용능력	사용가능 S/W	수 준
	Word Processor	상
	Excel	상

○ 실천가이드

내가 원하는 기업이나 직무에 입사를 지원하고자 할 때 현재 나의 이력서 상태가 아니라 제출하고 싶은 미래의 이력서를 작성해 보라.

이 력 서

지원분야	
희망연봉	

인 적 사 항		이 름 (한자)		영문이름			
		주민등록번호			연 령		
		주 소					
		전화번호		긴급연락처			
		신입 / 경력		E-mail			

학 력 사 항	기 간	출신학교명	전 공	학 위	학 점

병 력	군 별		계 급		병 과		복무지역	면제시 사유
	복무기간							−

경 력 사 항	기 간	회 사 명	담 당 업 무	직 위

	기 간	교육과정명	교육기관명
교육사항			

	취 득 일	자격 종류	발 행 처
자격사항			

	상훈일자	상훈내용	상훈기관
상벌사항			

형제 관계			주거		취미/특기			
가족 사항	관계	성 명	연령(만)	학력	근무처		직위	동거 여부

신 체	신장	체중	혈액형	장애여부	기 타	보훈	결혼

사회봉사 활 동	봉사기간	지역	봉사내용	봉사기관

PC 활용 능력	사용가능 S/W	수준

위 내용은 사실과 틀림없습니다.

20   .   .

지원자 ○ ○ ○

스토리가 흐르는 자기소개서

0
Chapter

○ **Objective**

01 마인드맵을 통하여 신밧드의 모험보다 더 신나는 이야기가 흐르는 자기소개서를 작성해 본다.
자기소개서를 작성할 때 주의사항과 요령 등을 통해 위풍당당 자기소개서를 작성한다.

02 자기소개서는 내 인생은 이렇다는 카운슬링이 아니며 나의 장점 중 지원한 업무성격에 맞도록 한두 가지만 선택하여 예화와 함께 소개하고 지원회사에 어떠한 기여를 할 수 있는지를 중점적으로 작성하도록 한다.

03 이력서와 자기소개서를 작성하여 우편으로 접수할 경우, 인터넷으로 접수할 경우를 구분하여 마지막 디테일에 집중하는 방법을 익힌다.

<table>
<tr><td colspan="2">제1절   자기소개서의 기본</td></tr>
</table>

1. 자기소개서의 기본

　기업은 자기소개서를 통해 지원자의 대인관계, 적응력, 성격, 인생관, 성장배경과 장래성을 가늠한다. 이력서가 개인을 개괄적으로 이해하는 문서라면 자기소개서는 개인을 보다 깊이 이해하는 문서이다. 이러한 자기소개서의 예는 아래와 같다.

성장과정	"스펀지 같은 아이" 저는 어릴 때부터 새로운 사람, 환경 등 모든 새로운 것들을 좋아했습니다. 이유는 새로운 것들에서 지금까지 보지 못했던 것들을 보고 닮고 싶은 것들을 닮아가기를 원했기 때문입니다. 다른 아이들처럼 TV를 보고 배우는 것보다는 직접 겪은 상황에서 보고 배우기를 원했습니다. 가령 유치원 선생님의 온화함을 닮기 위해서 선생님 곁을 떠나지 않고 관찰한 적도 있었습니다. 그리고 일했던 곳들에서 유능하다고 인정받는 분들이나 다른 사람들에게 인기 있는 분들의 행동을 관찰하고 배워갔습니다. 그렇게 세월이 흘러 지금에 와서는 어떤 환경을 접했을 때, 그 환경에서 가장 뛰어난 사람을 찾고 그 사람에게서 배울 것이 무엇이 있는가를 살펴보고 고칠 점도 찾아서 배울 것은 배우고 고칠 것은 내가 그런 행동을 하진 않았는가를 생각하며 타산지석의 기회로 삼고 있습니다. 저는 이런 행동을 통해서 남들에게 인정을 받으려고 생각하지 않습니다. 다만 이런 행동을 통해서 저 자신을 완성해 나가고 싶은 마음뿐입니다. 자기가 생각하는 이상향의 이미지를 완성했을 때, 전 그 순간이 가장 행복하다고 믿고 있습니다.
성격 및 생활신조	"바람 같은 사람" 바람 같은 사람은 저를 아는 지인들이 저를 표현할 때 쓰는 표현들 중에 저에게 가장 잘 어울리는 표현이라고 생각합니다. 첫인상은 바람처럼 부드러운 인상이라는 평을 받지만 흔히 글에서 쓰이는 바람의 요정처럼 장난기와 한여름의 시원한 바람처럼 웃음을 줄 수 있는 그런 즐거움도 가지고 있습니

	다. 바람과 같은 부드러움과 시원함, 그리고 장난기는 저의 장점으로서, 주위 사람들을 대할 때나 새로운 사람들과의 관계를 맺을 때 도움이 되고 있지만, 때때로 시원함과 장난기가 지나치다 보면 시원함은 다른 사람들을 움츠리게 하는 차가움으로 장난기는 거부감으로 나타날 때도 있습니다. 적당히 조절할 수 있는 자제력을 키우고자 노력하고 있으며, 이를 위해서 그냥 생각 없이 농담을 건네기보다는 현재 상황을 파악하고 어느 정도 수위가 적당할지 여러 번 생각한 후에 상대방의 기분을 생각하고 있습니다.
주요 경력 및 실적	"경험은 곧 힘이다." 저는 방위산업체를 다니면서 자재관리일과 동시에 영업 쪽의 일도 가끔 맡아서 하곤 했습니다. 서비스직종에서 아르바이트한 경력이 많았기 때문에 사람을 대한다는 것을 어렵다거나 힘들다는 생각이 든 적이 없었고 말재주가 나쁜 편은 아니었기 때문에 그 경험들이 힘이 되어서 당시 생산되던 몇몇 제품들의 주문을 받아냈던 적이 있습니다. 그리고 배낭여행을 할 당시에도 그전에 먼 거리는 아니지만 가까운 거리들을 여행했던 경험이 있었기 때문에 계획을 짤 때나 여행할 때 일어나는 돌발상황에 대처하는 데 도움이 되었습니다. 이 밖에도 여러 상황에서 그동안 겪었던 경험들이 힘이 되었던 적이 많습니다. 이렇듯 경험은 저에게 많은 힘이 되었습니다.
입사 후 포부	"배우며 갖춰나가는 인재" 적극적인 마인드와 성실한 행동으로 주위의 신뢰를 얻으며 저 자신을 갖추어나가겠습니다. 스펀지처럼 일에 대한 전반적인 모든 것들을 배워서 빠르게 흡수하여 귀사가 만족할 수 있는 그런 능력을 갖춰나가겠습니다. 상품의 세세한 장점들을 홍보시키고 그 시기에 맞는 상대방의 구매욕구를 충족시킴으로써 매출향상을 극대화시킬 수 있도록 하겠습니다. 상대방이 필요로 할 시에는 상대방의 집과 사업장까지 찾아가는 적극성과 성실함으로 상대방 만족과 감동이라는 서비스를 드리며, 신뢰라는 부분을 확립시키겠습니다. 내 회사 내 상품에 대한 자신감 있는 마인드 확보를 가지고 적극적으로 홍보하겠습니다. 남들보다 더 노력해서 회사에 있어 꼭 필요한 인재가 될 것입니다. 언제나 변화를 두려워하지 않는 마음으로 끊임없이 노력해 자기계발을 통해 해답을 찾도록 하겠습니다. 감사합니다.

2. 자기소개서의 구성

1) 성장과정

특별히 남달랐던 부분만을 핵심적으로 간단히 작성한다.

2) 성격소개

장단점을 기술하되 단점을 극복하려는 노력을 부각시킨다.

3) 학창시절 혹은 주요 경력 및 실적

지원분야와 관련된 학창시절의 경험이나 경력을 강하게 부각시킨다.

4) 지원동기 및 입사 후 포부

지원한 기업만을 위한 지원동기를 자기비전과 결합하여 제시한다.

자기소개서	
성장과정	○○출생, ○남 ○녀, 이런 말들은 절대 쓰지 말 것
장·단점	'사교적, 협동적, 성실, 원만한 인간관계, 명랑, 활발, 내성적'이라는 말을 쓰지말 것. 에피소드로 증명하라.
학교생활	자유시간이 많은 대학교 때의 생활을 알고 싶어하는 것이다.
지원동기	지원동기가 가장 중요하다.
입사 후 포부	실현 가능한 포부를 현실성 있게 설득하라.

3. 자기소개서 작성 시 주의할 점

1) 상세하고 명료하게 작성한다

자기소개서는 이력서와 마찬가지로 쓸 이야기는 다 쓰되 너무 장황하면 안된다. 즉, 문장은 간단·명료하면서도 구체적이고 현실성 있는 어휘를 사용해야 하며, 설득력과 논리를 갖추어야 한다. 분량 제한이 없는 경우 200자 원고지 7매 정도가 가장 적합하다.

2) 진솔하게 작성한다

자기소개서도 역시 과장되거나 거짓된 내용이 있어서는 안된다. 가정형편이 어려웠다거나 하는 것들을 부끄럽게 생각할 필요는 없다. 오히려 그것을 극복하고 일어선 자신의 강한 의지를 보여주는 쪽이 좋다. 반대로 잘 보이기 위해서 없었던 일을 허위나 과장으로 꾸며대는 우를 범해서는 안된다.

3) 개성 없는 평상어를 쓰지 마라

'나는-' '저는-' 등의 평범한 어투로 시작되는 문장은 가급적 지양하는 것이 좋다. 이렇게 소개되는 자기소개서는 자칫 개성이 없다는 느낌을 줄 우려가 있다. 자기소개서도 가급적 하나의 작문을 하는 기분으로 적절한 제목을 붙여보는 것도 좋다.

4) 간결한 문체를 사용한다

글을 읽다보면 글쓴이의 생각이나 지식의 깊이, 문장력을 알 수 있다. 이러한 부담감을 벗어나기 위해서는 자기소개서의 경우 과다한 수사법이나 추상적 표현을 피하고 간결한 문체의 단문을 사용하는 것이 좋다. 접속사나 비유의 남발은 오히려 생각을 분산시킬 뿐이다. 또한 한문은 꼭 필요한 곳에만 적절하게 사용하는 것이 문장의 흐름에 도움이 된다.

5) 지나친 자신의 장점 서술은 금물이다

자신이 지니고 있는 좋은 점이나 특기사항을 구체적으로 언급한다. 특히 외국어 능력이 뛰어나거나 리더십이 강하다거나 또는 업무수행상 도움이 될 수 있는 특기 사항은 자신의 체험과 함께 자세히 기술한다. 그러나 지나친 자찬은 역효과를 낼 수도 있으므로 적절히 내세우는 한편, 한두 가지 단점도 시인하면서 개선의 노력 을 소개해 보는 것도 좋다.

6) 성장과정을 언급한다

어렸을 때부터의 성장과정을 연대기적으로 기술한다. 가족사항이나 가풍을 반드 시 기술하고 중/고/대학 등 학창시절의 특기할 만한 사항을 독특한 체험이나 에피 소드를 섞어가며 기술한다. 인사담당자가 가장 궁금히 여기는 것은 최근의 모습이 므로 가급적 대학생활을 많이 언급하는 것이 좋다. 특히 대학의 학과와 전공을 명 기할 때는 동기와 결과를 솔직히 작성하도록 한다.

7) 자기소개서 작성 후 평가항목

평가항목	상	중	하
자기소개서 양식은 적절하고 보기에 좋은가?			
맞춤법, 띄어쓰기는 잘 되어 있는가?			
상투적인 어구를 사용하지 않고 참신하게 작성하였는가?			
자서전적인 내용을 배제하고 작성하였는가?			
추상적이지 않고 구체적으로 서술을 하고 있는가?			
글의 흐름과 내용에 논리성이 있는가?			
경력에 대한 구체적인 기술을 하고 있는가?			
지원동기 및 입사 후 포부가 명확한가?			
지원분야에 적합한 자기소개서인가?			

제2절 마인드맵을 통항 아이디어 모으기

　자기소개서를 쓰기 위해 아무리 생각해 봐도 자기소개서는 나오지 않는다. 내 특기가 뭔지 취미가 뭔지, 갑자기 한숨도 절로 나오는 순간이다. 나는 왜 그동안 악기 하나 제대로 연습하지 않았을까? 남들 다 잘한다는 수영은커녕 맥주병이다. 주위사람 다 취득한다는 컴퓨터 자격증 하나 없이 뭐하고 살았나 싶다. 이럴 때 어떤 거라도, 아주 작은 거라도 꺼내보자. 어디에서? 나의 추억의 사진 속에서.

　막상 내 어린 시절부터 사진첩을 들고 혹은 사진파일 또는 자신의 블로그나 싸이월드 등을 펼쳐보라. 그 사진들을 보면서 하나하나 생각나는 일들을 모조리 적어보라.

　그리고 그 사건들을 아래의 마인드맵 형태로 적다보면 잊고 있던 깨알 같은 기억들이 마구 생각나는 신기한 현상을 경험하게 된다. 에피소드도 좋고 했던 일도 좋고 어떠한 일이라도 상관없다. 그냥 자신의 인생을 되짚어본다고 생각하고 끄집어내 보도록 한다.

〈마인드맵의 사례〉

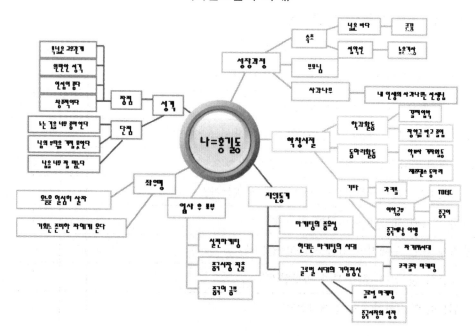

제3절 스토리의 컬러 선택하기

구슬이 서 말이라도 꿰어야 보배라는 말처럼 많은 에피소드들 중에서 내가 지원한 직무와 관련해서 나의 어떠한 장점을 주제로 자기소개서를 작성해 나가야 할지 정해야 한다.

마인드맵을 통해 많은 것을 끄집어냈다면, 그것들 중에서 나만을 특별하게 해줄 무언가를 찾아내야 한다. 어떤 것이 되었든 나를 다른 사람과 차별화시키는 전략. 이것이 반드시 필요하다. 알파걸이면 나는 어떤 알파걸인지? 공부를 잘하는 알파걸인지, 뭐든지 앞장서서 이끄는 알파걸인지, 자신만의 색깔을 찾아서 그 콘셉트를 자기소개서에 일관되게 보여주어야 한다.

1. 지피지기면 백전백승, 회사가 원하는 인재상

기업이 원하는 인재상은 마치 Disney와 Pixar가 만든 영화 'up'에 나오는 칼 할아버지의 헬륨풍선더미와 같이 많다. 나는 이 많은 컬러의 인재상을 모두 다 갖고 있는데라고 하지 말고 5개만 골라보자. 그리고 내가 지원한 업무에 필요한 능력 중 어떤 것을 선택할지 다시 두 개만 선택하라.

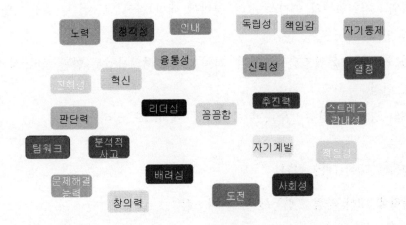

1) 반복 키워드를 만들어라

① 키워드 반복을 통한 이미지 통합작전

② 문장완성보다 키워드를 증명할 에피소드

③ 요점 없는 자기소개서는 가치가 없다.

④ 각 항목별로 이해하기 쉬운 소제목을 붙여라.

⑤ 소제목은 카피라이팅 문구와 같이하라.

⑥ 수치화하라.

⑦ 수치화가 안되면 구체화하라.

⑧ 상대를 설득하고 논리적인 사람으로 보이려면 숫자를 활용하라.

⑨ 강조는 볼드체로만 하지 않는다.

⑩ 가독성(可讀性)을 높이기 위해 영문과 한문을 사용한다.

2) 나의 강점을 제대로 활용하는 자기소개서

① 객관적 강점항목 : 누구나 연상하는 키워드는 피하라.

② 주관적 강점항목 : 기업의 인재상 키워드와 연계한 개인성격 강조

③ 과외활동 : 지원자들의 수준차가 줄어들어 이 부분의 평가항목이 커지고 있다. 활동나열보다는 알맹이가 중요하다.

④ 학위 : 지원업무와 연관성 고려, 분야에 대한 열정으로 접근, 몇몇 기업은 경력 인정

⑤ 제2외국어 : 동일조건 시 유리, 지원회사의 해외사업부 연관, 성실/자기계발로 인정

⑥ 해외 경험 및 연수 : 뚜렷한 목적의식, 에피소드 정리

3) 약점에 대한 대안 찾기

① 학력에 대한 약점 : 전공에 대한 자신감

② 편입학력 : 진로선택에 대한 정당성 강조

③ 학점에 대한 약점 : 과외활동 열정 및 실무중심 어필

④ 외모에 대한 약점 : 성격, 대인관계, 패션감각

⑤ 성장과정 : 에피소드를 활용한 무난한 가치관 어필

⑥ 영어에 대한 약점 : 다른 자기계발사항 집중 부각

⑦ 나이에 대한 약점 : 뚜렷한 비전과 도전정신 부각

4) 상대에 맞추어 변화하는 선수가 되는 길

① 지원회사에 따라 변화하는 아메바의 모습

② 표현이 바뀐다고 아메바가 오징어가 되지 않는다.

③ 컬러는 한 가지면 충분하다. 컬러가 선택되면 증명하라.

④ 컬러는 키워드화하고, 반복 노출시켜라.

⑤ 증거는 수치화하라. 안되면 구체화하라.

⑥ 컬러는 객관적·주관적 약점과 강점에 있다.

⑦ 소제목을 활용하여 5초를 15초로 늘려라.

2. 스토리를 구성하라

　S.T.O.R.Y로 성공한 상품이 있다면 단연 '2% 부족할 때' 음료수이다. 콜라를 제외한 전 부문에서 시장 1위를 지키고 있던 롯데칠성은 기존의 음료시장(탄산음료, 스포츠음료, 주스, 캔 커피, 기타 음료시장)이 거의 포화상태에 이르고, 유업체는 물론 제약업체까지 음료시장에 뛰어들면서 다양한 신제품을 내놓는 상황에서 새로운 need를 찾아 새로운 시장창출의 필요성을 느꼈다. 이에 롯데칠성은 "2% 부족할 때"를 출시하게 되었다. 그 결과로 "2% 부족할 때"는 미과즙음료(니어워터)가 미리 시장에 출시된 후 나온 음료이고, 그 뒤로도 많은 후발주자가 생겨났음에도

불구하고 미과즙 음료시장의 대표주자라 할 수 있을 정도로 성공하게 되었다. 특히, 음료시장을 보면 신제품은 매년 선보이지만 그중에서 성공한 제품은 1%도 안 되는 확률이다. 이러한 환경 속에서 '거짓말하는 것들은 사랑할 자격도 없어'라며 소비자의 궁금증을 자아냈던 2% 광고는 스토리텔링으로써 음료시장에서 대성공을 거두었다.

이제 비단 음료로서만이 아닌 나만의 2%의 차별화된 컬러를 통해 이야기를 구성해 보자.

가장 중요한 것은 핵심메시지를 중심으로 모든 것이 구성되어야 한다는 것이다. 스토리보드는 광고를 만들 때 많이 사용하는데 간단하게 그린 그림을 나란히 붙여 광고가 어떻게 진행될지 한눈에 보게 만들어 놓은 판을 말한다. 이를 응용해서 슬라이드로 구성되는 파워포인트 제작 시에도 적용하면 보다 빠르고 전달력 높은 자기소개서를 만들 수 있다.

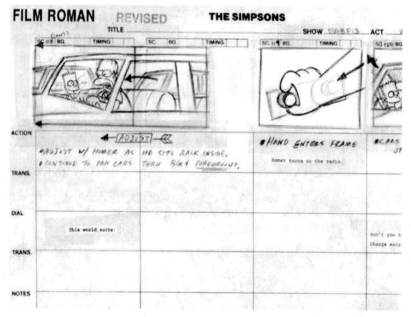

- Simpson의 Storyboard-

자기소개서 클리닉

1. 누구의 자기소개서일까?

- 저는 적에게 들키지 않고 땅 밑이나 강 밑으로 굴 같은 비밀통로를 만들어 통과하는 법을 알고 있습니다.
- 저는 물건을 쉽게 운반할 수 있는 매우 가볍고 튼튼한 가구의 제작 계획안을 갖고 있습니다.
- 저는 성곽공격용 사다리를 비롯한 수많은 공격도구의 제작방법을 알고 있습니다.
- 저는 그 어떤 성곽이나 요새도 무너뜨릴 방책을 갖고 있습니다.
- 저는 위력이 대단한 전함을 만들 계획안도 갖고 있습니다.
- 저는 적의 어떤 공격에도 끄떡없는 덮개가 달린 견고한 전차도 제작할 수 있습니다.
- 저는 대포, 박격포, 포차는 물론 때에 따라 공격과 방어를 모두 할 수 있는 다양한 무기를 만들 수 있습니다.
- 저는 대리석이나 청동, 진흙으로 조각상을 만들 수 있으며 그림도 그릴 수 있습니다.
- 특히 저는 청동기마상을 만들고 싶습니다. 이 기마상은 각하의 아버님이신 황태자와 명예롭고 훌륭한 스포르차 가문을 영원토록 추억할 기념품이 될 것입니다.

자, 이건 누구의 자기소개서일까?

바로, 역사상 가장 위대한 업적을 남긴 천재들을 거론할 때마다 첫손가락에 꼽히는 레오나르도 다빈치의 자기소개서이다.

그러나 다빈치와 같은 천재도 아니며 아직 재능을 발휘할 시간을 갖지 못했다면 이런 나열식은 곤란하다.

1) 경리 · 회계직에 지원한 학생의 자기소개서

전체적인 흐름이 끊어지지 않는 점이 잘된 점이다. 그리고 자신의 에피소드를 중심으로 경리직에 꼭 필요한 신뢰와 믿음을 잘 풀어 나갔다.

지원동기	**'기업의 언어에 빠져들다'** 대학교에 와서 처음 회계를 접하게 되었는데 회사의 외부, 내부 이해관계자들에게 정보를 제공하는 회계는 정직함과 신뢰성이 바탕이 되어야 한다고 배웠습니다. 정직해야 하고 오차를 허용하지 않는다는 점에 흥미를 느껴서 회계에 관심을 가지게 되었습니다. 경리팀 지원을 위해 전산회계 1급 자격증을 취득하였으며 다른 자격증도 취득하려 공부하고 있습니다. 귀사에 입사하여 회계 분야에서 최선을 다할 것이며 제가 여태 해왔던 것처럼 정직함을 바탕으로 책임감 있게 일하고 귀사에서 기업의 가치를 높일 수 있는 사원이 되어 귀사에 일조하고 싶습니다.
성장과정	**'정직, 신뢰의 첫 걸음'** 저는 어릴 적부터 부모님께 정직해야 한다고 배웠습니다. 고등학교 때 친구와 백화점 가전제품코너에서 MP3를 구경하다가 모르고 옷에 MP3를 꽂은 채로 나온 적이 있었습니다. 집에 거의 다 와서 알아챘을 땐 백화점이 문을 닫은 후였습니다. 친구들이 아무도 모르는 거 같으니까 저한테 가지라고 했습니다. 당시 MP3가 없던 저는 솔직히 조금 고민도 되었습니다. 제 양심에 가책을 느껴서 갖다 주기로 마음먹고 부모님께서도 당연히 갖다 줘야 한다고 하셨습니다. 다음날 돌려주고 나니 훨씬 마음이 편하고 뿌듯하였습니다. 회계 부분에서 가장 중요하게 생각되는 것은 정직함이라고 배웠습니다. 제가 배운 정직함을 가지고 저에게 맡겨진 회계업무를 누구보다 정직하고 꼼꼼하게 수행하겠습니다.
성격의 장단점	**'믿을 수 있는 사람'** 제 성격의 장점은 남에게 신뢰를 준다는 점입니다. 중학교와 고등학교 때부터 친구들의 고민거리를 상담해 주곤 했습니다. 저에게 신뢰를 느꼈기 때문에 말하기 힘든 이야기들을 할 수 있었다고 합니다. 친구들이 저에게 신뢰감을 느꼈듯이 우리 회사에서 저의 업무에 신뢰감을 느낄 수 있게 하겠습니다.

	저의 단점은 너무 긍정적인 것이 단점이라 할 수 있습니다. 어떤 일을 대하든 긍정적으로 생각하는 것이 항상 좋은 효과를 가져다 주었지만 간혹 판단력을 흐려 문제가 될 때가 있습니다. 저도 제 단점을 알고 조금 더 판단력을 가지고 상황을 파악하려는 노력을 하고 있습니다.
입사 후 포부	'언제나 배우는 사람' 업무에 신뢰를 줄 수 있는 신입사원이 되겠으며 더불어 귀사가 정직한 회사라는 이미지를 줄 수 있게 노력하겠습니다. 괴테는 '유능한 사람은 언제나 배우는 사람이다'라고 말했습니다. 제가 지금 알고 있는 지식을 바탕으로 열심히 일하고 배우는 것에 대해 두려워하지 않겠습니다. 매일 30분 먼저 출근해 성실함을 보이겠으며 팀원들 간에 동아리를 만들어 친목을 다지겠습니다. 제가 원하는 기회가 이렇게 주어진 것을 놓치지 않기 위해 ERP 자격증을 따는 등 좀 더 공부하고, 노력해서 귀사에서 투자해도 아깝지 않을 최적의 인재가 되도록 하겠습니다.

2) 자기소개서의 잘못된 사례

다음의 자기소개서는 빈 칸을 남겼다는 점이 가장 큰 오류이며, 처음부터 부정적인 복선을 깔기보다는 긍정적인 첫인상을 남기는 자기소개서가 되도록 수정해야 한다. 성격의 장단점에서는 장점과 더불어 단점도 서술하며 그러한 단점을 어떻게 극복하고 있다는 점을 어필하는 게 좋다. 충분히 많은 스토리를 가슴에 담고 있으며 그 이야기를 알퐁스 도데의 "별"처럼 풀어놓으면 되는 것이다. 어렵게 생각하지 말자. 책을 펼치면 늘 큰 제목과 작은 제목들이 있다.

자기소개서의 흐름을 일목요연하게 유지하기 위해서는 큰 제목을 먼저 적고 각 구성요소별로 작은 소제목을 적으면 작성하기가 수월하다.

성장과정	살자니 죽겠고 죽자니 청춘이라. 2009년 군대 전역 후 아버지가 새로 시작한 사업이 잘못돼 큰 위기가 있었습니다. 하지만 이대로 무너질 수 없어 가족끼리 힘을 합쳐 위기를 극복했습니다. 제가 이 일로 인해 한층 더 성숙하고 포기라는 단어를 안 쓰게 된 것 같습니다. 마음먹은 일은 그 누구보다 노력하고 꼭 이루어진다는 마음가짐으로 살고 있습니다.
성격의 장단점	저는 지치지 않는 체력과 포기를 모르는 강인한 인내심을 가지고 있습니다. 어떠한 일이든 시작을 하면 끝을 보는 성격이라 주변인으로부터 성실하다는 소리를 곧잘 들었습니다.
학창생활	
입사 후 포부	입대 후 군수운전병으로 보직을 받게 되었습니다. 군 보급물자를 관리하며 운송하고 부대시설 개선 및 군수 검열 우수부대라는 명목으로 대대장으로부터 사병 표창도 받고 포상휴가도 받았습니다. 군대에서 익힌 조직관리와 기획력, 다양한 사람들과 만남에서 얻어진 대인관계에 대한 노하우를 귀사의 영업팀에서 발휘하고 싶습니다.

3) 휴지통행 자기소개서

① 기본적인 상황 나열형

: 저희 가족은 아버지, 어머니, 동생 그리고 저 이렇게 4식구입니다. 아버지께서는 가정에서 자상하시고 직장에서는 맡은 업무를 열심히 일하셔서 본사에서도 실력을 인정받아 외국 출장도 많이 다니셨습니다. 어머니께서는 초등학교 교사로 열심히 근무하시고 방학 때 연수를 받으시거나 어학강좌를 수강하며 열심히 공부하시는 분이십니다. 또한 바쁘지만 가정에 소홀히

하지 않으시고… 구직자는 외국 출장을 많이 다니시는 아버지 밑에서 자랐기 때문에 남들과는 다른 영향을 많이 받았다는 것을 부각시키고 싶었을지도 모르겠다. 또한 어머니가 초등학교 교사였기 때문에 가정교육도 잘 받았다는 사실을 알리고 싶었을 것이다. 하지만 구체적인 사례가 없는 글은 설득력이 떨어진다. 따라서 과연 아버지와 어머니가 자신에게 어떠한 영향을 주었는지를 보충해 주어야 한다.

② 적당히 묻어가기형

: 성격은 대체적으로 무난한 편이었으며, 다소 적극적이지는 못했지만 일단 주어진 일에는 최선을 다하여 보다 나은 결과를 얻기 위해 노력했습니다. 그래서인지 주위에서 성실하다는 평을 많이 들었으며 주변 선생님이나 친구들과도 무난하게 잘 지냈으며 누구에게나 신뢰를 줄 수 있도록 노력하는 학생이었습니다.

이런 구직자에게 무슨 업무의 역량을 기대할 수 있으며, 도전적인 과제를 안심하고 맡길 수 있을까. 자신을 최대한 꾸며야 되는 이력서에서 '무난한 편', '적극적', '사교적'이라는 무의미한 추상적인 단어들은 면접관의 판단에 아무런 영향을 미치지 못할 뿐만 아니라 오히려 창의성이 없고 소극적이라는 인상을 줄 가능성이 높다. 특히 '대인관계가 원만하다'는 수식은 아주 흔하고 진부한 표현이다. 우리가 알아야 되는 것은 인사담당자들은 그 분야에서 인재를 보는 안목이 누구보다 탁월하다는 점이다. 구직자들의 어설픈 단어로 자신을 포장하기보다는 에피소드를 솔직 담백하게 써서 자신이 어떤 성향의 사람인지를 판단할 수 있는 밑거름을 만들어주는 것이 훨씬 유리할 것이다.

③ 종합상자형

: 고등학교 때는 책을 너무 좋아해서 독서클럽에 들어서 매주 책을 읽고 선생님·친구들과 토론하였고 이때 남들의 의견을 경청하고 자신의 의견을 논리적으로 표현할 수 있는 발표력을 기를 수 있었습니다. 그리고 대학교

때는 어렸을 때 잠깐 배운 회화실력을 토대로 미술반에 들어가서 전시회를 여러 번 가지면서 대외행사를 기획하고 홍보하는 일에 대해 많이 배우게 되었습니다. 또 4학년 땐 지인 추천으로 00고등학교에서 강사를 함으로써 저보다 어린 학생들의 눈높이를 맞춰 사람을 대하는 법을 배웠습니다. 내용적으로 파악해 보면 구직자는 많은 것에 관심이 있고 열심히 살았다는 것을 알 수 있다. 하지만 자신이 정작 표현하고 싶어하는 업무역량에 대해서는 잘 드러나지 않는다. 구직자의 입장에서는 '이러한 나의 경험들이 담당자에게 어필하겠지'라고 생각하겠지만, 그것은 구직자의 마음일 뿐이다. 일관성 없는 정보의 나열보다는 구직자가 원하는 직무에 맞는 한 직종에 대해 자신의 경험과 관련된 사례를 심도 있게 표현하는 것이 낫다.

4) 디테일에 집중하라

우편으로 서류를 접수할 경우 서류는 클립으로 묶어서 보내고, 서류의 주소는 볼펜으로 쓰지 말고 워드작업을 하여 붙인다. 이메일로 접수할 경우 이메일 제목과 발신자의 아이디를 주의하라. 또한 이메일 본문에는 회사에 대해 느낀 좋은 점이나 간단한 인사말을 작성하라. 본문에 '이력서 및 자기소개서를 첨부합니다.' (^^) 등의 이모티콘을 표시하는 경우가 많으나 이는 성의가 없어 보인다. 짧게라도 자신의 지원동기, 기업의 좋은 이미지를 표현해서 해당 기업에 관심을 갖고 있었음을 보여준다.

서류를 이메일에 첨부할 때 주의사항은 문서명을 [지원부서명-성명-이력서]로 기재한다.

예) 경영지원부 채은호 이력서

사소한 실수를 하지 않도록 주의한다. 이력서를 최종 저장할 때는 컴퓨터의 커서를 서류의 최상단에 놓은 후 해야 한다. 그래야 파일이 열릴 때 가장 윗부분이 첫 화면에 보이게 된다. 그리고 자격증이나 성적증명서는 하나의 파일로 만들어

첨부하는 것이 좋다.

5) 마지막 점검, 절대로 놓치지 말 것

지원하기 전에 마지막으로 프린트해서 꼼꼼히 체크해 본다. 화면상으로 글을 읽는 것과 서면으로 글을 읽는 것은 분명 차이가 있다. 또한 오타, 부정확한 맞춤법, 일관성 없는 글, 문장의 주어와 동사의 일치를 확인한다. 온라인 입사서류 작성 시 유의점은 회사가 원하는 양식을 지켜야 하며 마지막날 인터넷 홈페이지의 과부하에 대비해 원서접수는 가급적 빨리한다. 사진은 기본이다. 자신이 없으면 도움을 받는다.

6) 이메일 접수 시 인사말

아래는 이메일로 접수 시 본문에 작성하는 인사말이다. 달랑 파일만 첨부하지 않도록 주의한다.

안녕하세요.

귀사에 입사를 지원하는 김은영입니다.

대학시절부터 귀사에 관해 꾸준히 관심을 갖고 있던 중 이번 기회를 통해 지원하게 되었습니다.

귀사에 지원하기 위해 서비스 경험과 자격증을 준비해 왔습니다.

많이 부족하지만 꼼꼼히 봐주시면 감사하겠습니다.

그럼, 귀사의 연락을 기다리며 이만 줄이겠습니다.

좋은 하루 되시고, 만나뵐 수 있는 기회를 꼭 갖고 싶습니다.

감사합니다.

○○○직 지원자 김은영 드림

○ 실천가이드

1. 마인드맵 그리기

: 사진첩을 꺼내 어린 시절의 사진들을 보며 에피소드들을 적어나간다. 마인드맵의 어떠한 형태의 그림도 좋다.

내가 했던 일을 모두 적어보자.

1) 객관적 업적, 주관적 강점

2) 하고 싶은 일과 잘할 수 있는 일

3) 자료는 구체적으로 수치화한다.

4) 지원회사 정보수집

5) 나의 분석자료와 회사조사 데이터 매칭시키기

6) 리마인드연상법

- 눈을 감고 이제껏 살아온 자신의 인생을 영화처럼 뇌리에 떠올려보아라.

- 인상 깊고 기억에 많이 남는 사건들에 재미있는 제목을 붙여 나열해 보아라.

- 그 사건 하나하나마다 자신이 어떤 영향을 받았는지 의미를 부여해서 기록해 보아라.

- 그리고 그 사건들을 다른 이의 시각에서 접근해 보아라. 사건의 중심이 '나'였다면 다른 제3자의 입장에서 기술하는 것도 좋을 것이다.

- 그리고 그 사건들을 자신이 희망하는 여러 직종의 직무와 연결시켜 재기술해 보아라.

2. 연상법을 활용하여 정리하기

	사건나열 (구체적으로 기술)	각 사건에 재미있는 제목 붙이기	자아 형성에 어떠한 영향을 주었나?	자신의 희망직무와 연관성 찾기
유년기				
성장기 (중, 고)				
대학				
기타				

3. 스토리보드 만들기

Title :   Team :   1

Cut	Video	Context	Audio	Time

4. 자기소개서 작성하기

무턱대고 자기소개서를 쓸 것이 아니라 지금까지 살아왔던 자신의 삶을 정리하는 시간을 먼저 가져야 한다. 그리고 일련의 사건들 중에서 기업이 요구하는 인재상과 맞는 사건들이 있을 것이다. 그런 부분들을 부각하여 자신을 포장하는 것이 가장 빠르고 적절한 길이다.

지원동기	
성장과정	
성격의 장단점	
입사 후 포부	

○ 책 속의 책

1. 책 제목 : 사막을 건너는 6가지 방법

저 자 : 스티브 도나휴
역 자 : 고상숙

2. 주제 : 불확실한 인생을 헤쳐갈 지혜

세계적 컨설턴트 스티브 도나휴는 여러 직업을 전전하고 결혼과 이혼, 자녀 양육이라는 인생역정을 거치며 삶은 산을 오르는 것처럼 목표를 세우고 그것을 향해 나아가는 것이라는 기존 관념에 대해 의문을 갖게 되었다.

그는 20대의 어느 겨울, 유럽을 여행하다가 파리의 매서운 추위를 피해 뜨거운 태양이 작열하는 서아프리카 해변에서 겨울을 보낼 계획을 세운다. 비행기표 살 돈이 없어 남의 차를 얻어 타고 무작정 시작된 여행. 저자에게는 남쪽 해변에 대한 목표 외에는 아무런 계획도 없이 사막을 헤맨다. 이 책은 그가 발견한 '불확실한 인생'이라는 사막을 헤쳐갈 지혜를 들려준다. 그는 이러한 깨달음 속에서 20대의 사하라사막 여행을 재해석하며 인생은 산을 오르는 것보다 사막을 건너는 것과 더 닮았다는 것을 발견하게 된다.

그리고 사막을 건널 때에는 산을 오를 때와는 다른 계획과 방법이 필요할 것이라는 가정하에 수많은 기업과 개인을 상대로 인생이라는 사막, 변화라는 사막을 건너는 효과적인 방법을 연구·적용하고 있다.

3. 내용요약

1) 산이 사막과 다른 점

- 목표가 눈에 보인다. 정상에 올라 아래를 보며 '드디어 해냈다'고 할 수 있다.
- 정상까지의 거리와 구체적인 시간까지 계획을 세울 수 있다.
- 끝이 보이지 않고 언제 다다를지 알 수 없다.
- 신기루를 좇기도 하고 길을 잃기도 한다.
- 경험이나 준비의 여부가 성공이나 신속성을 보장해 주지 못한다.
- 예측 불능하고 불확실하다.

지도를 따라가지 말고 나침반을 따라 존재하는 방법, 살아가는 방법의 방향을 선택하라.

그리고 그 길을 따라 걸으면서 "내가 점점 나의 사막 깊숙이 들어가고 있는 것인가?" 하는 질문을 계속 던져라. 궁극적으로 사막을 건널 수 있는 방법은 그것밖에 없다.

사막 안으로 깊숙이 들어가는 것 외에 다른 수가 없는 것이다.

2) 나침반의 세 가지 역할

- 길을 잃었을 때 방향을 찾아준다.
- 더 깊은 사막으로 이끌어준다
- 목적지보다 여정 자체에 중점을 둘 수 있다.

3) 오아시스를 만날 때마다 쉬어가라(사막에서 오아시스에 멈추어 쉬어야 할 이유)

- 쉬면서 기력을 회복해야 한다.
- 여정을 되돌아보고 생각해 볼 수 있다. 정정해야 할 것은 정정한다.
- 오아시스에서는 같은 여행길에 오른 다른 사람을 만날 수 있다.

4) 숨겨진 오아시스 찾아내기

지금 건너고 있는 사막을 검토한다. 어느 종류의 오아시스가 필요한가?
- 휴식이 부족한 것은 아닌가?
- 우리 마음속의 오아시스를 침범하는 야만인 목록을 작성한다.
- 친구나 친척, 동료, 아이들, 직장상사, 상대방, 의무, 프로젝트, 해야 할 일, 완벽주의적인 성격 등…
- 자기만의 오아시스를 보호할 벽을 세운다.

5) 모래에 갇히면 타이어에 바람을 빼라

- 정체된 상황은 바로 우리의 자신만만한 자아에서 공기를 조금 빼내어야 다시 움직일 수 있음을 의미하는 것일 수도 있다.
- 성공으로 가는 길은 성공으로 덮여 있지 않다. 때로는 전혀 포장되어 있지 않은 도로도 달려야 한다.
- 타이어에서 바람을 빼는 것은 내가 틀렸다고 인정하는 것일 수도 있고 상실을 받아들이는 것일 수도 있으며, 사과하거나 용서하고, 도움을 요청하고 또는 약점을 인정하는 것일 수도 있다.
- 겸허해지면 우리를 가두어두었던 모래에서 벗어나는 동시에 뜻하지 않았던 오만한 자아 때문에 춤추기를 두려워하는 사람이 해방될 것이다.
- 누구도 어수룩해 보이는 것을 좋아하지 않는다. 공기를 조금만 빼면 즐길 수 있는 수많은 오아시스들이 있다. 자아에서 공기를 조금만 빼면 꼬인 인간관계

의 사막에서 헤어 나와 다른 사람과 교류하는 치유의 오아시스로 들어설 수 있다. 물도 받게 된다.

6) 혼자서, 함께 여행하기

- 타고난 대로 하지 마라.
  : 사막은 변화의 장소이기 때문에 여행을 하는 동안 모든 단계에서 다음과 같은 질문을 던져야 한다.
  "지금 다른 사람의 도움이 필요한가?", "이 일은 나 혼자 해야 하는가?"
- 일찍 도움을 구하라.
  : 그렇지 않으면 나중에 구조를 받아야 할 상황에 처한다.
- 우리의 자아는 변화에 저항하는 속성이 있다.
  : 그래서 해야 할 일을 피하거나 남에게 미루는 경우가 종종 있다. 그러나 어느 누구도 나를 대신해서 사막을 건너줄 수는 없다.
  인생의 사막을 건너는 데 길잡이가 되어줄 나침반을 선택하는 것은 본인 스스로 해야 할 일이다.
- 가끔씩 은자로 살기
  : 외로움을 두려워하는 사람들은 가끔씩 은자가 되는 것이 훨씬 안전하다.

7) 캠프파이어에서 한 걸음 물러서기

- 캠프파이어가 비추는 반경 2m 안팎의 빛과 따스함은 어두운 사막에서 나를 지켜주는 피난처이다. 캠프파이어를 벗어나 사막의 어둠으로 나가는 일(변화)은 우리에게 두려움을 준다.
- 벗어날 때가 코앞에 닥쳐도 지겹고 스트레스받는 직장생활을 계속하고, 불행한 관계를 참고 견디며 친숙하고 오래된 믿음과 태도를 지속시켜 나간다. 캠프파이어에서 나가기 위해서는 준비되어 있어야 한다고 생각하기 때문이다.

모든 문제나 상황에 완벽하게 준비하는 것은 불가능하다. 불쾌한 일이 생기면 태도를 바꾸어 긍정적으로 전환할 수 있어야 한다.

* 캠프파이어 : 우리가 세상을 보는 방법. 친숙하고 따뜻한 것들.

  예) 가족, 친구, 집, 직장, 가치관, 일상 등등…

8) 허상의 국경에서 멈추지 않기

- 허상의 국경선 구분하기

  : 허상의 국경선은 허상처럼 보이지 않고, 진짜 우리 앞길을 막아서는 것처럼 느껴진다. 우리는 그 국경선을 건너면, 뭔가 끔찍한 일이 벌어질 것으로 생각한다. 하지만 사실은 그 반대다.

- 국경수비대의 허세에 도전하기

  : 두려움이 우리의 이상을 가렸거나, 아니면 그 상태에 너무 몰입해서 진실과 아닌 것을 구분해 내지 못하기 때문이다. 하지만 그래도 멋진 여행이란 돈을 들여서 흔들림 하나 없이 길을 달리는 그런 여행이 아니라, 단순히 여행하는 순간을 최대한 활용하는 것이다. 그것은 태도의 문제이다. 멋지게 여행하는 것은 끊임없이 밀려오는 인생의 밀물과 썰물을 평화스럽게 받아들이고, 우리 앞에 놓인 것을 받아들이는 것을 의미한다.

- 사막에는 우리가 처음 볼 때에는 보이지 않는 무언가가 많이 내재되어 있다. 호기심에 찬 여행가의 자세로 인생에 접근하면 평범한 여정 또는 힘든 여정 속에서 내가 누구인지 내가 어디에 있는지를 발견할 수 있다.

  우리는 국경선 보초의 허세를 알아보고 그에 도전할 수 있어야 한다. 이때 우리에게 필요한 것은 신념과 용기이다.

4. 나에게 주는 메시지, 내가 미래를 위해 준비해야 할 것은 무엇인지 적어보자.

지니램프

스위스에서 있었던 실화입니다.

어느 날 한 관광버스가 손님을 싣고 관광지에서 돌아오는 길에 일어난 사건이 었습니다. 관광객들은 모두가 지쳐 잠에 빠져 있었습니다.

그런데 마지막 고개를 막 넘어가려던 순간 운전사는 브레이크에 이상이 생긴 것을 발견하였습니다.

브레이크가 고장 난 채로 내리막길에 접어든 버스는 속도가 점점 빨라졌고, 당황한 운전사의 떨리는 눈동자에는 급한 내리막길에 펼쳐진 다섯 개의 급커브길이 보였습니다. 버스에 점점 가속이 붙자 눈을 뜬 관광객들은 뭔지 이상이 생긴 것을 눈치 채고는 흥분하며 소리를 지르고 이성을 잃어가기 시작했습니다. 그렇지만 운전사는 침착하고 조심스럽게 커브길을 한 개 두 개 잘 운전해 나갔습니다. 마침내 그는 마지막 커브길을 통과하였고 모든 관광객들은 환호성을 지르며 좋아하였습니다. 이젠 마을길을 지나 반대편 언덕으로 올라가 차가 자연히 서기만 하면 되는 것입니다.

그런데 그때 저 멀리 아이들이 길에서 놀고 있는 모습이 보이는 게 아니겠습니까? 깜짝 놀란 운전사는 경적을 울려 피하라고 경고를 하였습니다. 모든 어린이들이 그 소리를 듣고 피했지만 아직 한 아이가 그 자리에서 우물거리고 있었습니다. 순간 운전사는 관광객을 살려야 할지 저 어린아이를 살려야 할지 갈등하다가 결국 그 어린아이를 치고 말았습니다. 그리고 버스는 예상대로 건너편 언덕에서 멈춰 섰습니다. 운전사는 차가 서자마자 그 아이에게로 뛰어갔습니다. 그러나 아이는 이미 죽어 있었습니다.

둘러서 있던 사람들이 "살인자! 살인자!" 하며 운전사에게 야유를 퍼붓기 시작했습니다.

운전사는 아무 말 없이 아이의 품에 고개를 묻고는 아이를 안은 채 흐느끼며 옆의 오솔길로 걸어 들어갔습니다. 사람들은 쫓아가면서까지 "살인자! 살인자!" 하며 야유를 하였습니다.

그 순간 어느 젊은이가 외쳤습니다.

"모두들 그만둬요. 소리 지르지 말아요.

저 아이는 바로 운전사의 아들이란 말입니다."

사람들은 할 말을 잃고 깜짝 놀랐습니다. 그리고 젊은이에게 되물었습니다.

"정말입니까?"

젊은이는 고개를 숙인 채 대답했습니다.

(젊은이는 과연 뭐라고 대답했을까? 작가가 되어 아래의 빈 칸에 답변을 적어보자.)

표현의 달인이 되어라

3.3.3 셀프 마케팅

Chapter

◦ Objective

01 카피로 시작하기, 이름을 활용하는 방법 등을 통해 짧은 시간에 자신을 마케팅하는 방법을 익힌다.

02 시각적 이미지의 중요성을 깨닫고 신입사원으로서 어떠한 이미지를 그려볼 수 있을지 파악해 본다.

03 비언어적 커뮤니케이션을 이해하고 중요 포인트에 대해 바로 알고 행동하도록 한다.

제1절 감정을 흔드는 행동의 기본

상대방에게 첫 인상을 남기는 시간은 불과 30초. 따라서 30초 자기소개는 면접 시에 지원자의 성향과 특징을 자기소개서를 보지 않고도 알 수 있는 방법으로, 짧은 시간 내에 지원자에 대한 정보나 자질 등 전체적인 측면을 알 수가 있다.

'엘리베이터 프레젠테이션'이라는 말을 들어본 적이 있는가?

미국 기업의 최고 경영자 가운데는 우리가 상상할 수 없을 정도로 바빠서 좀처럼 시간을 내기가 어려운 사람이 많다고 한다. 하지만 이 최고 경영자의 결정이 없으면 제안이 통과되지 못하는 경우가 많다. 최고 경영자의 허락만 얻는다면 자신의 생각대로 일을 추진할 수 있다는 점에서 미국 조직이 유연하다고 할 수 있지만 문제는 그토록 바쁜 사람에게 어떻게 자신의 생각을 말할 수 있느냐는 점이다. 그렇다면 어떻게 해야 할까?

방법은 하나, 이 최고 경영자가 사무실에서 나갈 때 함께 엘리베이터에 타고 1층에 도착할 때까지 프레젠테이션을 마치면 된다.

할리우드 영화에도 이런 장면이 자주 등장한다. 지금 무릎을 '딱' 치며 이와 비슷한 장면을 떠올리는 사람도 많을 것이다. "모든 보고는 3줄 이하로 끝내라"라고 말한 사람은 다름 아닌 미국의 레이건 대통령이다. 이렇게 하지 않으면 최고의 위치에 있는 사람은 수많은 문제를 처리할 수 없다.

결론을 가장 먼저, 그것도 아주 짧게 말한다. 자신이 지금부터 해야 할 일, 일의 목적 등도 모두 같다. 항상 한마디로 정리해 두면 기회가 왔을 때 재빨리 말할 수 있다. 이 훈련만은 평소에도 꾸준히 해두자.

1. 결론부터 말한다.(한 줄)
2. 이유는 아무리 많아도 3가지를 넘지 않는다. 쓸데없는 수식어나 감상은 붙이지 않는다.(두 줄)
3. 대안이 있다면 짧게 제시한다. 30초 안에.

자기소개를 통해 입사서류에서는 파악할 수 없는 지원자의 언행이나 프레젠테이션 능력을 함께 평가할 수 있기 때문에, 대부분의 기업에서 면접 시 평가항목으로 사용하고 있다.

면접에서 나의 인상은 자기소개에 달려 있다고 해도 과언이 아니다. 30초 자기소개를 어떻게 하느냐에 따라 나의 이미지가 달라진다. 다시 말해 30초 자기소개가 나를 대변하고 나를 나타낸다.

특히, 자기소개서를 포함한 지원자의 입사서류를 면접실에서 처음 접하는 면접관도 있으므로 효과적으로 강조해야 될 것들만 표현하는 것이 중요하다.

또한, 블라인드(무자료) 면접 시에는 30초 자기소개에서 하는 모든 말이 면접관에게는 유일한 데이터가 되므로, 주어진 시간 내에 가능한 객관적이고 구체적으로 말을 해야 한다.

한 가지 주의할 점은 말 그대로 단순한 소개에 그쳐서는 안된다는 것이다.

시간이 짧은 만큼 단순한 소개를 넘어서 자기 PR을 할 수 있어야만 면접에서 좋은 결과를 얻을 수 있다.

1. 카피로 시작한다

자기소개의 처음은 나를 나타내는 단어 또는 문구로 시작하는 것이 좋다.

나의 성격과 기질, 그리고 지원분야와 연관성이 있는 나의 학력 또는 이력 등이 들어가 있는 문구라면 더욱 좋다. 물론, 나열된 요소들을 한 문장으로 나타내는 것이 쉽지는 않다.

그것이 힘들다면, 가까운 사람들에게 나 자신과 어울리는 이미지나 컬러 또는 자신을 봤을 때 떠오르는 광고나 동물, 연예인, 경제인, 학자 등을 물어본 후 역으로 풀어나가는 것도 좋은 방법이다. 예를 들면, 여행통신원을 지원한 응시자의 경우 가슴으로 세상을 보겠습니다!라는 카피로 시작할 경우 여행 통신원으로서의 감성을 잘 나타내 차별된 느낌을 줄 수가 있다.

광고를 흔히 30초 예술이라고 한다. 30초라는 짧은 시간 안에 많은 것을 보여줘야 하기 때문이다. 면접 시 자기소개도 마찬가지이다. 타깃 상대를 정확히 파악한 후 내가 전달하고자 하는 메시지를 강하게 보여줘야 한다. 다만 상대방이 소비자가 아닌 면접관이라는 것만 다를 뿐이다.

자신에 대한 강렬한 첫인상은 30초 안에 결정된다. 이때 가장 먼저 이야기하는 이름을 활용해 본다. 멋진 아이디어로 시선을 잡는 데는 '기발한 자기소개'로 청중의 시선을 잡는 방법이 있다. 그냥 자기 이름 석 자를 이야기하는 것보다는 재미도 있고 기발한 아이디어가 담겨 있어 좋은 이미지를 주게 된다.

2. 이름을 활용한다

이름이 없는 사람은 없다. 그 이름을 그냥 얘기하는 것과 의미를 부여해서 표현하는 것은 하늘과 땅 차이이다.

물론, 오랫동안 기억에 남는 것은 두말할 필요도 없이 후자이다. 이름에도 역시 카피처럼 지원분야나 개인의 특성을 표현할 수 있는 것이 좋다. 이름이 홍길동이라고 한다면, 홍수처럼 디지털이 난무하는 시대, 길 위에서 아날로그적인 감성으로, 동감을 끌어낼 수 있는 지원자 홍길동입니다. 라는 표현을 쓰게 된다면, 시대적인 상황과 지원 직종과의 연결고리를 함축적으로 묶어서 보다 설득력 있게 된다. 카피와 같이 표현한다면 다음과 같다.

가슴으로 세상을 보겠습니다! 안녕하십니까?

홍수처럼 디지털이 난무하는 시대, 길 위에서 아날로그적인 감성으로, 동감을 끌어낼 수 있는 지원자 홍길동입니다.

*이름 활용 예

안녕하십니까. 제 이름은 '정연자'입니다. 제 이름 글자에서 받침을 떼어내면 '저 여자'가 됩니다. 그러나 그냥 그렇고 그런 저 여자가 아니라 한국무역에서 꿈을 찾고 꿈을 실현한 저 여자, '다이아몬드 리더 정연자'로 기억해 주시기 바랍니다.

안녕하십니까? 제 이름은 오 교수입니다. 저는 태어나자마자 한 달 만에 제 이름 덕분에 교수가 된 사람입니다. 교수도 그냥 교수가 아니라 '오! 교수'입니다. 잘 기억해 주시기 바랍니다.

안녕하십니까. 제 이름은 김주돈입니다. 주로 돈만 버는 사나이로 기억해 주시기 바랍니다.

안녕하십니까. 제 이름은 '장철진'입니다. 제 이름자를 넣어서 3행시를 지어 보겠습니다.

장 : 장군같이 생겼고,

철 : 철학자같이 생겼고,

진 : 진실하게 생긴 남자, '장철진'을 소개합니다.

3. 중요한 내용은 처음에 말한다

자기소개는 정해진 시간 내에 하기 때문에 자기소개를 하는 중간에 면접관이 중단시킬 수도 있다. 굳이 30초, 1분이 되지 않더라도, 면접당일 면접진행상황에 따라 자기소개 시간이 짧게 주어지거나 생략될 수도 있으므로, 강조하고 싶은 부분은 처음에 미리 말하는 것이 효과적이다. 일반적으로 지원동기 또는 직종과 관련된 사항을 얘기하는 것이 좋으며, 지원하는 회사의 문화나 지원직종의 특색에 따라, 성장과정이나 성격 등이 중요시되기도 하므로, 어떤 것이 중요하다고 꼬집어 말할 수는 없다.

어느 직종, 어떤 회사에 지원하느냐에 따라 어떤 것을 강조해야 좋을지 상황에 맞추어 강조하는 것이 필요하다.

4. 질문을 이끌어낼 수 있는 내용으로 구성한다

질문을 한다는 것은 관심이 있다는 얘기고, 관심이 있다는 것은 합격할 확률이 높다는 뜻이다. 때문에 면접관들이 질문을 던질 만한 내용으로 구성해서 자기소개를 하는 것이 바람직하다. 나에 대한 관심을 가지도록 상황을 만들어야 하는 것이다.

예를 들면, 영업직에 지원한 응시자의 경우, 귀사의 xx지점의 전년도 매출액을 5% 성장시키겠다고 구체적으로 포부를 밝히면, 어떻게 신장시킬 것인가에 대한 질문을 받을 수가 있다.

또한, 개인신상에 대한 소개를 할 경우 특기가 음주가무라고 한다면, 노래를 시키거나 춤을 춰보라는 요구를 받을 수도 있다.

한 가지 주의할 점은, 질문을 이끌어낼 수 있는 내용을 언급했을 경우, 그에 따른 답변도 반드시 준비되어야 한다는 것이다.

답변이 준비되지 않은 경우 자기소개에서 관련내용을 제외하는 것이 오히려 낫다.

질문을 많이 받았다고 해서, 반드시 합격하는 것은 아니다. 그만큼 답변은 중요하다.

5. 지원회사, 직종에 따라 다르게 구성한다

회사마다 다른 경영이념과 인재상을 가지고 있다. 직종별로 요구되는 업무수행능력 또한 다르다. 그런데 자기소개는 언제나 똑같다. 대부분의 지원자들이 하는 실수이다.

지원회사별로 자기소개서를 다르게 작성하듯이 자기소개서를 바탕으로 한 1분 자기소개 역시 회사별로 다른 구성과 내용으로 준비되어야 한다.

회사가 어떤 성향을 가지고, 어떤 인재를 선호하는지 파악 후 내가 가진 여러 가지 장점과 자질들을 회사가 요구하는 것들로만 구성하여 말하면 된다. 직종에 관련된 내용 역시 마찬가지이다. 도전정신을 중시하는 회사에는 도전적인 성격을, 창조적인 인재를 원하는 회사에는 그와 관련된 학교 또는 직장생활 등을 얘기하면 된다.

기업에서 소비자 성별이나 연령, 학력, 거주지역 등에 따라 차별적으로 마케팅을 하듯이, 지원자 스스로도 지원기업과 직종에 따라 차별적으로 자기소개를 해야 하는 것이다.

6. A4용지 반 장 분량으로 작성한다

말하기의 적당한 속도는 1분에 200자 원고지 2장이 적당하다. 흔히, TV드라마의 경우 200자 원고지 2장에 1분 정도의 시간이 소요된다.

A4용지 1장이 200자 원고지 4장 분량이므로, A4용지 반 장은 200자 원고지 2장 분량이 된다. 따라서 A4용지 반 장 정도의 분량으로 작성 후 자기소개를 할 경우 1분 내외로 자기소개가 가능하다. 작성 시 글자 크기는 10point로 하면 된다.

7. 여운과 감동이 있는 멋진 끝맺음을 한다

광고의 주된 기능으로는 정보제공기능과 설득기능을 들 수 있다.

자기소개는 자기PR이다. 자기소개도 하나의 광고이다. 자기소개의 서두에서 나에 대한 정보를 제공했다면, 마지막으로 감동을 줄 수 있는 멘트로 면접관에게 깊은 인상을 남겨, 자연스럽게 설득해야 한다.

사람은 논리에 의해 설득되기보다 감성에 의해 설득된다. 선거 시에도 본인이 지지하는 후보는 감성적으로 판단하고, 지지하지 않는 후보는 이성적으로 판단한다는 연구결과도 있듯이, 나를 이성적으로 판단할 수 있는 정보를 도입부에 얘기하여, 호감을 갖도록 한 후 마지막으로 여운과 감동이 있는 멘트로 마무리하는 것이 효과적이다.

8. 주의점

성장과정은 가급적 피하라.

자기소개서와 똑같은 자기소개는 하지 않는다.

자기소개서와 상반된 내용은 언급하지 않는다.

튀지 말고 띄어라(중용의 미덕).

직접 작성하라(자신의 언어, 구성방법).

제2절 개성이 비춰지는 모습

'귀인' 장재인과 '천상의 목소리' 배다해의 목소리에 세상이 취했다. 엠넷 '슈퍼스타K2'와 KBS 2TV '해피선데이-남자의 자격'(이하 '남자의 자격') 합창단에서 장재인과 배다해의 목소리가 흘러나올 때면 시청자는 숨을 죽였다. 그리고 '눈'이 아닌 '귀'를 기울였다. 'MR 제거 동영상'이 등장할 정도로 가수의 노래실력에 대해 불신이 팽배한 세상에서 장재인과 배다해의 등장은 청량음료와 같았다. 그 이유는 두 사람 모두 남다른 개성을 갖고 있었기 때문이다.

이러한 개성은 어떻게 비춰지는 것일까?

장재인은 땅바닥에 철퍼덕 주저앉아 통기타 선율 사이에 자신의 이야기를 소리로 풀어놨다. 보컬리스트로서 탁월한 가창력의 소유자는 아니지만 노래와 부르는 이가 하나의 이야기가 돼 특유의 분위기를 만들어내는 아우라(Aura)가 비춰지는 순간이었다.

한 네티즌은 "배다해의 아름다운 목소리로 들려주는 '넬라 판타지아'는 자극적인 조미료와 향신료로 지쳐 있는 우리의 미각을 각성시키는 깔끔하고 향긋한 자연산 매생이국 같았다"고 평했다. '기계음에 대한 반작용'이 '배다해앓이'로 이어진 것이다.

누구에게나 자기 안에 감춰진 무한한 잠재력과 개성이 있다. 그것을 놓치지 않고 찾아내 개발하면 누구나 장재인, 배다해가 될 수 있다. 이 세상에서 가장 새로운 존재는 자기 자신이다. 불후의 명작도, 전설(傳說)도 내 속에서 만들어진다. 다음의 그림은 일본의 컨설팅 기업인 하쿠호도에서 작성한 퍼스널러티 워드뱅크이다. 원래는 마케팅에서 활용하는 브랜드를 구분하는 방법이지만, 자신의 개성을 나타낼 수 있는 퍼스널브랜드의 개념으로 활용해 보면 A타입은 모든 영역을 아우르는 흔히 이야기하는 둥글둥글한 성격이다. B타입은 엄마나 유치원 선생님 같은 스타일, C타입은 당당한 비즈니스맨, E타입은 소녀, D타입은 CEO스타일이다. 자신이 원하는 직무에 맞는 개성은 어떤 모습인지 정의해 보자.

귀엽다 **E타입** 친해지기 쉽다　밝다 　　　즐겁다 부드럽다 　솔직하다	젊고 생생하다 　　　　　　　　　**C타입** 　활발하다　야생적이다 　　　　대담하다 **A타입**　의욕적이다
따뜻하다　세심하다 우수하다　　똑똑하다 　근면하다 온화하다 **B타입** 　침착하다	분명하다　　　날카롭다 **D타입** 힘이 세다 이기적이다　　화려하다 품위가 있다　고귀하다

제3절 비언어적 커뮤니케이션

1. 시각적 전달의 중요성

알버트 메라비안 교수에 의하면 커뮤니케이션에 있어서 바디랭귀지가 차지하는 비율은 55%라고 한다. 언어적 요소 이상으로 비언어적 요소도 이미지 형성에서 중요한 역할을 하게 된다.

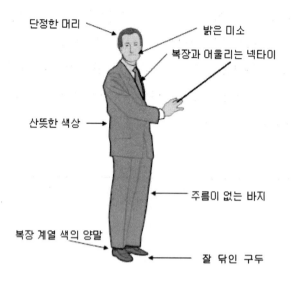

단정한 머리
밝은 미소
복장과 어울리는 넥타이
산뜻한 색상
주름이 없는 바지
복장 계열 색의 양말
잘 닦인 구두

'퍼펙트 머더'라는 영화에서 이런 장면이 나온다. 살인 용의자로 의심받는 마이클 더글러스가 조사실 안에서 그의 아내와 대화를 나누고 있다. 조사실 밖에서 형사는 창문을 통해 그를 바라보고 있다. 여 형사가 와서 왜 마이크 소리를 끄고 있냐고 하자 그 형사는 "때론 이게 더 정확해"라고 말하고 계속해서 말소리 없이 말하는 표정만을 관찰한다. 그 형사의 추측대로 마이클 더글러스가 범인이었다.

육체언어 즉 바디랭귀지는 무의식에서 나온다. 그래서 당신의 말보다 더 정확한 메시지를 표현한다. 그러므로 당신이 마음속으로는 상대를 환영하지 않으면서 미소를 짓고 있다면 상대방은 미묘하지만 그 느낌을 알게 된다.

긍정적인 바디랭귀지가 나오게 하기 위해서는 마음으로 상대를 긍정적으로 인식하는 것이 무엇보다도 중요하다. 먼저 상대를 대할 때는 몸을 정면으로 만들자. 그리고 어깨를 펴고 가슴을 열어준다. 팔짱을 끼거나 어깨를 움츠리지 않도록 한다. 상대와의 대화가 길어지면 약간 상체를 앞으로 숙여준다. 그러면 상대의 얘기에 몰입하고 있다는 이미지를 줄 수 있다.

상대방에게 첫인상을 전달하는 100% 중에 55%를 차지하고 있는 시각적 이미지는 인상형성을 하는 데 정말 많은 역할을 한다.

우선 이미지 중에서 시각적인 이미지는 자신과 상대방의 전부를 판단하는 기준이 되기도 한다. 잘못하면 선입관을 주거나 다른 이미지를 전달하게 되어 본인 의도와는 상관없이 이미지가 결정되는 경우가 많기 때문이다. 시각적인 이미지에는 표정, 용모, 동작, 시선처리, 제스처 등이 포함된다.

시각적 이미지에는 여러 가지가 포함되기도 하는데, 대표적인 예가 사회적인 통념이 있다는 것이다. 일반적으로 사람들이 원하는 직업에는 사회적으로 잘 알려진 이미지를 사람들은 중심 이미지로 생각한다. 그래서 남성 국회의원은 항상 양복에 의원 배지 그리고 기름칠한 정돈된 머리가 기본이고 여성 국회의원은 단발머리에 굵은 웨이브로 볼륨을 주고 엘레강스한 스커트가 중심이 된 옷들을 많이 입고 있다.

시각적인 이미지는 자신의 모든 부분을 차지하는 이미지이다. 상대방에게 선입관을 주기도 하고 원하는 이미지를 효과적으로 전달하는 최선의 방법이 된다는 뜻이다.

사회에 첫 발을 내딛는 신입사원에게 바라는 시각적 이미지는 어떤 모습일까?

2. 제스처

제스처는 목소리의 변화에 따라 적절하게 이루어져야 한다. 제스처는 말을 통하여 전달되는 메시지의 의미를 명확하게 해주며, 특정한 단어나 구절을 강조하는 기능을 하고 청중의 시선을 모으는 역할을 한다.

1) 제스처의 기본원칙

말과 함께 제스처를 사용하려고 노력해야 한다. 역동적인 제스처를 하기 위해서는 모든 팔과 손의 움직임을 자유롭게 하며 말과 함께 절도 있는 제스처가 나올 수 있도록 몸과 말이 함께 리듬을 탈 줄 알아야 한다.

2) 두 손의 움직임

제스처에서 가장 많은 부분을 차지하는 부분은 단연코 손이다. 피해야 할 손 처리는 신체의 일부를 다른 부분에 접촉시켜 규칙적으로 움직이기, 물체를 본래 이외의 목적으로 사용하기, 의미 없는 동작을 되풀이하는 것이다.

손의 움직임을 활용하는 방법으로 두 손의 모양은 부드럽고 유연하게 약간 구부린다. 한 손만을 계속해서 사용하지 않으며, 제스처(두 손의 활용)의 '정지 → 진행 → 수거'를 반복적으로 할 줄 알아야 한다. 특별한 경우가 아니라면 손의 위치를 너무 높거나(가슴 위) 혹은 너무 낮게(단전 아래) 움직이지 않는다. 이때 두 손의 간격은 30~50cm로 벌려 크고 명확하게 표현해야 한다.

제스처를 너무 요란하게 하거나 방정맞게 어깨 위에서 손을 흔든다거나, 배 밑으로 좁고 낮은 제스처를 해서는 안된다. 손가락을 벌린다거나 손가락에 힘을 주지 않는 것도 좋지 않다.

제스처의 크기와 사용 빈도는 상황에 따라서 달리해야 하며, 자유롭고 격식을 차리지 않는 자리라면 제스처를 자유롭게 활용해도 무방하지만, 윗사람을 모시는 자리, 업무브리핑, 프레젠테이션 자리라면 제스처 사용을 줄이도록 한다.

3) 말과의 타이밍을 절도 있고 자연스럽게 맞출 것

제스처는 말의 의미를 분명하게 하고 말에 악센트를 주는 역할을 한다. 따라서 말과 제스처는 타이밍이 항상 맞아야 하며 반면에 말과 따로 노는 제스처, 말과 선후가 다른 제스처는 스피치를 어색하게 만든다.

4) 말의 상승구조에 따라 제스처의 방식도 다르게 하라

똑같은 제스처만 연신 하면 지루해 보인다. 말의 내용에 따라 제스처 방식은 달라야 하며 말의 내용이 크고 대중적이라면 제스처 역시 크고 대중적이어야 한다.

5) 의미와 제스처

① 단합의 의미가 있는 말과 제스처 : 두 손을 모은다.
② 숫자 로드맵을 제시하는 제스처 : 손가락으로 숫자를 표시한다.

③ 각오, 결심 : 두 손을 모으거나, 한 손에 주먹을 쥐고 말한다.

④ 대중의 호응을 이끌어내는 제스처 : 두 손을 머리 위로 든다.

⑤ 의문을 나타내는 제스처 : 손바닥이 하늘을 보고 어깨를 살짝 올린다.

⑥ 강한 부정을 나타내는 제스처 : 손으로 가위 표시를 한다(손을 강하게 위 아래로 흔든다)

⑦ 청중을 지칭하는 제스처 : 손을 옆으로 하여 정중하게 내민다.

⑧ 최고의 제스처 : 엄지손가락을 들어올린다.

⑨ 그 외 말의 내용에 따라 적절하게 움직인다.

3. Eye Contact

이야기를 나누면서 눈길을 피하거나 사람들의 시선을 두려워하며 목소리가 속으로 들어가는 경험을 한 적이 있는가?

자신의 스피치에 자신감이 없거나 불안감을 느낄 때 스피치를 어려워하는 사람들은 시선을 회피하곤 한다. 그러다 보면 스피치에 관한 자신을 잃게 되고 점점 더 이야기는 의도하지 않은 방향으로 흘러가곤 한다.

적극적으로 자신의 말을 들어주는 청중, 혹은 상대방과 눈맞춤을 하면서 자신의 진실된 스피치를 이어가는 것이 중요하다.

시선을 맞추는 행동은 당신이 상대방에게 진심으로 집중하고 있다는 것을 말해주는 것이다.

사람들은 대개 동일한 업무를 반복하고 기계적이 되기 쉽다. 그래서 서류를 보거나 컴퓨터 자판을 보면서 상대방을 대응하는 경우도 있다. 첫 만남에서 몇 초 동안이라도 눈을 정면으로 바라보고 따뜻하고 관심어린 시선을 통해 감정교류를 해라. 그러면 당신은 눈 맞춤의 강력한 파워를 실감하게 될 것이다.

주로 아시아권에서는 상대방이 자신의 눈을 빤히 쳐다보는 것에 대해 부담스러워한다. 그래서 면접에는 주로 미간 즉, 눈썹과 눈썹 사이와 턱, 넥타이 매듭부분으로 가끔씩 시선을 바꿔준다. 면접관이 여러 명일 경우는 돌아가면서 질문을 하게 되니까 자연스럽게 질문하는 분한테 시선을 주면 된다. 그 외에 토의형식의 면접인 경우 발언하는 다른 응시생에게 시선을 주어 경청하는 태도를 보여야한다.

제4절 나의 그림은 타인이 그린다

사설가 오명철 씨의 '그 사람을 가졌는가'를 보면 김수미 씨의 이야기가 나온다. 김수미 씨가 우울증으로 혹독한 시련을 겪으면서 금전문제로 많이 고생을 하였나고 한다. 수십 년 사업을 한 남편조차 1억 원도 구해오지 못했고, 친척들도 모두나 몰라라 했다. 김씨는 지인들에게서 몇 백만 원씩 꾸면서 임시변통을 했다. 그런데 어느 날 김혜자 씨가 자기를 꾸짖으며 "너 왜 나한테는 얘기 안 하니? 추접스럽게 몇 백만 원씩 꾸지 말고, 필요한 액수가 얼마나 되니?" 하셨다. 김혜자 씨는 화장품 케이스에서 통장을 꺼내며 "이게 내 전 재산이야. 나는 돈 쓸 일 없어. 다음 달에 아프리카에 가려고 했는데, 아프리카가 여기 있네. 다 찾아서 해결해. 그리고 갚지 마. 혹시 돈이 넘쳐나면 그때 주든가." 하였다. 그녀는 염치없이 통장잔고를 하나도 남기지 않고 탈탈 털어 모든 은행문제를 해결했다.

얼마 전 김혜자 씨가 아프리카에 간다고 하기에, 김수미 씨는 "혹시 언니가 납치되면 내가 가서 포로교환하자고 하겠다"고 말한 적이 있다.

김혜자 씨가 김수미 씨에게 '그 사람'이 되어주었듯이 나에 대한 정의는 내가 나타내는 이미지, 말, 혹은 행동으로 타인에 의해 그려진다.

여러분이 지원하는 기업의 입장에서 여러분은 어떤 '그 사람'이 되고 싶은가? 그림을 그려보아라.

○ 실천가이드

1. 신입사원에게 바라는 시각적 이미지를 그려보아라. 잡지나 인터넷에서 스크랩해도 좋다.

2. 30초 동안 자기소개에 대해 3C를 가지고 프레젠테이션 하라. 3A, 3S는 어떤가?
3꼴은? 무한대로 상상하라.

(수업에피소드! 어느 날 수업시간에 자기소개를 위한 3S로 설명을 하려고 할
때였다. S로 시작하는 단어가 무엇이 있을까? Service, Smart, Sweet, Special,
Sun, Star 잘 나가다가 한 복학생이 뜬금없이 'Ship이요!'라고 했다. 모두 Ship?
이라고 '?'를 제시할 때 누군가 Leadership, Championship, Partnership, ship~ship~
ship~이라고 했다.)

자기 혁신을 위한 음성과 대화법

0 Objective

01 목소리가 개인의 경쟁력을 좌우하는 시대이다. 과연 좋은 목소리란 어떤 것인지, 목소리를 좋게 바꿀 수는 없는지? 목소리의 중요성을 알고 호흡법, 발음법, 발성법 등을 익힌다.

02 사투리, 혀 짧은 소리, 말투 등의 언어 사용에 있어서의 고민을 해결하고 좋은 음성을 갖는 방법을 익힌다.

03 대화 시 지켜야 되는 예절과 언어를 통한 표현법을 바로 익히고, 마음과 행동은 신경계에서 이루어지는 과정이라는 차원에서 심신상관성의 원리를 보여주는 NLP신경언어에 관하여 이해하고 활용해 본다.

제1절 귀로 듣는 신체언어-목소리

1. 목소리가 경쟁력

목소리가 개인의 경쟁력을 좌우하는 시대, 좋은 목소리란 어떤 것일까? 모든 사람들이 좋은 목소리를 가진 것은 아니다. 그렇다면 목소리를 바꿀 수는 없을까? '목소리는 제2의 얼굴'이다. 사람의 목소리에는 성별, 나이, 신체특성, 감정상태 등 약 200여 가지의 정보가 들어 있다. 우리가 목소리를 듣고 떠올리는 외모가 실제 외모와 비슷하다. 고려대 심리학과 학생들을 대상으로 1개의 목소리를 들려주고 4장의 사진을 보여주는 방식으로 모두 10개의 목소리를 실험해 본 결과 43%의 일치도를 보였다. 이는 목소리만 듣고도 상대방의 생김새를 어느 정도 추측할 수 있다는 것이다. 또한 목소리는 상대방을 가늠하는 중요한 척도이기도 하다. 대기업과 중소기업을 포함한 인사담당자 60명을 대상으로 설문조사에서 조사결과 신입사원 채용 시 응시자의 목소리가 채용결정에 영향을 미친다는 응답이 92.7%에 달해 목소리가 취업에 상당한 영향을 미치는 것으로 확인됐다. 그렇다면 좋은 목소리란 어떤 것일까? 남녀 각 5명의 목소리를 58명에게 들려주고 가장 마음에 드는 목소리를 물었다. 실험결과, 선호도가 높은 목소리는 남녀 모두 그렇지 않은 목소리에 비해 활발하고 상냥하고 따뜻하고 가는 특징이 있는 것으로 나타났다. 미국 스탠퍼드대 메디컬센터 이비인후과 전문의 이즈뎁스키는 "본인이 원하는 대로 본인을 표현할 수 있는 목소리가 좋은 목소리"라고 말했다.

2. 호흡법

1) 횡격막으로 호흡하기(복식호흡)
2) 오른손을 가슴에 왼손을 하복부에 얹고 심호흡한다.
3) 가슴은 거의 움직임이 없고 허리 및 허리 아랫부분이 팽창 수축한다.

4) 횡격막으로 숨쉬기는 가슴으로 숨 쉬는 것보다 힘이 덜 들고 심호흡을 가능하게 하여 긴 대사도 호흡을 끊지 않고 한숨에 해낼 수가 있다.

3. 발음법

발음 시 입술, 혀, 턱, 입천장 등의 정확하고 분명한 위치를 유념하여 생각하면서 다음을 연습하여 충분한 속도로 자연스럽게 말할 수 있도록 한다. 입을 충분히 크게 벌리고 또박또박 분명하게 발음하는 것이 요령이다.

1) 사람이 사람이면 다 사람이냐 사람이면 사람구실을 해야 사람이지.
2) 간장공장 공장장과 성냥공장 공장장
3) 뜰에 콩깍지 깐 콩깍지인가 안 깐 콩깍지인가?
4) 장이 없어서 장을 구하러 장에 갈까 했더니 장이 아파서 장에도 못 가고 장맛도 못 봤다.
5) 밤이 익어서 밤에 밤 따러 갔더니 밤이 어두워 밤은 못 따고 밤만 깊어 가더라.
6) 배가 아파서 배밭에 나가 배를 먹는데 배를 타고 가던 사공이 배가 아프냐 배가 아프냐 묻더라.
7) 눈이 오는데 눈에서 물이 흐르니 이게 눈물인가 눈물인가?

4. 발성법

1) 1단계 : 하 - 히 - 후 - 헤 - 호(큰소리로)

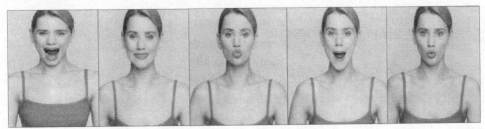

2) 장단, 리듬, 강세, 속도

① 장단 : 같은 언어라도 길고 짧게 발음하는지에 따라 의미가 다르다.

눈: (snow) - 눈(eye)

말: (speech) - 말(horse)

<기본적인 장단음 모음>

대:한 민국, 사:람, 없:다, 의:미, 안:내, 사:명감, 상:식, 됐:다, 했:다, 살:면서, 의:논, 대:표적인, 시:작, 강:조, 태:도, 동:기, 신:중한, 신:념, 굉:장한, 현:대인들, 상:기해야, 효:과, 어:학연:수, 전:략, 모:든, 계:속적인, 세:련, 사:실

② 리듬과 강세 : 강약의 리듬을 줘 단조로운 멜로디를 피함. 강조하려는 말에 강세를 둬 의사를 전달한다.

예) 한: 국 방: 송 공: 사

강   약   강   약   강   약

안녕하세요~ 홍길동 입니다.

강   강

③ 속도: 상황에 따라 완급을 조절하여 말하되, 1분에 원고지 두 장을 읽는 정도로 적절한 속도를 유지한다.

면접 시 평상시보다 좀 천천히 말한다.

면접관에게 신중한 느낌을 줄 수 있고, 긴장된 모습을 감출 수 있다.

5. Pause(스피치 시 가장 중요한 기법)

주어와 술어 사이, 부사(구, 절) 다음에 띄어서 말한다.

의미단락 사이를 잠시 쉰다.

예) 표정이 밝은 사람을 만나면/

　　기분이 좋고/

　　함께/

　　일하고 싶어진다/

6. 워킹으로 좋은 소리내기

1) 허리보행

: 허리보행을 위해선 호흡이 중요하다. 걸을 때 입술을 모아 숨이 코로만 가도록 하고 아래턱을 약간 앞쪽으로 내민다. 이렇게 하고 걸으면 다리가 아닌 허리로 힘이 가는 게 느껴진다. 타이거 우즈도 허리 순발력을 위해 티샷 때 이러한 얼굴 표정을 짓는다. 빨리 걷다 보면 발보다 무릎이 앞서 나가 허벅지 힘에 기댄 보행이 돼 금세 다리가 지친다. 발이 무릎보다 먼저 나온 상태에서 다리를 쭉 펴고(힘이 들어가지 않도록 주의해야) 발바닥과 지면이 이루는 각도를 10~20도로 유지해 걷는다. 각도는 익숙해질수록 줄여준다. 그리고 공중에 뜬 발은 완전히 힘이 빠져야 한다. 지면에 닿은 발에 체중이 실리도록 하고 나오는 발은 허리와 중둔근의 힘으로 들어 올린다.

제2절　음성언어의 고민 타파

1. 발음/사투리

: 심한 사투리를 쓰면서 불명확한 목소리는 직접 만나서 이야기하는 것이 아닌 전화통화의 경우라면 가장 알아듣기 힘든 유형이다. 사투리는 할 수 없다고

해도 불명확하게 웅얼대는 것은 반드시 고쳐야 한다. 의사소통의 기본은 말하고 듣는 것인데 자신의 말을 면접관이 듣고 싶어하지 않는다면 어떻게 자신을 뽑도록 설득할 수 있겠는가?

연습 시에 입을 크게 벌리고 입을 열심히 움직이도록 하자. 나무젓가락이나 탁구공을 입에 물고 연습하는 것도 이런 유형에는 권장하며, 발음연습표를 보며 매일 연습하길 바란다. 흥분하면 더욱 사투리가 튀어나오기 쉬우므로 톤을 낮추고 천천히 말하려고 노력할 것.

2. 혀 짧은 소리

: 웅얼대는 스타일의 사람 못지않게 발음연습에 가장 많은 시간을 투자해야 하는 유형이다. 피나는 연습밖에 방법이 없다. 특히 치아 안쪽에 교정기를 부착한 경우 스, 다 등의 발음이 가장 새기 마련인데, 남들이 교정하는 줄 몰랐다고 할 때까지 집중적으로 연습하라.

3. 크기

: 평소 시끄럽다는 평을 듣는 목소리와 같이 정말 소리 자체가 커서 시끄럽다는 말을 듣는 경우와 소리 자체가 크진 않지만, 밀이 쉴 새 없이 빨라서 그런 말을 듣는 경우 두 가지가 있다. 후자의 경우라면 반 박자 쉬고 말하는 습관을 들여라. 글 읽는 연습을 할 때도 내용상 끊어 읽을 부분을 확실히 끊어 읽고 잠깐 쉰 후 읽는 연습을 중점으로 한다.

4. 빠르기

: 빠르고 강렬한 달변은 진심이 아닌 것 같은 거부감을 준다. 따라서 절대 흥분은 금물, 약간의 pause를 둔다.

5. 말투

1) 굉장히 사무적이고 냉소적인 목소리 : 애교적인 친구와 함께 다녀라. 웃으면서 이야기하도록 노력할 것

2) 신경질적이고 짜증 섞인 말투 : 거울보고 웃으면서 연습하고 반드시 녹음해서 들어볼 것. 신문보다 동화책을 읽으면서 연습하기

3) 아이 같은 목소리와 말 습관이 배인 경우: 비음+얼굴 동안+말투≠프로 : ~구요. ~요체를 ~다, ~까로 끝내는 연습하기

6. 톤/목소리 상태

1) 모기처럼 작고 기어들어가는 목소리 : 매일 아침 10분 동안 큰소리로 글을 읽고 일주일에 한 번은 공원에 가서 제일 먼 곳까지 내 목소리가 들리도록 크게 소리 지르기(악은 쓰지 말 것)

2) 자다가 일어난 듯한 목소리 : 면접 당일에는 3시간 전쯤 일어나 목을 풀고 크게 말하는 연습을 한다.

3) 자칫 가식적으로 느껴지는 가성 : 강하고 설득적이지 못함. 탁 트인 곳에서 100여 명 이상의 사람 속에서 이야기한다고 생각하고 끝에 앉은 사람에게까지 들리도록 말하는 훈련을 할 것. 복식호흡

7. 말 습관

1) 말을 질질 끌어 답답함을 주는 소리 : '그러니까, 어'와 같은 사족을 쓰지 말고, 스타카토로 한 자씩 끊어 읽는 연습이 좋다. 안/녕/하/십/니/까?

2) 은어와 유행어가 배인 말투: 주위사람에게 그런 말을 할 때마다 지적해 줄 것을 요청. 고쳐야 할 말을 수첩에 적고 체크할 것

8. 대화태도/발표력

1) 말할 때 나도 모르게 하는 행동 : 디카나 캠코더로 찍어서 보고 지속적으로 고쳐나감

2) 상대방에게 시선을 맞추는 것이 힘들다면 벽에 원을 그려놓고 가운데만 응시하며 이야기하는 연습을 한다.

3) 낭송연습

태산이 높다 하되 하늘 아래 뫼이로다(작게 시작)

오르고 또 오르면 못 오를 리 없건마는(좀 더 크게)

사람이 제 아니 오르고 뫼만 높다 하더라(아주 크게)

생각이 바뀌면 행동이 바뀌고

행동이 바뀌면 습관이 바뀌고

습관이 바뀌면 성격이 바뀌고

성격이 바뀌면 인격이 바뀌고

인격이 바뀌면 운명이 바뀐다.　　　　　　　　　　　　　-윌리엄 제임스-

4) 목소리톤 조절하기

마치 스스로 영화배우가 됐다는 생각으로 아래의 예문들을 감정을 섞어 따라 해보자.

① 긴박함 표현 : 으악! 불이야! 불! 불이야! 사람 살려~

② 강한 의지표현 : 아니! 너 정말 이럴 거니? 다시 여기 오지 마.

③ 약한 마음표현 : 할머니가 편찮으셔…. 아마 오래가지 못할 것 같아.

④ 기쁨의 표현 : 내가 해냈어! 정말이라니까.

⑤ 분노의 표현 : 너 네가 정말 이럴 수 있는 거야? 당장 나가.

⑥ 크고 힘차게 : 김일병! 신고합니다.

⑦ 점점 크게 : 글쎄 작은 돈이 점점 불어서 어느새 어마어마하게 불어나는 거야.

⑧ 웃으며: 하하하 웃기는 소리 하지 마라. 몸매가 하루아침에 바뀌는 거니?

하하하 제발 웃기지 마.

⑨ 성격별, 연령별 사람을 상상하며 연습하기

: 내가 가져갈게요. 그냥 두세요.

(밝게/어둡게/신경질적으로/비판적인 성격 /음흉하게…)

제3절 NLP 기본개념과 원리

1. NLP란 무엇인가?

N은 신경(Neuro)을 의미하면서 마음과 행동은 신경계에서 이루어지는 과정이라는 차원에서 심신상관성의 원리를 보여주고 있다.

L은 언어(Linguistic)를 의미하면서 말을 비롯하여 음성과 신체언어를 포함하는 의사소통의 제반요소들, 그리고 오감에 기반을 둔 각종 언어의 역할과 마음과 행동에 미치는 영향에 대한 것을 말한다.

P는 프로그래밍(Programming)을 의미하면서 앞의 신경-언어의 작용 및 기능은 상호 관련되어 있으면서 일정한 체계와 패턴으로 프로그램화되어 있음을 말해주는 개념이다.

2. 영화와 인간의 비교

"인생은 한 편의 영화이다." 윌리엄 섹스피어의 명언이다.

왜? 인생은 한 편의 영화인가? 우리가 잘 알고 있듯이 영화란, 감독에 의해 연출된 것이다. 그렇다면 우리의 인생은 짜여진 각본처럼 잘 알진 못하지만, 감독이라

부르는 누군가에 의해 만들어진 영화 "트루먼 쇼"에 나오는 짐 캐리(주인공)와 같다는 말인가?

영화와 인간을 비교해 보자. 영화에 필름이 있듯, 인간은 뇌를 가지고 있다.

영화에 장면과 화면이 있듯, 인간은 눈(시각적인 것)을 가지고 있다.

영화에 소리가 있듯, 인간은 귀(청각적인 것)를 가지고 있다.

영화에 움직임과 사랑, 희로애락의 감정이 있듯 인간은 몸과 감각(신체적인 것)을 가지고 있다.

이것 말고도 인간은 후각적·미각적인 것을 더 포함하고 있어 이러한 오감적 형태를 통해 뇌라는 필름에 저장해 온 것이다.

감독이 영화를 각색하여, 관객에게 다가가는 마음상태를 바꾸듯, 우리의 마음도 오감적 형태를 바꾸어줌으로써 또 다른 경험과 패러다임을 창조하게 되는 것이다.

가장 중요한 건 우리의 뇌이다. 그렇다면 우리 인생에서 영화와 같은 이러한 뇌는 어떻게 작동하고, 활용할 것인가는 너무나 중요한 문제이다.

두뇌를 작동하기 위해 우리가 알아야 할 중요한 요소들은 '1. 무엇을(what), 2. 어떻게(how)' 상영할 것인가?이다.

이제 선택할 시간이다. 파블로의 개처럼 자동화된 반응 속에 짜여진 운명이란 영화를 선택할 것인가? 아니면, 의식적으로 자신의 두뇌를 스스로 작동시키는 것을 선택할 것인가? 그것은 당신의 선택에 달려 있다.

3. 숨겨진 이면을 들춰내는 법 메타모델

메타모델(Bandler & Grinder, 1975)은 삭제, 왜곡, 일반화를 말하는 사람의 숨겨진 의미를 찾고 구체적인 의미로 전환시키는 이론이다. 사람들은 일상 말을 할 때나 글을 쓸 때 일반화(generalization)를 하고 삭제(deletion)를 하거나 왜곡(distorted)하여 자신의 필터로 세상모델을 창조하고 자신이 경험하는 것을 표출하기 위해 언어를 사용하게 된다.

이 언어적 도구를 메타모델이라 한다.

바꾸어 말하면 일반화, 왜곡, 삭제를 하는 상대방의 의사소통구조를 밝히는 것이라 할 수 있다. 정확하지 않은 언어를 명확히 하고 도전하는 구체적 질문으로 감각적 경험과 심층구조에 연결시키는 작업이다.

메타모델은 수사관이 심문할 때 파고드는 질문법이기도 하며, 래포가 형성되지 않은 상황에서는 꼬치꼬치 따지는 식으로 받아들여 관계가 소원해질 수 있는 일상생활에서의 단점을 내포한다. 이것을 염두에 두고 일상 대화에 적용해야 할 것이다. 대신 메타모델 질문법은 의외로 숨기려는 상대방의 마음을 간파하는 데 유용하게 사용될 수 있는 강점도 가진 모델이기도 하다.

1) 삭제(생략)된 내용에 대한 질문

의사소통에서는 대화의 상황적인 맥락이 중요하기 때문에 내용이 다소 삭제되거나 생략되어도 뜻은 통하지만, 치료자와 내담자의 대화 속에서는 사실이나 정확한 정보가 중요하므로 상담언어모델이기도 하다. 예를 들면, "오늘은 왠지 짜증나고, 화나게 만드네!"

누가 누구에게 어떤 식으로 짜증나게 하는지에 대한 구체적인 정보가 필요한 문구다.

그때 "네, 그래요. 구체적으로 누가 어떻게 짜증나게, 화가 나게 만들어요?"라고 물을 수 있다.

2) 왜곡된 내용에 대한 질문

사실을 있는 그대로 표현하지 않고 자의적인 내용으로 현실을 왜곡하는 언어는 다양하게 나타난다.

어떤 행동이 이루어지는 과정을 명사화로 표현하면 변할 수 없는 것처럼 마치 확정된 것처럼 표현되기 때문에 왜곡의 하나일 수 있다.

"한미관계는 이제 소원한 조짐이 보인다"라고 말할 때 관계라는 명사를 사용하면 "관계가 정확하게 어떤 의미입니까?"라고 질문할 수 있다.

'사는 것이 왜 이렇게 힘들죠?'라는 상대방의 말 속에는 힘들다는 것을 전제하고 있다. '그러면 어떤 것이 구체적으로 힘들게 하는 것인지' 질문하므로 모든 것이 다 힘드는 것이 아니라 어떤 특정한 것이 힘들게 하는 것인지를 알 수 있다.

예를 들면 "당신 하는 것이 뭐 항상 그렇지"라고 야단치듯 말하는 사람에게 "항상 그렇다니, 구체적으로 무엇이 어떻게 되었다는 거야?"라고 구체적으로 전제하고 있는 가정에 대해서 도전하는 질문을 통해 항상이 아니라는 것과 자신이 사실에 대한 왜곡을 했다는 것을 인식시킬 수 있다.

대화 속에서 왜곡될 수 있는 것으로는 상대방 마음을 짐작하게 추측해서 말하는 경우다. 당사자가 말하기 전까지는 상대방이 무슨 생각을 하고 어떤 마음인지 정확히 알 수 없는 경우가 더 많지만, 상대의 마음을 임의적으로 해석해서 읽는 것은 사실을 왜곡할 수 있는 부분이 된다.

3) 일반화로 표현된 말에 대한 질문

일반화의 언어표현은 단정적으로 절대적인 입장에서 표현하는 예외를 인정하지 않는 우를 범할 수 있는 표현방식이다. 예를 들면 항상, 전부, 모두, 결코 아니다, 해야 한다, 틀림없다, 반드시, 꼭, 같은 단어로 표현되는 단어군들이다.

예를 들면 "당신은 항상 늦게 일어나요, 무조건 당신이 잘못한 거예요." 같은 것들이다.

4) 반대로 질문하기

일반화의 표현에 도전하는 질문은 그 진술을 뒤집어 질문하는 것이다.

예를 들면 위의 문장에 대하여 "일찍 일어난 적은 언제였지요? 구체적으로 어떤 것이 잘못한 거죠?" 등이다.

5) 단호한 질문대처법

단호하게 표현한 말 속에 충분한 근거가 있는지 없는지를 알아보는 방법으로 "만일 그렇지 않으면 어떻게 될까요?"라고 질문한다.

절대로, 나는 더 이상 포기할 수 없어요.

만약 당신이 조금만 포기한다면 어떻게 될까요?

6) 비교하는 질문대처법

예를 들어 "이 핸드폰은 최고입니다." 어느 것과 비교해서 최고라는 겁니까?

"이 핸드폰은 제일 쌉니다." 어느 곳과 비교해서 싸다는 겁니까?

라고 도전 질문을 함으로써 싸다는 근거를 제시토록 한다.

메타모델은 '신경언어프로그램' 분야에서 '밀턴모델'과 더불어 가장 중요한 개념 중 하나이다. 일반적으로 사람의 뇌는 외부에서 들어오는 방대한 양의 정보를 모두 처리할 수 없다. 그래서 유전적 혹은 환경적 영향으로 형성된 '표상체계', '프로그램', '태도', '신념', '가치관', '언어' 등등의 '체', '필터'를 통해 '일반화', '왜곡', '삭제'해서 처리를 하게 된다.

똑같은 사건과 상황 속에서 서로 다른 내용을 보거나 느끼게 되는 것도 이런 일반화, 왜곡, 삭제의 내용이 다르기 때문이다.

제4절 언어를 통한 표현법

1. 감정이입하여 말하기

3년 전 겨울에 나는 무주리조트로 스키를 타러 갔었습니다.

리프트를 타고 슬로프 위에까지 올라가서 활강연습부터 시작했습니다.

내 몸은 아래로 점점 내려가고 있었습니다.

도중에 속도가 너무 붙어 쾅 하고 넘어졌습니다.

1) 위의 문장을 마치 찻집에서 만난 친구에게 이야기하듯 아주 자연스러운 회화조로 이야기해 본다.

2) 다음에 이야기의 내용을 동작으로 표현한다는 생각으로 제스처를 넣어서 이야기해 본다.

3) 위의 문장을 가능한 한 즐겁게, 기뻐서 참을 수 없다는 느낌으로 웃으면서 말해 본다.

4) 이번에는 분노의 감정을 넣어 화를 내면서, 고함을 치는 듯한 느낌으로 말해 본다.

5) 다음은 위 문장에 슬픈 감정을 넣어 울면서 말해 본다.

6) 마지막으로 몹시 놀란 느낌으로 말해 본다.

2. 대화예절

대화는 그 사람의 품위, 교양을 나타내 준다고 한다. 품위 있는 사람이라고 생각하다가도 대화를 나누는 순간 실망하게 되는 경우가 있다. 또 윗분에게는 정중한 말을 사용하지만 동료와의 대화에서는 버릇없는 행동을 해 인상을 흐리게 하는 경우도 있다. 비즈니스의 세계에서는 언어의 사용이나 대화로 기업의 이미지를 평가하는 경우가 자주 있다. 항시 어떠한 상대에게도 정중하고 인상 깊은 대화가 될 수 있도록 노력해야 한다.

1) 말하는 목적

① 즐겁게 한다.

② 설득한다.

③ 알린다.

④ 납득시킨다.

⑤ 인상에 남는다.

⑥ 행동을 일으킨다.

2) 말하는 기술

① 상대가 누구인지, 무엇을 위해 말하는지 확실히 알고

② 밝은 음성, 밝은 표정으로

③ 듣는 이의 입장을 중요시하며 정확하게

④ 이해하기 쉽고, 기분 좋게

⑤ 상대방의 관심사에 초점을 맞춘다.

3) 풍부한 대화를 위한 화제 찾기

① 직접 체험한 일이 설득력 있다.

② 감성의 안테나를 항상 세워둔다.

③ Mass Media 등 화제의 보도자료를 이용한다.

4) 대화의 태도

① 탁구경기라고 생각하라.

② 품위 있게 말하라.

③ 혼자만 이야기하지 마라.

④ 자연스럽게 이야기하라.

⑤ 상황에 맞는 적절한 표현을 사용하라.

⑥ 입으로만 이야기하지 마라.

⑦ 노래하듯이 가다듬어 이야기하라.

⑧ 여유를 가지고 이야기하라.

⑨ 장사꾼처럼 이야기하지 마라.

⑩ 상대의 기분을 좋게 만들어라.

5) 기본자세

① 눈

　듣는 사람을 정면으로 보고 경청

　상대방의 눈을 부드럽게 주시하면서

② 몸

　표정 : 밝게, 눈과 표정으로 말한다.

　자세 : 등을 펴고 똑바른 자세

　동작 : 제스처 사용

③ 입

　어조 : 입은 똑바로 정확한 발음, 자연스럽게, 상냥하게

　말씨 : 알기 쉽게, 친절한 말씨, 경어

　목소리

　빛깔 : 한 톤 올려서, 적당한 속도, 맑은 목소리

　크기 : 적당히

④ 마음

　성의와 선의를 가지고

6) 호감을 느끼지 못하는 말하기

① 변화가 없고 신선미가 결여된 경우

② 소문이야기나 험담만 하는 경우

③ 자기 이야기만 하는 일방적 행위

④ 끊임없이 이야기한다.

⑤ 전문용어, 외래어 남발

⑥ 너무 낮거나 높은 음질, 음량

⑦ 좋지 못한 말버릇

⑧ 과장된 몸짓

7) 경어의 종류와 사용법

경어는 상대방에 대해서 친밀감과 존경을 포함한 심정을 말로써 표현한 것이라고 할 수 있다. 그 점에서 어긋나면 상대방에게 불쾌감을 주기도 하고 오해를 초래하기도 한다. 그렇다고 해서 말씨를 조심하느라 친밀감을 잃는다든지 심중으로부터 상대방을 존중할 기분이 없는 말로만 해서는 오히려 상대방과 서먹서먹해질 것이다.

때와 장소에 따라 상대방과 알맞은 경어를 쓰면 허물없는 심정의 좋은 인간관계를 맺는 것이다.

① 존경어란?

상대방 및 상대에 관계있는 사람이 동작이나 소지한 물건에 대해 존경해서 하는 말

가. 동사

- 합니다. : - 하십니다.

- 됩니다. : - 되십니다.

- 특별한 말씀 : 오셨습니다, 말씀하셨습니다.

나. 명사 : 귀사, 선생님

② 겸손어란?

자기 자신이나 자신과 관계있는 사람에 관해서 낮추어서 하는 말

가. 해드리겠습니다, 부탁드리겠습니다.

나. 특별할 말 : 후사, 촌지, 근정

다. 우리들 - 저희들

③ 정중어란?

상대방에게 정중한 기분을 표하기 위하여 상황에 관해서 하는 말

가. 입니다, 그렇습니다, 계십니다.

나. 특별한 말 : 자리를 뜨십니다, 손을 씻으십니다.

다. 우리들 - 저희들

8) 경청예절

경청은 설득보다 강하다. 경청이란 상대방의 말에 무조건 동조하는 것이 아니라, 인격을 존중하는 마음으로 억양, 표정, 제스처를 살피면서 상대방의 말 속에 담긴 마음이나 기분을 진심으로 이해하려는 노력을 말한다.

0 실천가이드

1. 스피치훈련

1) 얼굴 근육을 풀어 유연성을 길러라.

손으로 양 볼을 감싸고 상하좌우 반대로 움직여준다.

양쪽 눈 옆에 손을 갖다 대고 눈꼬리를 치켜 올리거나 내려본다.

눈과 눈썹도 최대한 위로 올렸다 내린다.

눈코입을 최대한 모았다가 무엇엔가 깜짝 놀란 듯 최대한 눈코입을 키워본다.

입꼬리도 손으로 끌어올리면서 최대한 웃어보자. '하하하' 하고 큰소리로 웃어보아도 좋다.

입을 상하좌우로 최대한 삐죽대고 원을 그린 다음, 혀를 말아서 이 닦듯 혀로 치아를 골고루 쓸어준다.

마지막으로 입에 나무젓가락을 물고 '가갸거겨'부터 '호효흐히'까지 발음해 준다.

2. 발음 완전정복

: 이중모음과 받침을 특히 신경써서 연습한다.

걸어다니면서 간판과 표지판 등을 소리내어 읽는다.

: ㅎ 발음을 살려준다.

원활한-워나란/원활한

영화배우 알랭들롱의 동생 '알랭들롱 롱들 들롱' 씨는 잣 찹쌀죽과 풋 콩쌀죽으로 만든 풋 팥찐빵과 풋 밤찐빵을 먹으며 상반기 결산을 했다고 합니다.

일월에는 북창동 장국집 옆 북창운동장에서 북창동 국밥집 장국밥 값을 갚고, 이월에는 북창동 국밥집 옆 국밥값을 갚았다고 합니다.

그러나 북창동 국밥집 옆 장국밥 집주인이 먼저 외상값을 요구해 북창동 국밥집 옆 장국밥 집 장국밥값은 아직 못 갚았다고 합니다.

이에 북창동 국밥집 옆 장국밥 주인은 장국밥 값을 받기 위해 서울 경찰청의 창문 쇠철창살이 녹슨 쇠철창살인지, 녹 안 슨 쇠철창살인지 알면 외상값을 갚지 않아도 된다고 말하자, 결국 내년에 갚겠다고 했습니다.

소중한 만남을 위한 이미지 컨트롤

0
Chapter

○ **Objective**

---

01 한 번 형성되면 바꾸기 어렵다는 첫인상. 첫인상의 형성요인에 대해 알아보고 자신의 자세, 인사, 표정, 용모복장을 점검한다.

02 자신의 내적 스타일과 외적 스타일에 맞는 퍼스널 컬러를 파악하고 바르게 활용할 수 있다.

03 작은 액세서리, 스카프, 넥타이 등 디테일 이미지에 관해 알아보고 선택법을 비롯하여 넥타이 매는 법, 스카프 활용하는 방법을 익힌다.

제1절 이미지 경영

1. 임금님의 초상화

옛날 한 나라에 오른쪽 눈만을 가진 임금님이 있었다.

역대 여느 왕들처럼 근사한 자신의 초상화를 갖고 싶었던 임금님은 나라 안의 모든 화가들을 불러 자신을 그리도록 명하였다.

하지만 매번 초상화 속에는 초라한 외눈 임금이 있을 뿐 위풍당당한 모습은 어느 한 군데도 찾아볼 수 없었다.

자존심이 몹시 상한 임금님은 화가들을 죽여버리며 제대로 자신을 그려줄 화가를 기다렸다.

마침내, 임금님이 흡족한 초상화를 공개했을 때 백성들은 하나같이 무릎을 쳤는데, 그림 속에는 오른쪽으로 앉아 창을 내다보는 임금님이 품위 있게 그려져 있었다.

이미지메이킹의 본질을 단적으로 표현한 인상적인 이야기이다.

남들에게 보여지는 이미지를 최상으로 나타내기 위해서는 어떻게 해야 하는지에 대한 질문을 많이 받는다. 어려운 질문이지만, 대답은 아주 간결하다.

최상의 이미지란 가장 '자신다운' 이미지이다.

여기서 말하는 자신다운 이미지란 지금 보여지는 상태 그대로이거나 꾸미지 않았다는 뜻이 아니라, 흔히 말하는 '답다'라는 말 속에 주어진 상황 혹은 역할과 어울리는 특징이 보인다는 긍정적인 뉘앙스가 담겨 있다.

결국 '자신다운' 이미지란 현재 자신의 사회적인 위치나 연령, 개인적인 성향까지 반영한 다듬어진 실제모습을 의미하는 셈이다.

최상의 이미지 연출은 자신감에서 비롯된다. 인간이면 누구나 장점과 단점을 고루 가지고 있다. 키가 크면 훤칠해 보이기도 하지만 왠지 싱거워 보일 수도 있고 반대로 키가 작은 사람은 한결 다부지고 귀여워 보일 수 있다.

중요한 것은 단점보다는 장점에 더 관심을 기울이고 계발하여 최대한 부각시켜야 한다는 점이다.

한쪽 눈의 왕은 어쩌면 우리 모두의 모습이다.

훌륭한 이미지란 결코 만들어진 것이 아닌 만들어 가는 사실이라는 점을 되새기면서 거울 앞에서 자신의 장점을 찾아 적극적으로 표현해 보길 바란다.

2. 이미지란 무엇인가?

당신이 알고 있는 한 사람을 떠올려보자. 그 사람의 이름과 함께 선명하게 떠오르는 것들이 있을 것이다. 얼굴생김새, 표정, 말씨, 음성, 옷차림, 걸음걸이와 함께 있을 때의 느낌, 성격 등등…. 이렇게 수많은 생각들이 하나의 형체를 만들어, 우리 나름의 사고·취향에 따라 만들어진 생각의 덩어리, 특유한 감정, 고유의 느낌, 이것이 바로 '이미지'이다.

3. 이미지 형성요소

이미지 형성요소는 보이는 것(55%-외모, 몸짓, 움직임 등), 들리는 것(38%-음조의 변화, 높낮이, 목소리), 말의 내용(7%)이 차지한다.

이러한 이미지를 좋게 만드는 간단한 방법은 바로 미소이다. 미소는 "나는 당신을 좋아해요. 당신은 나를 행복하게 만들어줍니다. 뵙게 되어 반갑습니다"라고 말하는 것과 같다.

위선적인 미소는 지어서는 안된다. 그런 미소에 속을 사람은 없다. 그것이 형식적인 미소라는 것을 알기 때문에 우리는 그 미소를 받아들이지 않는다. 미시간대학의 제임스 매코넬 심리학 교수는 미소에 대한 그의 느낌을 이렇게 표현하고 있다. "미소를 지을 줄 아는 사람들은 경영이나 가르치는 일이나 세일즈를 보다 효과적으로 할 수 있으며, 아이를 더욱 행복하게 기를 수 있다. 찡그린 얼굴보다 미소 띤 얼굴이 더 큰 의미가 있다. 따라서 벌을 주는 것보다는 격려해 주는 것이 훨씬 더 효과적인 교육방법이다."

제2절 자세, 인사, 표정, 용모복장

1. 자세

영화 '금발이 너무해'에는 157cm의 작은 키, 두 아이의 엄마임을 증명하듯 적당히 붙은 군살. S라인급 배우가 아님에도 불구하고 모든 단점들을 단번에 제압해 버리는 할리우드 여배우가 있다. 바로 다름 아닌 금발이 아름다워 너무한 리즈 위더스푼이다. 영화 "금발이 너무해"의 '엘 우즈'는 언제나 당당하고 자신감 있는 하이힐 워킹을 선보이며 시선을 집중시켰다. 자신감만큼 훌륭한 재산이 어디 있을까? 타고난 몸매가 없다고 기죽어 있는 당신, 대한민국 표준체형임에도 불구하고 다이어트의 압박을 느끼는 당신, 모델처럼 걸으라고 한다. 그러면 다이어트뿐만 아니라 자신감까지 갖게 된다고 한다.

1) 모델워킹 따라 잡기

길고 가느다란 팔다리로 패션쇼장의 로드를 걷는 모델들. 허리와 엉덩이를 유연하게 흔들며 걷는 그 모습이 마치 품위 있는 걸음걸이의 페르시안 고양이를 연상시킨다고 해서 모델들의 워킹을 '캣워크(Cat Walk)'라고 부른다. 일반인도 저렇게 우아하고 멋지게 걸을 수 있을까?

일반인들이 따라할 수 있는 모델워킹방법은 다음과 같다.

① 당당하게 걸어라

허리를 구부정하게 하고, 어깨를 축 늘어뜨리고 다닌다면 아무리 뛰어난 매력의 소유자라도 절대 멋있게 보이지 않는다. 구부정한 자세의 모델이란 상상할 수도 없다. 일단 허리를 펴고, 긴장감을 주어 배를 집어넣는 것이 중요하다. 바른 자세를 익히기 위해서는 집에서 벽을 이용하는 것이 좋다. 벽에 등을 붙이고 허리와 벽 사이에 손 하나가 들어갈 만큼의 공간을 확보할 때까지 어깨와 허리, 등을 죽 펴서 자세를 취해 보라. 자연스럽게 힙도 올라간다.

② 자연스럽게 걸어라

걸으면서 손을 어디에 두어야 할지 고민이라면 먼저 자연스럽게 움직여라. 모델들도 워킹을 처음 시작하는 경우, 팔꿈치에 힘을 주고 로봇처럼 움직이는 경우가 많은데, 정말 어색하다. 팔은 구부리지 말고 중력에 맡긴 듯 아래로 떨어뜨린 후, 손바닥이 허벅지를 스치도록 팔 전체를 자연스럽게 흔들어준다. 전문 모델들은 앞쪽으로 45도, 뒤쪽으로 15도 정도가 이상적이지만 일반인은 앞으로 25도, 뒤로 15도 정도의 폭이 적절하다.

③ 여유 있게 걸어라

허둥지둥 급하게 걷다보면 다리보다 상체가 먼저 앞으로 나가게 된다. 몸을 일직선으로 곧게 편 상태에서 다리가 움직이면 상체가 따라가는 느낌으로 걷는다. 무릎과 무릎이 살짝 스치듯 걸으면서 발의 진행 방향을 일자로 만들어준다. 어느 한 발가락에만 무게중심을 싣지 않도록 다섯 개의 발가락에 힘을 고르게 분배시킨다. 엄지발가락으로만 지탱하면 안짱다리, 새끼발가락으로만 지탱하면 팔자걸음이 된다는 사실에 유의하자.

④ 뻔뻔하게! 통쾌하게 걸어라

땅만 쳐다보고 걷는 사람, 혹여 다른 사람과 시선이 마주칠까 두리번거리는 사람일수록 뻔뻔하게 걸을 필요가 있다. 걸을 때는 항상 정면을 응시하고 고개가 좌우로 비뚤어지지 않게 유의한다. 턱을 들어 올리는 것이 아니라 뒷목을 당기는 느낌으로 턱선을 당겨준다. 모델처럼 자신감 있는 표정연기는 옵션. 처음에는 어색해도 뻔뻔하게 은은한 눈빛, 섹시한 눈빛 등 모델처럼 표정을 지어보자. 어느 순간 워킹으로 달라진 자신의 모습을 발견하게 될 것이다.

2) 동작을 아름답게 보이려면

① 등줄기를 편다.
② 손가락은 가지런히 한다.
③ 동작은 하나하나 끊어 연결한다.
④ 동작의 시작은 보통 속도로 하고 되돌릴 때는 천천히 한다.
⑤ 반드시 시선을 마주한다.
⑥ 45° 각도에서 상대방을 향한다.

3) 서 있는 자세

① 여성

발을 V자 모양으로 해서 오른발을 약간 앞쪽으로 내민다.
무릎은 힘을 주어 붙인다.
엉덩이는 힘을 주어 위로 당긴다.
배는 힘을 주어 앞으로 내밀지 않도록 한다.
등줄기는 꼿꼿이 편다.

가슴을 쭉 편다.

어깨는 힘을 빼어 내린다.

턱을 당긴다.

팔은 가볍게 굽혀서 오른손을 위로 하여 왼손과 가볍게 포개어 쥔다(이때 엄지손가락은 굽힘).

② 남성

발끝을 V자 모양으로 조금 벌린다.

(양발 사이를 약간 벌릴 수도 있다-주먹 하나 들어갈 정도)

양손은 계란을 잡듯이 자연스럽게 주먹을 쥐고 바지 옆 라인에 둔다.

(상황에 따라 여성과 같이 손을 포개어 쥘 수도 있는데, 이때 남성은 왼손을 위로 한다.)

나머지 기본자세는 여성과 동일하다.

4) 앉는 자세(여성의 경우)

① 앉을 때

의자 앞에 균형 있게 선다.

한쪽 발을 뒤쪽으로 당기면서 같은 쪽의 손으로 스커트를 가볍게 잡고 어깨 너머로 의자를 보고 깊게 앉는다.

양발을 모아 앉은 자세를 정한다.

발을 가지런히 한다.

② 일어설 때

양발을 당긴다.

안쪽 발을 내밀면서 무릎의 힘으로 일어난다.

서는 자세를 바르게 취한다.

5) 앉아 있을 때

되도록 의자의 왼쪽부터 앉는다.

의자 깊숙이 허리와 가슴은 펴고 안정되게 앉는다.

두 무릎은 단정히 모아 붙이고 두 손을 무릎 위에 놓는다.

등받이와 등 사이는 주먹 1개 정도의 간격을 두고 앉는다.

6) 걸음걸이

① 여성의 경우

턱을 당기고, 나아갈 방향을 똑바로 본다.

가슴을 펴고, 등을 똑바로 세운다.

발끝·발바닥·발뒤꿈치 순으로

좌우 발은 평행으로 하여 일직선으로 옮긴다.

시선은 눈높이로, 엉덩이를 위로 하여

하이힐인 경우 보폭은 작게 걷는다.

양손을 자연스럽게 내려 걸음걸이에 맞추어 흔든다.

뒤꿈치를 끌거나 꺾어 신지 않도록 유의한다.

한 줄의 선 위를 걷는 것처럼 걷는다.

'허리'로 걷는 듯한 기분으로

발바닥으로 숨을 쉬듯이

밑을 향해 걷지 않는다.

② 남성의 경우

등을 곧게 세우고 어깨의 힘을 뺀다.

무릎을 곧게 펴고 배를 당기고 중심을 허리 높이에 둔다.

턱을 당기고 시선은 자연스럽게 앞을 본다.

걷는 방향이 직선이 되도록 한다.

복도나 로비에서는 통행에 방해가 되지 않도록 한다.

③ 피해야 할 자세

의자에 기댄 채 몸을 흔든다.

책상의자에 다리를 꼬고 앉아 신발은 반만 걸치고 흔드는 자세

책상의자에 비스듬히 앉아 일하는 자세

책상이나 서류함에 걸터앉는 자세

양손을 주머니에 넣은 채 걷는 자세

이쑤시개를 입에 넣은 채 걷는 자세

담배를 피우거나 커피를 마시면서 일하는 자세

남이 보는 데서 화장을 고치거나 무릎을 벌리고 앉는 자세

사적인 통화가 잦고 긴 경우

기지개를 켜거나 하품을 할 경우

귀를 후비거나 손톱을 깎는 경우

7) 물건 · 방향을 가리킬 때

① 방법

손가락을 모아 손바닥 전체로

손등이 보이거나 손목이 굽지 않도록 하고

팔꿈치의 각도로 거리감을 나타내고

시선은 상대의 눈-가리키는 방향-상대의 눈 순서로

오른쪽을 가리킬 때는 오른손, 왼쪽은 왼손

② 기본자세

등줄기는 꼿꼿이 편다.

지시할 경우 상체를 약간 구부린다. 이때 등이 굽어지지 않도록 주의한다.

팔은 겨드랑이와 주먹 하나 들어갈 정도로 벌리고 팔꿈치는 90도 각도를 기본으로 하며 거리가 멀어질수록 팔꿈치의 각도를 달리한다.

8) 물건을 주울 때

양다리는 붙이고 깊이 앉았다 일어선다.

9) 물건을 건네줄 때

① 방향은 상대에게
② 건네는 위치는 가슴과 벨트 사이에서 두 손으로
③ 웃는 얼굴로
④ 상대의 눈-물건-눈으로 시선을 이동

10) 엘리베이터에서

타기 전에 "몇 층입니다"라고 말하고 문을 잡고 승강하는 것을 도와야 한다. 오픈 버튼을 눌러 상대방이 내리도록 돕는다.

2. 인사

1) 인사의 정의

인사는 예절의 기본이며, 인간관계의 시작이다. 상대방에 대한 서비스정신의 표시이며, 윗사람에 대한 존경심이며, 자신의 인격을 표현하는 최초의 행동이다.

이 세상에서 가장 소중한 사람은 누구인가? 바로 자신이다. 자신의 내면적 가치를 존중받고 싶으면, 먼저 상대방을 존중하는 마음을 행동으로 표현해야 한다. 인사란 마음의 문을 열고 상대방에게 다가가는 것으로 '먼저 인사하는 사람'은 대인관계에서 '자신감 있는 사람'이라고 한다.

2) 마음가짐

정성과 감사하는 마음으로!

예절바르고 정중하게!

밝고 상냥한 미소로!

진실을 담은 자세로!

3) 인사의 포인트와 요령

5포인트	요령·효과
○ 내가 먼저 ○ 상대방의 눈을 보고 미소를 지으며 ○ 상대방에게 맞춰서 ○ 큰소리로 명랑하게 호칭을 부르며 ○ 지속적으로 한다.	○ 대화의 주도권을 잡는 것은 당신 ○ 매혹적인 Eye Contact ○ 상대방의 마음을 사로잡도록 ○ 용기를 갖고 ○ +적인 인간관계를 풍부하게

4) 인사의 종류

① 15° 인사 : 목례

　　가장 가벼운 인사

　　자주 만나거나 복도나 실내 등 협소한 장소에서 마주칠 때,

　　상대방에게 접근 시, 기다리게 할 때 등의 인사자세

　　출입문 통과 시, 앞을 지나칠 때

　　속도는 1에 빨리 숙이고, 2, 3에 걸쳐 천천히 고개를 든다.

　　인사말은 "실례합니다." "네 잘 알겠습니다." "죄송합니다."

　　"잠시만 기다려주시겠습니까?" "오랫동안 기다리셨습니다." 등

② 30° 인사 : 보통인사

　　일반적인 인사

　　상대방에게 일반적인 인사자세로 "안녕하십니까?" "어서 오십시오." "감

　　사합니다."

속도는 1에 빨리 숙이고 2에 잠시 멈추고 3, 4에 걸쳐 천천히 고개를 든다.

③ 45° 인사 : 정중한 인사

상대방 영접, 송영, 감사, 사과할 때

일반적인 인사에서 정중함을 나타내는 인사법으로

"죄송합니다." "감사합니다." "안녕히 가십시오." 등에 사용한다.

속도는 1, 2에 숙이고 3에 멈추고 4, 5에 걸쳐 일어난다.

5) 인사하는 요령

① 상대를 향해 선다.

시선 : 상대의 눈을 본다.

발 : 발꿈치는 서로 붙이고 양발의 각도는 30°가 되도록 한다.

가슴, 등 : 자연스럽게 곧게 편다.

어깨 : 힘을 뺀다.

손 : 자연스럽게 오른손이 위가 되도록 하고 두 손을 앞으로 모은다(여성의
경우).

입 : 인사말을 한다.

② 상체를 굽힌다.

등과 목 : 반듯이 뻗어 턱이 나오지 않도록

배 : 끌어당긴다.

허리부터 굽힌다.

시선 : 각도에 따라 2m 정도 앞을 본다.

③ 잠시 멈춘다.

④ 천천히 든다.

상체를 숙일 때보다 천천히 든다.

⑤ 똑바로 선다.

시선은 상대의 눈을 본다.

웃으며 안부를 묻고, 인사말을 한다.

6) 인사하는 시기

① 아침인사는 먼저 보는 사람이

내가 먼저 주위 사람들에게 밝고 친절하게 인사한다.

어떤 특정한 상사나 동료에게만 하지 않고 모든 사람에게 한다.

망설이지 말고 내가 먼저 적극적으로 인사한다.

7) 좋지 못한 인사

할까 말까 망설이는 인사

고개만 까닥하는 인사

무표정한 인사

Eye-contact 없는 인사

말로만 "안녕하세요." 하는 인사

분명하지 않은 형식적인 인사

3. 표정

밝은 표정과 미소, 명랑한 음성은 좋은 음악과도 같다. 풍부한 표정은 타고나는 것이라기보다는 연습을 통해서 가꿀 수 있는 것이다. 스마일을 익히기 위해서는 눈 주위, 입 주위 근육운동이 중요하다. 매일 조금씩 시간을 내어 연습해 보자.

1) 눈썹

① 찡그린 표정의 눈썹을 만들어본다.

② 웃을 때 표정의 눈썹을 만들어 본다.

③ 손가락을 수평으로 눈썹에 닿을까 말까 한 정도로 일자로 대고 눈썹만 상
하로 올렸다 내렸다 한다.

2) 눈, 눈두덩

① 조용히 눈을 감고, 마음을 안정시킨다.

② 반짝 눈을 뜨고, '오른쪽-위-아래-왼쪽'으로 굴린다.

③ 눈두덩이에 힘을 주어 꼭 감는다.

④ '①~②'를 반복한다.

⑤ 깜짝 놀란 표정으로 눈과 눈두덩을 올린다.

⑥ 곤란할 때의 표정으로 미간에 힘을 준다.

3) 입, 뺨

① 발음을 겸하여 '아-에-이-오-우' 하고 크게 입을 벌린다.

② 입을 다물고 뺨을 부풀린다.

③ '②'를 한 채 입을 좌우로 재빨리 반복적으로 움직이게 한다.

④ 입가를 옆으로 최대한 당긴다. 입술 내미는 것을 반복한다.

4) 턱, 코

① 아래턱을 오른쪽, 왼쪽으로 움직인다.

② 코를 단번에 쑥 올린다.

5) 표정훈련(Role/Playing) 반복, 연습

① 스마일 테스트

- 당신은 자신의 웃는 얼굴이 마음에 드십니까?

- 당신의 웃는 얼굴에 대해 남의 칭찬을 받은 적이 있습니까?

- 당신은 웃었을 때 자신의 입 모양과 치아에 자신이 있습니까?

- 당신의 이는 하얗고 윤이 나고 있습니까?

- 웃을 때 입에 손을 대는 버릇이 있습니까?

- 사진을 찍을 때 자연스럽게 웃는 얼굴을 취할 수 있습니까?

- 웃는 얼굴은 건강을 위해 좋다고 생각하십니까?

- 자신의 웃는 얼굴을 바꾸고 싶은 생각이 있습니까?

② 3분 스마일 훈련

- '하' 소리내기 : 큰소리로 '하' 하고 두 번 소리를 낸다.

- '히' 소리내기 : 큰소리로 '히' 하고 두 번 소리를 낸다.

- '후' 소리내기 : 큰소리로 '후' 하고 두 번 소리를 낸다.

- '헤' 소리내기 : 큰소리로 '헤' 하고 두 번 소리를 낸다.

- '호' 소리내기 : 큰소리로 '호' 하고 두 번 소리를 낸다.

③ 웃는 얼굴

- '위스키~' 하며 입 모양을 끝까지 유지한다.

- 아름다운 웃는 얼굴을 만들 수 있었습니까?

- 살며시 웃는 듯한 상태에서 입의 양 꼬리를 좀 더 올리고 눈웃음치듯 눈언저리에 변화를 주어 연습한다.

6) 웃는 얼굴 만드는 연습

① 두 집게손가락을 입꼬리에 대고 천천히 위로 당겨 올린다.

우선 작게 웃는 얼굴을 만들어보자. 얼굴의 다른 부분은 긴장을 풀고 입꼬리의 위치나 입술의 상태를 잘 점검한다.

10초간 이 상태를 유지한 후 긴장을 풀어준다.

② 이번에는 보통으로 웃는 얼굴까지 손가락으로 입꼬리를 당겨 올린다. 웃

는 얼굴을 만들 필요는 없지만 자연스럽게 웃는 얼굴이 되는 것은 상관 없다. 얼굴의 다른 부분은 긴장을 풀고 10초간 그 상태를 유지한다.

③ 같은 방법으로 크게 웃는 얼굴을 만든다. 입꼬리의 위치는 눈동자의 중심에서 내린 선상이다. 10초간 유지한다.

④ 광대뼈를 따라서 손가락을 대고 웃는 얼굴을 하거나 긴장을 풀어서 손가락으로 근육의 움직임을 확인한다.

매일 연습하면 나날이 웃는 얼굴로 변해가는 자신을 느낄 수 있다.

⑤ 마지막으로 긴장을 풀고 정리운동으로 매듭짓는다.

우선 자신이 좋아하는 웃는 얼굴을 만들어보자.

- 좋아하는 연예인이나 멋지게 웃는 얼굴의 사진이나, 그림을 활용해 따라하는 것도 좋은 방법이다.

4. 용모복장

1) 센스 있는 옷차림

단정하고 세련된 복장은 직장인으로서 바른 행동의 기본이며 겉으로 드러나는 인품이다. 그러나 우리나라의 직장인에게 있어서 매일 입는 양복이나 기타 소품에 대한 학습이나 비즈니스에 적합한 옷차림을 연구하여 조화 있고 개성과 품위 있는 차림새를 가꾸는 시도가 아직은 생소한 실정이다. 그러다 보니, 어떤 세대의 경우에는 유행의 선도자식의 지나친 패션추구로 인하여 비즈니스맨의 격조나 무게 등을 상실하는 경우가 있는 반면에, 옷의 기능을 몸의 보온과 가리개라는 기본적인 기능 위주로만 이해하여, 시대에 뒤떨어진 구식옷을 입음으로써 정체된 회사 이미지를 느끼게 하는 사람도 있다. 그러므로 직장은 개성이나 유행에 민감하지 않으면서도 품위 있고 격조 있는 옷차림을 유지해야 한다.

2) 수트 코디네이션

수트의 가장 기본적인 색상이라면 우선 전통적인 청색과 회색이 있다. 청색양복과 흰 드레스 셔츠에 붉은색 타이는 한때 세계적으로 성공한 남자들의 상징으로 여겨질 정도였다.

① 컬러 코디네이션의 기본은 서로 대비되는 색상을 배색하면 생기 있고 진취적인 인상을 준다는 것이다. 같은 계열의 색상을 진하고 연한 것끼리 배색하면 부드러우면서도 차분하고 다정한 이미지를 줄 수 있다.

② 청색 수트는 세미나의 주제발표나 브리핑 등 자신의 주장을 펼쳐야 하는 자리에 알맞은 색상으로 눈에 띄게 하려면 셔츠, 타이, 소품을 대비되는 색상으로 맞추고, 평범하게 묻혀야 하는 자리라면 같은 계열의 색으로 통일하면 된다.

③ 회색 수트는 부드러우면서도 세련되며 자신감 있는 느낌을 준다. 연령층에 관계없이 폭 넓게 입을 수 있다. 회색 수트에 검정타이를 매면 약식 예복이 될 수 있고, 밝은 회색 셔츠에 감색 타이를 매면 세련된 분위기가 된다. 이런 무채색은 어떤 색과도 무난하게 어울리지만 색을 너무 많이 섞는 배합의 옷차림은 곤란하다.

④ 검정색 수트는 원래는 약식 예복으로 입던 것이나 20C에 들어와서야 일반 비즈니스웨어로 수용되어 많이 입는 색상이다. 정중한 느낌을 주는 반면, 딱딱한 느낌을 줄 수 있으므로 부드러운 느낌의 배색이 중요하다.

⑤ 밤색 수트는 연한 베이지색부터 짙은 밤색 양복 모두가 따뜻한 느낌을 주는 색조들이며 아주 부드러운 인상을 준다. 가장 연출하기가 어려워 세련되지 못한 사회 초년생들은 피하는 것이 좋다. 어울리는 타이로는 같은 색 계열이나 적갈색에 가까운 빨강 등이 좋다. 그러나 파란색 계열의 타이는 부드러운 느낌을 깨므로 피하는 것이 좋다. 중요한 업무 보고나 심각한 논쟁을 피하고 싶을 때 입으면 좋은 효과를 거둘 수 있다.

3) 와이셔츠

흔히 와이셔츠라고 부르지만 이는 화이트 셔츠를 뜻하는 것으로 잘못된 용어이
며 드레스 셔츠가 올바른 용어이다. 드레스 셔츠에는 흰색, 분홍색, 노란색 등 여
러 가지 색이 있을 수 있는데 드레스 셔츠는 흰색 드레스 셔츠만을 뜻하는 협의의
셔츠이다.

서구에서는 전통 양복에 속옷을 별도로 입지 않고 바로 드레스 셔츠를 입는 것
이 일반화되어 있다.

우리나라와 일본의 남자들은 거의 다 셔츠 속에 러닝셔츠를 입는다. 그런데 이
러닝셔츠는 운동복 개념이므로 서양의 전통 양복 차림에는 어긋나는 것이다. 어떤
이유로 언제부터 러닝을 입고 드레스 셔츠를 입게 되었는지 정확히 알 수 없으나
아마도 동양의 가치관과 의관을 정중히 갖추는 전통에 의해, 우리나라에서는 러닝
셔츠를 드레스 셔츠 안에 입는 것이 일반화된 것으로 여겨진다.

① 소재

　고품질의 셔츠는 100% 순면이다. 면은 바람이 잘 통하고 땀흡수가 잘 되며
피부에 부드러운 촉감을 준다. 또 염색성이 뛰어나 화학섬유보다 색상이 곱
고, 선명하다. 단점은 쉽게 구겨져 다림질을 깨끗이 해야 하는 것이다.

② 와이셔츠 착용법

　- 넥타이로 목 언저리를 꼭 매며 깃의 맞춤이 V자를 만들어야 한다.

　- 선 자세에서 수트의 소매 아래로 셔츠의 소매 끝이 1.5cm 정도 보이는 것
이 적당하다. 이는 양복 소매를 더럽히지 않게 하기 위해서이다.

　- 셔츠 칼라는 수트 칼라 위쪽으로 1.5cm 정도 올라오는 것이 적당하다.
단정하게 보일 뿐 아니라 상의 깃을 더럽히지 않게 하기 위해서이다.

③ 얼굴형에 따른 셔츠의 선택

　- 둥근 얼굴의 라운드 칼라 : 둥근 얼굴이 더 강조되어 나쁘다.

　- 긴 얼굴의 롱 칼라 : 긴 얼굴이 더 강조되어 나쁘다.

- 목이 긴 체형의 로우 칼라 : 목이 비어 있다는 느낌이 든다.
- 짧은 목의 높은 칼라 : 자라목처럼 보일 수 있다.

4) 넥타이

넥타이는 비슷한 수트와 비슷한 드레스 셔츠를 입고 있는 직장인이 자신의 이미지를 가장 잘 전달하기 쉬운 것으로 개성 표현의 절대적인 도구라 할 수 있다.

① 타이를 고를 때는
- 수트의 색상을 기본으로 보고, 같은 계열의 색(긍정적인 느낌)이나 대비되는 색상(진취적인 느낌)을 고른다. 무늬가 요란한 것일 때에는 타이의 바탕색이나 무늬 중에서 한 가지는 수트의 색과 같은 계열의 색을 고른다.
- 자신이 없는 초보자는 전통적인 무늬(점, 줄, 페이즐리) 중에서 작은 무늬를 고른다.
- 소재는 가급적 좋은 것으로 한다.

② 타이의 색상
- 양복과의 보색관계를 응용하여 대조를 이루도록 한다.
  (회색양복 + 자주색 타이)
- 비슷한 계열의 색상으로 조화시킨다.
  (갈색양복 + 황갈색 타이)
- 대조와 조화를 적절히 혼합하는 악센트를 주는 것으로 가장 현실적이며, 표현의 폭이 넓다.
  (그린색 양복 + 짙은 녹색)

③ 넥타이의 종류 및 패턴
- 솔리드(무지)타이
  일반적으로 서양에서는 비즈니스용으로 인식하는 데 비해, 우리나라에서는 예술인용이나 경조사 때에만 사용하는 것으로 인식되어 있다. 무늬가 없는 만큼 소재에 신경을 써서 고급소재의 질감을 살려야 하며, 실크나 울

등이 아니면 사지 않는 것이 좋다.

- 줄무늬(레지멘탈, 스트라이프)

영국의 보병연대가 줄무늬를 도안한 레지멘탈, 군기의 모습을 따온 스트라이프 등이 있다. 일반적으로 가장 많이 사용하며 바탕색보다 진한색의 줄무늬가 안정적으로 보인다.

- 도트(물방울)

폴카 도트나 규칙적인 배열의 점무늬가 작을수록 세련되어 보인다. 무늬가 큰 경우 아주 감각적인 느낌을 주며 예복에 잘 어울린다.

- 페이즐리

올챙이 무늬, 아메바 무늬라고도 하는 이 무늬는 나이든 어른에게 어울리지만, 화려한 색상은 젊은 층도 맬 수 있다.

- 로열크레스트 무늬

타이 가운데 문양이 들어 있다.

④ 멋있게 타이 매는 법

- 플레인 노트

가장 평범한 모양으로 매듭의 크기가 제일 작고 캐주얼한 느낌이 많이 나며 보통 버튼다운 셔츠에 많이 맨다.

- 에스콰이어 노트

윈저 매듭과 플레인 매듭의 중간 크기로 가장 일반적인 모양으로 레귤러 칼라에 알맞다.

- 윈저 노트

윈저공이 고안해 낸 매듭법으로 매듭이 가장 크기 때문에 와이드 스프레드 칼라에 잘 어울리는 모양이다.

- 보 타이

우리가 흔히 나비넥타이라고 부르는 것으로 예복에 매는 타이, 하얀 수트일 경우에도 검정색의 보 타이를 매는 것이 전통이다.

5) 양말

갓 입사한 신입사원이 흔히 범하기 쉬운 실수는 양복 차림에 흰 양말이다. 흰 양말은 캐주얼용으로 양복차림에 흰 양말은 구두 대신 운동화를 신는 것과 다름없다.

6) 구두의 종류와 고르는 법

흔히 구두는 정장의 완성이라고들 한다. 당신을 쳐다보는 시선이 최후에 멈추는 곳이기 때문이다.

구두는 디자인이나 소재를 생각하기에 앞서, 발에 부담을 주지 않는 것이 가장 좋은 구두이다. 예복에는 검정색 구두가 기본이며 갈색, 자주색도 무난한 편이다.

격식을 차릴 때는 윙팁, 플레인토우, 몽크, 스트랩, 캐주얼한 경우에는 로우퍼, 샌들 슈즈 등이 어울린다.

제3절 컬러 스타일

1. 컬러 클리닉 시스템

컬러 클리닉 시스템이란 개개인이 지닌 사회적 요인(라이프스타일), 외적 요인(신체색상과 이미지), 내적 요인(심리적 · 감정적 · 생리적 상태)을 분석하여 그에 따른 색채진단을 통해 자신만의 아름다움과 건강을 동시에 클리닉하는 것으로 몸과 마음의 편안함과 보다 나은 삶의 질을 추구하는 데 목적이 있다.

2. 퍼스널 컬러

1) 퍼스널 컬러란?

퍼스널 컬러란 사람이 태어나면서부터 부여받는 고유의 색을 의미하며 피부색, 머리카락 색, 눈동자 색, 인자특성(혈액형, 얼굴형, 기질, 성격)의 영향을 받는다.

2) 퍼스널 컬러의 특징

① 얼굴색을 보완한다.
② 얼굴형을 보완한다.
③ 젊고 건강하게 보인다.
④ 자신만의 이미지로 자신감을 높인다.
⑤ 경제적인 효율성이 있다.
⑥ 차별화된 색채전문지식으로 활동영역을 넓힐 수 있다.

3) 4계절 이미지 분석

사람들의 이미지를 봄, 여름, 가을, 겨울의 4계절로 나누어 따뜻한 봄과 포근한 가을의 이미지는 Warm의 이미지를 갖고 있다고 한다. 반대로 활기차고 차가운 도시의 이미지는 Cool한 이미지라고 한다.

① 봄 사람

귀여우며 온화한 이미지

② 여름 사람

엘레강스한 이미지. 우아하며 낭만적이고 기품있는 이미지

③ 가을 사람

자연스러운 이미지로서 포근하고 편안하고 지적인 이미지

④ 겨울 사람

Cool한 이미지. 도시적이고 세련된 이미지. 강렬하며 섹시한 이미지

4) 4계절 유형 육안 측정법

첫째, 손바닥이나 손끝부분의 붉은 색소를 보면 차가운 피부는 핑크 빛의 붉은 색이고 따뜻한 피부는 노랑이 가미된 연 산호색으로 구분된다.

둘째, 뒷머리 밑의 두피 색과 손목 안쪽을 보면 희고 푸른빛을 지녔는지 노르스름한 아이보리 빛을 지녔는지에 따라 따뜻한 톤과 차가운 톤으로 구분된다.

셋째, 피부색, 머리카락 색, 눈동자 색 등을 사계절 신체색상에 따라 구분한다.

① cool : 여름, 겨울

찬 색은 모든 계열의 색에 푸른색, 흰색, 검은색을 기본 바탕으로 하는 색이다. 차가운 색도 모든 계열의 색이 다양하게 있지만, 비교적 흰 빛을 가진 부드러운 톤과 짙고 선명한 톤이 주를 이루어 정적이면서도 모던한 이미지와 깨끗하고 부드러운 이미지를 준다.

대표적인 색으로는 블루, 바이올렛, 마젠타, 핑크, 와인, 레드, 네이비블루, 아쿠아블루, 그레이 등이 있다.

② warm : 봄, 가을

따뜻한 색은 모든 계열의 색에 노란색을 기본 바탕으로 하는 색이다.

따뜻한 색에는 다양한 톤이 있지만, 비교적 선명한 톤과 짙은 톤이 주를 이루어 풍요롭고 생동감을 주는 이미지를 전달한다.

대표적인 색상은 레드, 오렌지, 옐로, 옐로그린, 그린, 올리브그린, 카키, 피치, 브라운 등의 색이다.

5) PCS 진단 프로세스

PCS 진단 프로세스는 개인 색채이미지를 과학적이고 체계적인 과정을 통해 객관적으로 분석하기 위한 색채진단체제이다. 퍼스널 컬러를 진단하기 위해 단계적으로 진행한다.

먼저 색채환경분석을 통해 내적·주관적 관점에 따라 구분하고 두 번째로 신체

색상에 따라 유형을 구분한다. 마지막으로 컬러진단 천에 의해 사계절 유형을 분석한다.

6) 좋아하는 색과 어울리는 색

① 좋아하는 색(내적, 주관적 관점)
- 개인적인 경험, 성격, 연령, 학력, 계층 등에 따라 달라지고 상황이나 기분에 따라 변화를 지닌 색이다.
- 개인의 성격과 기질에 따른 색채 선호
- 주변 환경이나 경험에 의한 기억의 색에 따른 색채 선호

② 어울리는 색(외형, 객관적 관점)
- 자신에게 어울리는 색은 개개인의 고유의 색인 신체색상에 따라 달라지며 이에 따라 어울리는 색과 피해야 할 색이 구분된다.

7) 기질적인 면과 컬러 활용

① Yellow를 좋아한다면 : 다혈기질(겨울의 차가움으로 화를 줄인다), 장기간 작업에서의 훌륭한 제안자로서 간혹 문제를 앝잡아보는 때가 있다.

② Red를 좋아한다면 : 담즙기질(가을의 이지적인 색으로 활달함을 보완한다.) 화를 잘 낸다. 생각해 보기 전에 참을성 없이 행동할 때가 있다.

③ Blue를 좋아한다면 : 우울기질(여름의 파스텔 톤으로 안정감을 찾는다), 세부적인 것에 관심이 많고 계획을 실천하는 데 능숙하다.

④ Green을 좋아한다면 : 점액기질(봄의 색으로 기운을 복돋아 할 일을 찾아 나선다), 때때로 무기력하며 앞으로 생길 일을 막연히 기다리는 편이다.

8) 나이에 따른 색채

태양의 주기에 따라 에너지의 형성이 다르게 되듯이 사람도 나이에 따라 선호

하는 색과 필요한 에너지가 달라진다. 아이들의 경우 에너지가 왕성한 시기로 활발하고 적극적이다. 이때 같은 에너지를 지닌 원색을 선호하게 된다. 반면에 나이가 들어가면서 자연스럽고 차분하게 가라앉는 색을 선호하게 되는 것은 같은 에너지를 지닌 색이 편하게 느껴지기 때문이다. 반면, 노인의 경우 원색을 선호하는 것은 색으로 부족한 에너지를 얻고자 하는 무의식적인 행동이다.

9) 컬러 드레이핑 진단

진단 전 준비사항
- 선탠이나 비타민을 비롯한 약물 복용 시에는 정확한 진단이 어렵다.
- 염색을 한 경우 머리카락 색을 흰 수건을 이용해 가려준다.
- 화장과 액세서리는 하지 않아야 정확한 진단이 이루어진다.
- 빛은 자연광이나 중성 빛으로 흐린 날이나 조명이 부정확한 경우 피한다.
- 상반신 이상 보이는 거울과 상체를 가릴 흰색 가운을 준비한다.

10) 자가진단법

피부의 색상을 판단하기 위해서는 먼저 피부색이 찬 색 계열인지, 따뜻한 색 계열인지를 구분한다. 구분방법은 피부바탕색, 눈동자 색, 두피색상, 머리카락 색상, 손목안쪽, 뒷목 밑의 피부색상을 보면서 푸른빛인지 노르스름한 빛인지를 먼저 구분한다. 손바닥이나 손톱 끝부분 색이 노르스름한 산호빛이면 따뜻한 계열이고, 핑크나 붉은 톤이 짙을 경우 차가운 계열이다.
① 1단계 : 자신의 옷장 문을 열고 즐겨 입는 옷과 좋아하는 컬러의 옷을 분류한다.
② 2단계 : 단색 의상을 얼굴에 가까이했을 때 어울린다는 생각이 드는 것과 어울리지 않는 색상을 분류한다. 그 구분은 얼굴색의 변화를 통해 본래의 피부색보다 환하고 얼굴형이 작게 보이거나 자신의 단점이 드러나지 않는 색상

의 옷을 분류한다. 무늬가 있는 옷은 바탕색의 주조색을 보고 테스트한다.

③ 3단계 : 어울리는 색상위주로 분류해 놓은 옷의 컬러들이 어떤 톤인지 체크한다. 노란빛과 황색빛이 도는 색이 어울리면 따뜻한 색이 어울리는 사람, 흰빛과 푸른빛이 어울리면 차가운 색이 어울리는 사람이다.

④ 4단계 : 마지막으로 가장 잘 어울리는 색의 의상에 맞게 메이크업 컬러를 선정하여 함께 이미지를 표현한다.

11) 립스틱 컬러로 테스트하기

평소 즐겨 사용하는 립스틱 색상이 오렌지, 브라운, 레드 계열의 색상인지, 핑크, 와인 계열인지를 구분하고 옅은 계열과 중간색 계열과 짙은 계열의 색 중 어떤 톤의 색을 가장 즐겨 사용하는지를 분석한다. 어울리는 색의 경우 얼굴빛이 환하게 변화하거나 생기 있어 보이지만, 그렇지 않은 것은 얼굴빛이 어둡고 칙칙하게 변화되거나 얼굴형이 커 보인다.

제4절　디테일 이미지

1. 안경테

성격이 부드럽고 추진력이 약한 남성에게는 부드러움을 강조하는 뿔테가 좋다. 반대로 얼굴형이 너무 둥글어 카리스마 있게 보이기를 원하는 남성에게는 날렵한 금속테가 좋다. 중년 남성이 안경테를 고를 때 주의 깊게 살펴야 할 부분은 안경테의 옆 라인. 귀에서 안경알까지 이어지는 안경다리 선에 장식이 많이 들어가 있으면 자칫 나이 들어 보일 수 있다.

옆 라인이 깔끔한 디자인일수록 세련돼 보인다.

금속테는 카리스마를, 뿔테는 부드러움을 강조한다. 얼굴형이 둥글거나 이목구비가 뚜렷하지 않아 전체적으로 부드러운 이미지의 남성이 계약을 성사시켜야 하는 상황이라면 금속테를 권한다. 이목구비가 날카로우면 뿔테로 얼굴 전체의 이미지를 커버할 수 있다. 금속테의 경우 금색은 따뜻한 느낌을 주고, 은색은 친근감을 준다. 사람을 많이 상대하는 딜러나 세일즈맨일 경우 차가운 이미지를 완화하는 금색이 은색보다 좋다.

2. 지갑과 벨트

가죽 중에는 오톨도톨한 질감이 느껴지는 것과 그렇지 않은 것이 있다. 마른 체격, 개인사업을 하는 남성에게는 질감이 느껴지는 것이 좋으며, 반대로 뚱뚱한 체격, 전문직 남성에게는 질감이 느껴지지 않는 것이 어울린다. 지갑과 벨트의 경우 검은색과 갈색은 기본으로 갖추도록 한다.

중년 남성에게는 접는 방식의 작은 지갑보다 장지갑이 품위 있다.

명함은 개인 용도와 사무 용도로 따로 제작하면 유용하다. 국제 비즈니스나 디너파티에서는 자신이 좋아하는 경구를 한 문장 담은 스타일 등 개인 용도의 명함을 건네면 돋보인다.

벨트의 경우 버클이 은색이라면 안경테와 시계도 같은 색으로 통일하는 것이 깔끔하다.

3. 가방

중년 남성 중에는 슈트 주머니에 소지품을 넣는 경우가 종종 있으나 이는 절대 금물이다. 시간 · 장소 · 상황에 맞게 가방을 선택하는 것이 중요하다.

우유부단한 성격의 남성에게는 사방 귀퉁이의 각이 똑 떨어지는 디자인의 서류가방이 자신의 약점을 커버해 주며, 부드러운 이미지를 추구하는 남성에게는 라인이 부드러운 디자인이 적당하다.

작은 손가방은 젊은 남성의 전유물이라는 생각을 버리고, 여행이나 운동할 때 들도록 한다. 특히 국내외 출장이 잦다면 여행용 가방은 세련된 디자인으로 장만한다.

4. 향수

중년 남성은 점잖고 '나이든' 향기를 선택하는 경향이 있다. 남성의 향기는 남성의 외관 나이를 결정짓는 데 중요한 만큼 시원하고 젊은 느낌을 주는 향기를 추천한다.

나무향, 귤향, 생강향 등이 좋다. 같은 향기의 스킨, 로션, 셰이브 밤을 선택해 향을 통일한다.

5. 라이터와 만년필

금색 소재보다는 검은색과 은색이 콤비를 이룬 것이 경쾌해 보인다. 라이터와 만년필을 같은 느낌으로 통일하는 것이 깔끔하다.

라이터의 경우 아무 무늬가 없는 것이 단정하며 가는 스트라이프 무늬도 좋다.

만년필은 특정 명품 브랜드만 선호할 것이 아니라 자신만의 개성을 담을 수 있는 디자인으로 신중히 고른다. 중년 남성의 경우 사인 용도로 만년필의 효용이 특히 높다는 것을 기억해야 한다. 만년필 대신 연필을 고집하는 외국인 최고경영자(CEO)는 나름대로 멋스럽다. 속이 들여다보이는 투명 만년필 등 의외로 다양한 디자인이 많다.

만년필을 구입할 때는 자신이 평소 즐기는 의복 스타일과 색상, 만년필을 쥐었을 때의 감촉 등을 모두 감안한다.

6. 다이어리

다이어리는 개인용과 미팅용으로 나누어 2개를 장만하는 것이 편하다.

특히 미팅용의 경우 감촉이 고급스러운 질감의 가죽은 상대방의 기선을 제압하는 효과가 있다. 다이어리도 심플한 디자인일수록 젊어 보인다.

7. 커프스 버튼

일반적으로 커프스 버튼과 넥타이핀의 디자인을 통일시키는 것이 원칙이다.

정사각형 모양은 지적인 느낌을 주고, 자연에서 모티브를 얻어 유연한 곡선미를 살린 '아르누보' 형태는 사교적인 이미지를 준다. 실버 소재가 세련돼 보인다.

8. 스타킹

스타킹이나 타이즈의 조화에 따라서 옷의 이미지가 상당히 바뀐다. 불투명 스타킹은 다리를 길어 보이게 하며, 스커트를 점잖게 보이게 할 수도 있으므로 적절히 활용한다.

또한 무늬가 있는 스타킹은 다리를 굵어 보이게 하며, 지나치게 화려한 색상의 스타킹은 점잖은 자리에서는 피해야 한다.

9. 스카프 연출

1) 사각형으로 접어 내기

삼각형으로 접은 후 양 끝부분을 살짝 접어 주름을 만든다.

삼각형이 앞으로 오도록 한 후 양 끝자락을 뒤에서 교차시키고 스카프 위에 매듭을 지어준다.

스카프 끝자락을 셔츠 안으로 넣어준다.

2) 주름 잡아서 연출하기

스카프 뒷 중앙을 잡아서 매듭을 진다.
앞으로 편 후 삼각형 모양으로 펴서 앞쪽으로 오게 하고 뒤에서 매듭 짓는다.
셔츠나 재킷 안으로 넣어준다.

3) 지그재그 부채 접기

정사각형의 스카프를 부채 접듯 지그재그로 접어준다.
(Tip) 촘촘하게 접을수록 모양이 예쁘다.
　　　목에 건 후 한쪽 스카프에 감아 위로 내고 한쪽은 감아 아래쪽으로 낸다.

4) 아코디언 접기 1

직사각형의 긴 스카프로 한쪽 스카프 끝에 매듭을 맨 후 매듭이 없는 쪽을 목에 둘러준다.
긴 쪽의 스카프를 반으로 접어 아코디언 접기를 하고 끝부분과 목부분을 당겨 준다.

5) 아코디언 접기 2

긴 스카프로 한쪽에 매듭을 짓고 다른 한쪽을 길게 목에 걸어준다.
긴 쪽의 스카프를 넓게 편 후 아코디언 모양으로 접어 목에 가까운 쪽을 1/3 정도 매듭 안으로 넣는다.
끝부분과 목부분을 동시에 당겨준다.
매듭부분을 목선에 넣고 주름을 정리해 준다.

6) 장미꽃 접기

정사각형 스카프를 넥타이형으로 접은 후 목에 걸어준다.

길이가 다르게 건 후 반매듭을 하고 서로 꼬아준다.

꼬아준 부분으로 고리를 만든 후 그 고리에 스카프 끝부분을 넣어준다.

꽃봉오리를 펼쳐주면 고정된다.

끝부분은 장미잎처럼 펼쳐준다.

(Tip) 긴 스카프로 한쪽을 길게 잡아 늘어뜨려도 좋다.

7) 밴드를 이용한 스카프 연출법

정사각형 스카프를 넥타이형으로 접은 후 목에 걸어준다.

두 개를 겹쳐 안쪽으로 봉우리를 만든 후 밴드로 묶어준다.

양 스카프로 봉우리를 덮어준다.

8) 어깨에 얹어 연출하기 1

정사각형 스카프로 삼각형 접기를 하여 어깨에 얹는다.

(Tip) 단순히 어깨에 얹는 스타일은 키가 작거나 뚱뚱해 보인다.

　　　목 쪽 스카프를 잡아 봉오리를 잡은 후 밴드로 묶어준다.

9) 어깨에 얹어 연출하기 2

긴 스카프를 펼쳐 어깨에 걸친다.

몸 쪽 스카프를 잡고 봉오리를 양쪽으로 밴드로 묶어준다.

봉오리를 목 옆선으로 돌려준다.

(Tip) 주름을 많이 보이게 하려면 스카프를 목까지 잡아당겨준다.

10. 넥타이 매는 법

1) 가장 기본적이 넥타이 매듭 법(Four in Hand Knot)

가장 기본적인 넥타이 매는 방법으로 넥타이를 뒤로 돌려 앞에서 오른쪽으로 돌려 감아 끼워 내린다.

매듭부에서 짧게 감기므로, 넥타이를 간단히 매거나 길게 맬 수 있어서 키가 큰 사람에게 권한다.

또한 두꺼운 원단의 넥타이에 적용할 수 있다.

착용 후 매듭 모양이 쉽게 비뚤어지는 것이 단점이다.

- 19세기 중엽 네크 웨어의 주류를 이루던 나비매듭에서 벗어나고자 하는 시도로 등장한 것
- 오늘날 세계적으로 가장 활용범위가 넓은 매듭법으로 애용되고 있으며, 우리나라에서도 윈저 노트 및 하프 윈저 노트와 함께 가장 선호되고 있는 매듭법
- 이 매듭법은 큰 날을 좌우 어느 쪽에도 걸지 않고 한 바퀴 반 감아 내려 매는 것으로, 포인트는 역삼각형 매듭 아래로 내려오는 큰 날의 시작부분을 자연스럽게 처리하는 것

응용범위가 상당히 넓어서 확실히 익혀둔다면 어떤 종류의 넥타이도 잘 맬 수 있을 것이다.

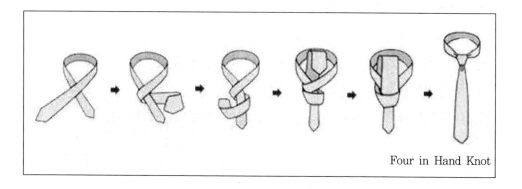

Four in Hand Knot

2) 윈저 노트(Winsor Knot)

넥타이를 단단하고 두껍게 착용할 수 있는 방법으로 넥타이를 뒤로 하여 오른쪽 목 끈에 돌려 감고 뒤로 돌리면서 왼쪽 목 끈에 돌려 감아 앞에서 오른쪽으로 돌려 끼워 내리는 것이다. 두꺼운 원단의 넥타이로 매기에는 적절치 않으나 매듭부를 삼각형으로 크게 하려면 괜찮다. 세계적인 베스트 드레서인 윈저 공이 창안한 너무도 유명한 넥타이 연출법. 큰 날을 좌우 한 번씩 걸어 한 바퀴 감아 내리는 방식으로 매면 되는데, 양쪽 걸린 부위의 조임이 균등한 상태를 유지하는 것이 중요하다. 특히 매듭 자체가 너무 커지면 품위가 떨어지므로 두툼한 넥타이를 이런 식으로 매는 것은 피하는 것이 좋다.

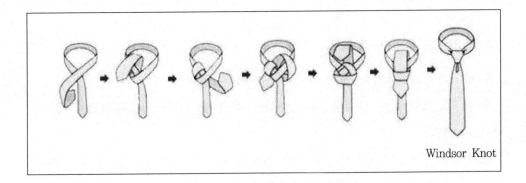

Windsor Knot

3) 더블 노트

좁은 넥타이의 매듭에 플레인 노트보다 좀 더 큰 볼륨감을 주고 싶을 때, 부드럽고 힘이 없는 넥타이를 멋진 모양으로 묶고 싶을 때 시도해 볼 만한 방법이다. 플레인 노트의 경우보다 대검을 한 번 더 돌려 두 번째 매듭이 보이도록 매는 것이 포인트다. 매듭이 세로로 긴 형태로 완성되기 때문에 축 늘어진 듯한 넥타이도 확실한 인상을 줄 수 있어 품위 있는 V-zone을 연출할 수 있다. 비즈니스 슈트에 살짝 매어준다면 센스 있는 사람으로 보일 수 있다. 매는 방법은 플레인 노트와 비슷한데 큰 날을 한 번 더 감아 내리면 된다. 결국 이중매듭을 만들어 첫 번째 감은 부분이 두 번째 감은 부분의 밑에 조금 나타나게 되는데, 이것이 풍요로움을 자연스럽게 표현하는 이 매듭법의 포인트. 약간 좁은 듯한 롱 칼라 셔츠에 잘 어울리며 개성적인 모습으로 자신을 연출하고 싶을 때 적합한 매듭법

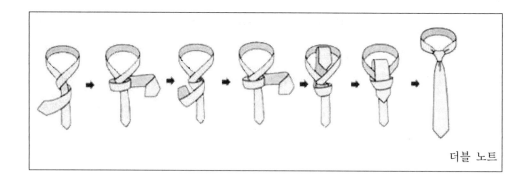

더블 노트

4) 블라인드 폴드 노트

Blind fold Knot, V-zone 내에서 넥타이를 확실하게 나타내는 매듭법이다.

플레인 노트로 묶은 대검을 다시 매듭의 뒷면에서 앞면으로 내려뜨려 매듭을 완전히 가린다.

극히 일반적인 코디네이션도 이 매듭법이면 완전히 다른 인상을 줄 수 있다.

V-zone에 뻗어 내리는 직선적인 볼륨감이 시선을 끌고 성인다운 분위기를 연출한다.

파티 등의 공식적인 석상에서 멋스럽게 연출하면 효과적이다.

이제까지와는 전혀 다른 브이존을 형성하여 강렬한 이미지를 표출할 수 있다.

플레인 노트 상태에서 큰 날을 매듭 뒤쪽으로 돌려 앞으로 빼내면 되는 비교적 쉬운 방법으로 여성용 스카프를 맨 모양과 흡사하다.

이 방법은 스포티한 복장에 어울리지 않으며 비즈니스 수트와 잘 조화되어 평범한 수트를 극히 돋보이게 하지만 너무 넓은 타이는 이 방법에 사용하지 않는 것이 좋다.

중후한 분위기를 내고 싶을 때라든가 파티 등 사람이 많이 모이는 자리에서 세미 포멀한 감각을 즐기고 싶을 때 다소 대담하게 이 방법을 이용해 보는 것도 좋다.

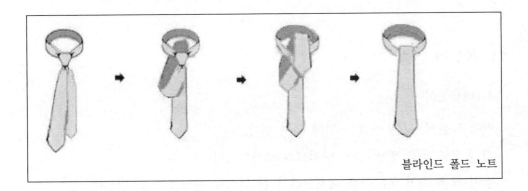

블라인드 폴드 노트

5) 베이직 노트

Basic knot, 보우타이를 매는 가장 기본적인 방법이 이 베이직 노트이다.

오늘날과 같은 보우타이가 탄생한 것은 19세기 말엽으로 이는 사회 전체에 풍미하던 타락의 풍조에 반하는 정신적인 요구로 생겨나게 된 것이다.

그 이전까지 유행하던 크라바트(Cravat) 대신 새로운 칼라장식이 거듭 발전되어, 그 결과 펠트천을 묶은 나비매듭이 나타났고 포멀웨어와 함께 갖추는 우아한 타이로 자리잡게 되었다.

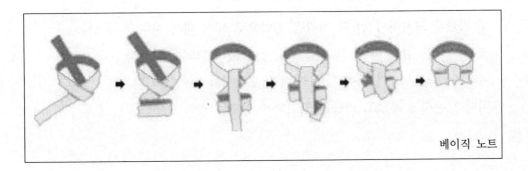

베이직 노트

보우타이를 맬 때에는 목의 넓이보다 커서도, 또 셔츠의 칼라중심점의 바깥부분 뒤쪽으로 나가서도 안되며, 매듭을 중심으로 하여 좌우 균형을 이루게 매는 것이 중요하다.

11. 목도리 연출

1) 배용준식

한쪽은 짧게, 다른 한쪽은 길게 목에 건다.

긴 쪽으로 목을 한번 감아 돼지꼬리 모양을 만든다.

감지 않은 쪽의 목도리를 돼지꼬리의 원 안으로 공간을 두고 넣는다.

공간이 생긴 곳으로 목을 감은 목도리 쪽을 교차하듯 넣어서 당긴다.

배용준식 목도리 연출법

2) 클럽 노트 : 스쿨머플러의 전통적인 매듭법

두 자락을 교차시켜 긴 쪽 자락을 원안으로 넣어 짧은 자락을 감는다.

짧은 자락을 감을 때 생긴 공간으로 넣어 빼어 고리를 만든다.

가운데 형성된 고리 사이로 두 자락을 교차시켜 넣어 당긴다.

이때 느슨하게 두르고 매듭을 확고하게 만드는 것이 포인트

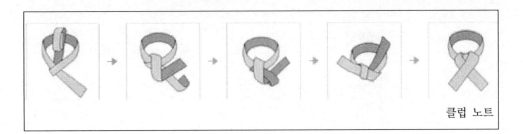

클럽 노트

3) 프렌치 노트

프렌치 노트 : 방한기능과 더불어 패셔너블한 멋을 풍기는 매듭법

한쪽은 짧게, 다른 한쪽은 길게 교차시킨다.

긴 쪽을 원 안쪽으로 넣는다.

다른 한쪽으로 빠져 나온 목도리 부분을 휘감아 두 자락 사이에 생긴 공간으로 넣어 당긴다.

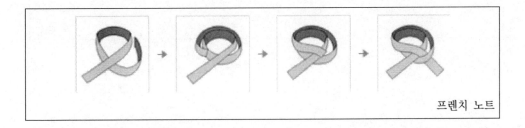

프렌치 노트

4) 하이 랩

목도리 본래의 방한과 보온의 역할을 완벽하게 해내는 매듭법

한쪽은 짧게, 다른 한쪽은 길게 교차시킨다.

원과 원 사이에 생긴 공간으로 감은 자락을 넣어 잡아당긴다.

감지 않은 쪽의 목도리를 돼지꼬리의 원 안으로 공간을 두고 넣는다.

목 앞에서 크게 크로스하는 형태이므로 미끄러운 소재의 목도리라도 두르는 것이 부서질 염려는 없다.

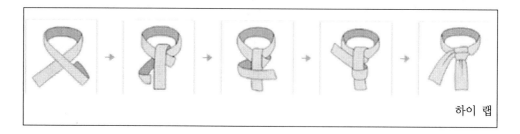

하이 랩

5) 롤 노트: 평범한 머플러 매듭법

목에 목도리를 두른 후 앞쪽에서 한쪽 끝으로 다른 한쪽을 감아 앞쪽으로 늘어뜨려 앞쪽자락이 뒤쪽자락을 감추게 한다.

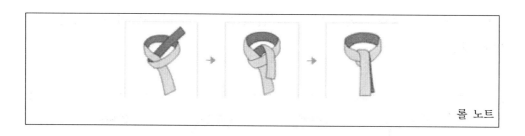

롤 노트

○ **실천가이드**

1. 당신의 목표를 정의해 보라.

당신의 목표가 CEO라면 당신이 몸담고 있을 직장의 이사급 이상 경영인들의 이미지를 관찰·연구해 보라.

2. 당신이 투사하고 싶은 이미지를 묘사해 보라.

당신의 직업은 보다 화려한 이미지를 요구하는가?

당신은 대중의 눈에 잘 띄어야 하는가?

당신은 매사에 좀 더 자신 있게 보여야 하는가?

3. 당신이 투사해야 하는 이미지가 어떤 것인가를 알려면, 당신이 사업상으로나 사교상으로, 정규적으로 대할 인물, 다섯 사람을 생각해 보라. 그들의 이미지는 어떠한가?

당신의 이미지가 그들의 이미지와 유사한가?

4. 나만의 이미지 찾는 법

1) 자신을 냉정히 관찰 후 어떤 느낌을 주는 사람인지 적어본다.

2) 사람들에게 내가 어떤 이미지로 보이는지 객관적 평가를 받아서 써본다.

3) 10년 후의 나는 어떤 모습일지 적어본다.

○ 책 속의 책

1. 책제목 : The Little Big Things

톰 피터스 지음
최은수 · 황미리 옮김

2. 주제 : 사소함의 위대한 법칙

톰 피터스의 최초 자기계발서인 *The Little Big Things*에서는 저자가 주장하는 "사소함의 위대한 법칙"이 담겨 있다. 이 법칙 안에는 두 가지 철학이 담겨 있다.

톰 피터스는 이 책에서 첫 번째 철학인 "강한 것은 부드럽고 부드러운 것은 강하다.(Hard is soft. Soft is hard.)"를 마음에서 우러난 감사의 표현으로 말하고 있다. '감사의 표현'은 이 삭막한 사회 속에서 한 개인에게는 존중과 겸손에 대한 의미를 심어주고 조직에 있어서 직원과 협력회사, 고객 모두에게 놀랄 만한 성과와 기대를 가져다준다고 하였다.

두 번째는 "경청(Listening)"이다. 성공하려면 'Professional listener'가 되라는 것이다. 우리가 알게 된 모든 것은 다른 사람들이 전하는 지혜를 통한 것이다. 그렇지만, 개인적인 생각으로 단순히 '경청'의 의미만 내포하는 것이 아니라, 지식 습득의 모든 수단을 의미하고, 필요한 지식에 있어서는 소홀히 하지 말라는 의미이다.

3. 내용요약

　책의 전체적인 내용은 기회, 자아, 인격, 성과, 이니셔티브, 리더십, 네트워킹, 인재, 열정, 혁신 등 개인과 기업을 이끌어갈 현대 경영의 핵심 키워드 28개의 소주제를 중심으로 163개의 메시지를 담고 있다. 본문에서 언급되는 메시지들은 우리가 너무나 많이 들어서 익히 잘 알고 있는 키워드들이다. 하지만 '안다'고 생각하는 데 맹점이 있다. 저자는 우리가 핵심 키워드들을 알고만 있을 뿐 참뜻은 모르고 있고, 또한 실천에 옮기지 못해 그 중요성을 깨닫지 못하는 것이라고 지적한다. 한편 이를 깨닫지 못하고 산다면 주어진 일을 그냥 잘하는 평범한 수준이 되지만, 깨닫고 실행한다면 '최고의 수준'에 오르는 '엑설런스(Excellence)'를 경험하게 된다는 것이다.

4. 나에게 주는 메시지

지니램프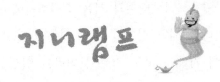

좁은 골목으로 돌아서면 작은 목선들이 들어와 있는 인적이 없는 부둣가다.

모두들 가고 오지만 나는 늘 기다린다.
사람들은 움직이고 나는 잠을 잔다.
나는 언제나 잠자고 있는 기분이다.

지금 현재의 너에게 중요한 건 뭐니?

고흐는 평생 한 장밖에 그림을 팔지 못했다.
아무도 고흐를 알아주지 않았고, 너무나 외로워서 자기의 귀를 잘라버렸다.
나는 그를 이해할 수 있다. 그처럼 살게 될까 두렵지만, 이렇게 아름다운
그림을 그릴 수 있다면…. 외로움 따윈, 난 견뎌낼 수 있다.

태희와 혜주, 지영, 화교계 샴쌍둥이인 비류와 온조는 단짝 여고시절을 보내고
사회에 나간 다섯 친구들이다. 인천항 앞에서 구김살 없는 기념 촬영이 끝나면, 다
섯 친구는 갈 길이 갈린다. 가난한 할아버지 할머니와 함께 사는 지영(옥지영)은
창고와 공장이 가득한 만수동을 걸어 집으로 향하고, '다른 세상'을 꿈꾸는 혜주
(이요원)는 동인천역에서 서울로 출퇴근한다. 지영과 태희(배두나)는 목선들이 서
성이는 만석부두와 자유공원을 배회하고, 월미도와 주변 횟집거리에서 인형 뽑기
를 하며 막막함과 맞선다.

하릴없이 집안일을 돕는 태희와 서울 증권회사에서 성공을 꿈꾸는 야심찬 혜주, 텍스타일 디자이너가 되고 싶지만 가난 때문에 좌절하고 마는 지영, 액세서리 노점을 하는 쌍둥이 자매는 모두 스무 살이라는 인생의 과도기를 통과한다.

혜주의 생일날, 지영은 길거리를 헤매는 새끼 고양이 '티티'를 선물하지만 고양이를 맡아 키울 처지가 아닌 혜주는 다시 지영에게 티티를 넘긴다. 천장이 주저앉는 지영의 집이 붕괴되면서 고양이는 태희에게 다시 쌍둥이 자매를 전전하게 된다.

IMF로 힘들어 했던 청춘들의 이야기이다.

꿈이 있고 희망이 있지만, 현실은 어둡기만 하다. 그 어둡고 힘든 현실에 버려진 길고양이가 등장한다. 이러저러한 현실에 치여 몸둘 곳이 없는 젊은 청춘들의 모습이 길고양이의 모습과 너무도 닮아 있다. 이러한 길고양이는 누군가의 손에 길러지기도 하고, 이리저리 먹이를 찾아 쓰레기통을 뒤지기도 하고 사람들의 완력에 죽기도 한다.

젊음은 살얼음 같다. 몇 번 얼고 녹고 얼고 녹고, 톡 떨어져 나가기도 하지만, 드디어 단단히 어는 얼음이 되기까지의 모습이. 무언가에 굴복하기도 하고, 무언가에 힘들어하기도 하고, 또 다른 무언가에 미쳐 청춘을 쏟아내기도 하는 젊음 같다. 결국 그러한 삶의 시간들은 좀 더 강해지고 또렷한 스스로를 만들어낼 것이다.

-영화 "고양이를 부탁해"를 다시 떠올리며-

꿈을 실현하라

10
Chapter
면접 유형별 상황대처법

---

0 **Objective**

---

01 면접유형을 알고, 면접실전에서 당황하지 않도록 한다.

미리 가본 면접장이라고 상상하고 다양한 면접을 치러보자.

02 신입인가? 경력인가? 혹은 혼합형? 최근 기업이 원하는 인재는 경력형 신입사원이다. 즉 혼합형! 학창시절 다양한 경험을 통해서 원하는 직무에 역량을 발휘할 수 있는 에너지를 충전하라.

03 돌발질문? 문제없어! 물음표에 느낌표로 대답할 수 있도록 한다.

이제 그야말로 실전이다.

제1절 면접시험의 종류

면접시험은 단독면접, 개인면접, 집단면접, 집단토론식 면접의 4가지 형태로 크게 나눌 수 있다. 일반적으로 위의 4가지 중 한 가지 또는 두 가지를 병행하여 실시하고 있다. 두 가지를 병행하는 경우는 예를 들어, 1차는 인사담당자나 중간 관리자들에 의한 개별면접, 2차는 중역에 의한 집단면접이나 집단토론식 면접을 실시하는 경우다. 소규모의 기업에서는 단독면접도 많이 실시하고 있다.

1. 단독(개별)면접

한 사람의 수험생과 한 사람의 면접관이 개별적으로 질문과 응답을 하는 보편적인 방법이다. 많은 시간이 소요되고, 면접관의 주관이 개입될 단점이 있기는 하지만, 수험생의 특성을 면밀히 관찰할 수 있는 가장 좋은 방법이다. 이 방법은 수험생에게 필요 이상의 긴장감을 유발할 수 있으나, 편안한 마음으로 면접에 응한다면 다른 방식에 비해 오히려 좋은 결과를 얻을 수 있다.

2. 개인면접

다수의 면접관이 한 사람의 수험생을 대상으로 질문과 응답을 하는 형태의 면접방식이다.

면접관이 여러 명이므로 다각도의 질문이 나올 수 있고, 이를 통해 수험생의 다양한 측면을 알아낼 수 있다는 장점이 있다.

이때 수험생이 유의해야 할 사항은 질문에 대한 답변을 할 때, 다수의 면접관이 지켜보고 있다는 것이다. 따라서 질문을 한 면접관에게만 대답한다는 자세를 취할 것이 아니라 모든 면접관에게 대답한다는 기분으로 질문에 응해야 한다.

여기에는 물론 시선처리도 포함된다. 면접관들은 그 기업의 경영층으로 구성되는 경우가 많으며, 수석 면접관은 채용 전체를 관장하는 상무급의 임원이 맡는 것이 일반적이다. 경우에 따라 사장급이 참석하는 경우도 있으나 대개의 경우 담당부서가 채용시험을 담당한다.

개인면접의 또 다른 형태는 하나의 수험생이 여러 명의 면접관을 차례로 거치는 방식이다.

즉, 여러 개의 방으로 된 면접실에 각 방마다 한 사람의 면접관이 들어가고, 수험생은 차례로 각 방으로 들어가 면접시험을 보게 된다. 이러한 방법은 수험생의 부담을 줄여 더 좋은 답변을 할 수 있고, 면접관들도 자신의 분야에 대해서 전문적인 질문을 할 수 있다는 장점이 있다.

개인면접에 있어서 공통적인 질문으로는 지망동기, 직업관, 성격, 가치관, 성격, 교우관계, 이성문제, 결혼, 취미, 특기 등이 있다.

일반적으로 처음 2~3분간은 수험생의 자기소개를 요구하는 경우가 많다. 이에 대응하여 대답할 내용을 미리 간략하게 정리하는 것이 중요하다. 응답할 때에는 남들과 유사하게 해서는 안된다. 자신의 개성을 표현하기 위해서는 직접 체험한 내용들을 응답에 포함시켜야 한다.

3. 집단면접

다수의 면접관과 다수의 수험생이 질문과 응답을 하는 방식으로 여러 명을 한꺼번에 평가하는 형태의 면접방식이다.

이 방법은 시간을 절약할 수 있다는 장점이 있다. 같은 질문을 여러 수험생에게 동일하게 한 경우, 같은 대답을 하는 것이 불리하게 작용하지는 않지만, 다른 수험생에 비해 세련된 대답을 하는 것이 평가에 좋은 영향을 미친다. 자신이 질문을 받지 않은 경우는 타인의 대답을 경청해야 한다. 면접관들은 경청하는 태도 역시 주시하고 있기 때문이다.

4. 집단토론식 면접

여러 명의 수험생(5~8명 정도)들에게 특정한 주제를 주고 토론을 시켜 면접관들이 발언의 내용이나 토론자세 등을 평가하는 방식이다.

이때 면접관들은 자유로운 토론이 되도록 노력한다. 토론의 방법은 회사 측에서 사회자가 나와 주제를 주고 토론하는 방법, 주제는 주되 사회자는 수험생 중 한 명이 맡는 방법, 사회자도 주제도 없이 자유롭게 토론하는 방법 등이 있다. 이러한 면접방식은 수험생의 이해력, 협조성, 판단력, 표현력 등의 종합적인 태도와 능력을 정확히 드러내므로 수험생의 입장에서는 가장 어려운 방식이다.

집단토론식 면접에서 주의해야 할 사항은 주어진 주제가 명확히 결론 내려질 성질의 것이 아니라는 것이다. 따라서 자신을 돋보이게 하기 위하여 너무 많은 말을 한다거나, 시간을 끄는 것은 바람직하지 못하다.

타인의 의견을 경청하는 태도도 중요하며, 타인의 말을 가로막거나, 너무 심한 반박을 해서도 안된다.

반면에 자신의 의견을 발언하는 것을 주저하거나, 발언의 횟수가 적으면 좋은 평가를 받기 어렵다.

또한 언제나 주제에 입각한 발언을 하고 요점을 명확히 하기 위해 결론부터 이야기해야 한다. 간단한 필기도구는 면접관들에게 치밀하다는 인상을 줄 수도 있고, 시간의 낭비도 줄일 수 있다.

주제가 주어지지 않은 자유토론식인 경우 가능한 시사성이 높거나 면접관도 흥미를 가질 수 있으며, 문제점이 다각적이고 각각에 대한 정당한 주장들이 펼쳐질 수 있는 주제를 설정해야 한다. 그러므로 평소에 신문사설이나, 매스컴의 토론 프로그램을 시청함으로써 나름대로의 시각을 정립해 두는 것이 유리하다.

5. 프레젠테이션 면접

직군과 상관없이 특정한 주제에 대해 토론을 하는 집단토론방식과는 달리, 직군별로 전문성 있는 주제에 대하여 자신의 의견, 지식, 경험 등을 발표함으로써 수험생 개인의 특성이 최대한으로 발휘될 수 있도록 하는 면접방식이다.

중점평가 항목은 각 직군에서 요구되는 문제해결 능력, 전문성, 창의성, 기본 실무능력 등이 있다. 발표 주제는 대기시간 중에 자신이 원하는 직군을 선택하게 하고, 내용은 실제로 발생 가능한 상황을 중심으로 자신의 의견을 정립하여 발표한다. 부적절한 용어 사용이나, 무리한 주장은 사용하지 말아야 하며, 자신의 논리적인 판단을 근거로 발표할 수 있는 능력을 배양해야 한다.

제2절 신입인가? 경력인가?

신입사원을 채용하는지, 혹은 경력사원을 채용하는지에 상관없이 일부 학생들은 일단 취업부터 하자는 급한 마음에 아무 곳이나 이력서를 넣고 운 좋게 입사하는 경우가 많다. 그러나 이 경우 비정규직에 8시간 이상의 노동시간, 불규칙한 업무량 등에 시달릴 가능성이 매우 높다. 게다가 저임금.

번뇌의 일주일, 시름시름이 한 달, 고난의 연속이 길어야 석 달.

세상 번뇌 시름 잊고 청산에서 살리라.

길고 긴 세월 동안 온갖 세상 변하였어도

청산은 의구하니 청산에 살으리라! 라며 방콕행을 서두른다.

그러나 한두 달 쉬다보면 집에서 눈치도 보이고, 용돈도 떨어져가고 다시 아무 곳이나 이력서를 넣고 또 길어야 석 달을 다닌다.

이런 생활의 연속은 경력관리는커녕, 자기비하와 젊음의 에너지 낭비밖에 되지 않는다. 그래서 먼저 설계를 잘 해야 하는 것이다.

다소 시간이 걸리더라도 자신이 하고자 하는 직무분야에 파와 마늘을 가지고 도전할 수 있어야 한다.

어려운 경제여건과 갈수록 떨어지는 취업률이 발목을 잡는 현실이 안타깝지만, 슬퍼하고만 있을 수 없으니, 기운내고 일어나자.

잡링크의 윤태순 e-HR 컨설턴트는 연령이 높을수록 사회활동 기회를 잡기가 매우 힘들다고 한다. 게다가 사회순환이 빨라져서 활동기간도 감축되고 노는 고급인재가 많아졌다. 그렇기 때문에 구직자는 실력을 넘은 자기 전문성을 가져야 한다는 의미가 된다. 신입의 경우에는 자신을 알리고 목적한 바를 생애설계도에 맞게 그려나가는 것을 소홀히 하지 말고 경력사원과 같은 신입사원이 되기 위해서 아르바이트나 전시회, 공모전에 참석하여 기회를 넓히도록 한다. 한편 경력자는 자신의 장점과 특기가 무엇인지 파악하고, 적극적으로 삶을 개척해 나간다는 자신감을 가져야 한다.

제3절 여러 유형의 면접관에 대처하는 법

만약 면접에서 아래와 같은 돌발질문을 보따리로 받았다면 어떻게 대답할까?

인터넷에 떠돈다는 면접 500문 500답까지 마스터했건만, 이렇다면 정말 곤란한데….

- 홍어, 닭발, 돼지껍데기, 곱창 중 외국인한테 추천하는 음식과 이유는?
- 유재석과 강호동을 비교해 보라.
- 신용카드와 현금결제 중 어느 쪽을 더 선호하시나요?
- 막걸리쌀빵으로 샌드위치를 만들면 속재료는 어떤 것을 넣어야 할까?
- 문명과 동떨어진 부족사회와의 교류의 가부에 대해 이야기해 보라.
- 드라마 시크릿가든에 심고 싶은 꽃은?
- 평생 쓰고 남을 만한 로또에 당첨된다면?
- 요즘 잘 나가는 휴대폰은 무엇인가?

- 콩쥐, 팥쥐, 신데렐라 인물 중 현대적으로 재해석할 인물 설명
- 과정과 결과 중 어느 것이 더 중요한가?
- 맛 없어서 왜 파는지 모르겠다 하는 커피와 추천 커피?

평상시에 이런 면접관과 같은 생각을 자주해서 바로 이거야! 하는 답변이 나온 다면 금상첨화이겠지만, 지금은 그야말로 사시나무 떨리듯 떨리는 면.접.

문제가 있으니까 답이 있다.

이것은 즉 기업에서 확성기에 대고 정말 필요해!!! 라고 외치는 문제해결력이다. 그리고 동시에 커뮤니케이션이다.

1. 99.9% 회사들의 목표인 '고객만족', 고객의 관점에서 사고하라.
    - 문제에 대한 고객이 누구지?
    - 그 고객의 특징은? 혹은 그 고객이 선호하는 것은?
    - 어떻게 하면 고객이 웃음을 빵! 터뜨릴까?
2. 우뇌의 튀는 감성으로 해결책을 이끌어내라.
3. 상식을 의심하라. 왜? 정말? 왜? 정말? 10번만 해보라.
4. 미래는 어떠해야 하는지 (To be)에 초점을 맞추어 생각하라.
    지금 외국인이 홍어를 먹는다면 10분 후에는? 10개월 후에는? 10년 후에는? 어떠한 영향이 있을까?
5. 시각화하여 이미지를 확장시켜라. 예를 들어 신데렐라가 청소하다가 청소용 역전문업체로 전환한 모습이라든지, 맛있는 커피원두 한 봉지를 우리는 2~3 만 원에 구입하지만, 정작 땀 흘려 생산한 농부에게 돌아가는 돈은 달랑 100 원. 맛없는 커피를 마실 때마다 그 농부가 흘린 눈물이라고 생각하며, 세계경 제의 울퉁불퉁함에 대해 생각해 본다. 라고 말할 수도 있지 않을까? 맛없는 커피에 뚝뚝 떨어진 농부의 눈물. 충분히 쓴 이유가 있다.
6. 즉흥적인 생각을 따라가지 말고, 우선 원인을 규명해 보라.

7. 시선을 높게 가져라. 내가 말한 내용이 우리 팀에, 우리 사회에 어떤 영향을 미칠 수 있을까?

이런 질문에 척척 대답 잘 하려면 평상시에 책 많이 읽어야겠지요?

제4절 사회 초년생이 알아야 할 면접 스킬

면접진행과정에서는 이러한 점에 유의해야 한다.

면접의 기본적인 진행순서에 있어서 개별면접과 집단면접 간에 별 차이가 없다. 대기실에서부터 입실, 그리고 퇴실까지 기본적 순서에 대해서 핵심 포인트를 한 번 짚고 넘어가도록 한다.

일반적으로 면접시험은 대기 → 호명 → 입실 → 면접 → 퇴실의 순으로 진행된다. 실질적인 질의응답이나 토론은 면접실에서 이루어지지만 대기실에서부터 퇴실까지의 행동 하나하나가 평가의 대상이 된다. 또한 면접시험의 순서를 아는 것은 안정감과 자신감을 유지하는 데 꼭 필요하다.

1. 회사도착

회사에는 가급적 10분 정도 일찍 도착하는 것이 숨도 돌리고, 분위기를 파악하는 데 도움이 된다. 일부 회사에서는 도착한 순서대로 명단을 작성해 놓는 곳도 있다. 회사에 도착하는 순간부터가 아니라, 회사주위 반경 500m부터 입사지원자의 입장에서 면접을 보고 있다고 생각하고 긴장감을 가지고 절도 있게 행동한다. 침착하게 대기실을 찾아가거나, 대기실을 찾기 어려울 때는 머뭇거리지 말고 직원에게 밝은 얼굴로 인사한 후 물어보도록 한다.

2. 대기실에서

회사의 준비된 대기실에서는 인사담당직원이 면접순서와 유의사항을 전달한다. 차례를 기다리게 되는데, 이때 핸드폰을 사용하거나, 화장을 고치는 일 등 불필요한 일은 삼간다.

조용한 태도로 자기 차례를 기다리는 동안 예상되는 질문에 대한 답변을 최종적으로 정리하는 것이 좋다. 차례가 가까워지면 복장과 머리스타일 등 흐트러짐이 없는지 점검하면서 마음을 가다듬어 본다.

3. 호명

면접대기실에서 차례가 되어 담당직원이 이름을 부르면 크게 대답하고 조용히 일어서서 직원이 안내하는 면접실로 간다. 면접실 문을 두세 번 노크한 뒤 응답이 있으면 문을 열고 들어간다.

4. 입실

면접실에 들어서면 조용히 문을 닫은 다음 시선은 정면을 향하고 가서 면접위원에게 정식으로 "안녕하십니까" 인사를 한다. 좌석이 있더라도 앉으라는 말이 있기 전까지는 서 있도록 한다. 무례해 보일 수 있다. 의자에 앉으면 무릎에 가볍게 붙이고 손은 가지런히 공수자세로 다리 위에 올려놓는다. 남학생의 경우는 손에 가볍게 계란을 쥐었다고 생각하고 양 다리 위에 내려놓는다. 다리는 꼬거나 너무 벌리지 말고 가지런히 한다. 등을 곧게 펴고 등받이에서 등이 조금 떨어지게 앉아야 똑바른 자세가 나온다.

이때 면접위원을 너무 빤히 쳐다보거나 시선을 이리저리 돌리지 말고 인중과 넥타이 선을 보도록 한다.

　질문이 시작되면 침착하고 밝은 표정으로 질문자를 바라보며 똑똑한 발음으로 대답한다. 너무 빨리 말하거나 우물쭈물 말하지 말고 질문내용에 대해 정확하게 대답한다.

　특히 질문에 대답할 때, 에~, 저~ 라는 불필요한 말을 삼간다.

　대답을 잘못했더라도 혀를 내밀거나, 머리를 긁적이거나 하는 행동을 하지 않도록 한다. 질문에 대해 모른다고 하더라도 천장을 향해 눈동자를 굴리거나 입을 내밀거나, 한숨을 쉬는 행동을 해서는 안된다.

　질문에 답변을 못했을 경우에는 아무 말도 않고 고개를 떨어뜨리기보다는 솔직하게 "죄송합니다. 그 부분에 대해서는 미처 생각하지 못했습니다. 기회를 주신다면 다음에 알찬 내용으로 다시 말씀드리겠습니다."라고 말한다.

5. 퇴실

　질문이 끝났을 때도 마지막까지 예의바른 태도를 유지해야 한다. 면접이 끝나면 감사합니다. 라고 인사한 뒤 돌아왔을 때와 반대의 동작으로 조용히 면접실을 나간다. 이때 벌떡 일어나서 의자가 돌아간다든지, 문을 꽝 닫고 나오지 않도록, 마지막에 목례를 하며 문손잡이를 끝까지 잡고 닫도록 한다.

　면접이 끝났다는 생각에 나오자마자 자세가 흐트러져서는 안되며, 실수했다는 생각으로 자신 없는 표정으로 한숨을 내쉬어도 안된다. 면접위원은 응시자의 입실부터 퇴실까지 전 과정을 주의깊게 바라보고 있다.

　퇴실 후에는 대기실에 있는 인사담당직원에게 향후 일정을 확인하도록 한다.

6. 면접평가표

　면접평가의 구분과 평가척도를 중심으로 보고 면접 질문이 어떠한 역량을 평가하기 위한 것인지 이해하도록 하자.

신입사원연접평가표

면접일자	년 월 일		면접자		어	수험자설명	
수험번호			최종학력		남·여	출신학교	

외관인상(면접 도중에 인상을 적절히 체크한다.)

	A	B	C		비 고
건 강	혈색양호 튼튼	보통건강체	약해 보임		
복 장	청결하며 단정	일단 단정	단정하지 못함		
태 도	침착하다	보통	침착하지 못함		
젊 음	청년답고 발랄	젊은 느낌	어른인척 함		
명랑성	밝고 외향적	보통	어둡고 내향적		
협조성	사교성 있을 듯	보통	고독한 느낌		
대 화	사려 있는 발언	경솔한 답변 있음	즉흥적 발언 모순 있		
호 감	호감이 간다	보통	호감이 안감		

구분	체크	질 문 사 항	회 답	평 가 및 척 도					
					A	B	C	D	E
동기와지망		지금 주소에서 당사까지 몇 분 걸렸습니까. 어느 노선으로 오셨습니까.		논리성					
		왜 당사를 선택하셨습니까. (그 밖에 어떤 곳에 응사했습니까.)		적극성					
		당사에 대해 어떤 연구, 준비를 하셨습니까.		계획성					
		당신의 장점(특기)을 객관적으로 판단하시고 설명하십십		관 찰					
		당사에 오셔서 조사해 보고 느낀 바를 솔직하게 말씀하십시오..		이해력					
직업에대한마음가짐		아르바이트 경험이 있습니까, 직업을 어떻게 생각하십		견실성					
		채용된 경우 어떤 직종을 희망하십니까.		성실성					
		입사 후, 제1희망의 업무에 종사하지 못했을 때, 당신은 어떻게 하겠습니까.		협조성					
		마음에 들지 않는 업무나, 상사·선배와는 어떻게 하면 잘해 나갈 수 있겠습니까.		사 상					
		당사는 성질상 근무상황이 매우 엄격한 때도 있습니다. 받아들일 수 있겠습니까.		상식성					
		만일 취직한 경우, 당신은 몇 년 정도 근무할 수 있습니까. (근무할 작정입니까.)		사회성					
		당신은 평소에도 그런 복장으로 다닙니까.		주의력					
		친구와 함께 있을 때면 어떻게 지내며 누가 리더합니		건강도					
학교가정기타		존경하는 사람은 누구입니까. 어디에 매력을 느낍니까.		용모복장					
		구독하고 있는 신문은, 전문서적은 몇 권 정도 가지고 있습니까.		태 도					
		당신은 학교에서 어느 써클활동에 주력했습니까. 또한 무엇을 배웠습니까.		표 정					
		가족들과 평소에 어떤 이야기를 합니까. 의견이 맞지 않는 것은?		동 작					
		가족들은 모두 건강하십니까. 당신의 출석률(출근율)은?		독창성					
		당신은 어떤 음식을 좋아하십니까, 싫어하는 것은 어떤 것입니까.		표현력					
총 평			부기사항						

○ **실천가이드**

1. 면접 시뮬레이션을 하라.

1) 돌아가면서 입실부터 퇴실까지 인사만 하는 연습을 한다.

2) 촬영을 통해서 시선, 발걸음, 자세 등을 점검한다.

3) 입실부터 퇴실까지의 순서가 익숙해질 때까지 3~4번 반복하라.

4) 학생들이 면접관이 되기도 하고 응시자가 되기도 하면서 역지사지로 면접 시뮬레이션을 실시하라.

Good	Bad

입사 후 1년 미리 준비하기

Chapter 1

Objective

01 기초를 탄탄히 마스터하는 체계와 과정을 스스로 만들어 보자.

달리기 전 운동화 끈 묶는 것부터 확실히 하는 것처럼!

지금 입사 1년차라면 지금 무엇부터 하겠는가? 기초에 충실하라.

02 생각하고! 연습하고 준비하는 방법을 익혀라.

내가 핵심인재가 될지? 독립인재가 될지?

그러고 나서 하루를 보내는 방법을 계획해라.

03 좌심방 우심실에 열정으로 가득 채워 넣어라.

그리고 디테일에 집중하라.

1. 아침형 인간

일본의 새로운 비즈니스 트렌드로 떠오른 사이쇼 히로시의 저서, 『아침형 인간』 우리의 아침을 바꾸면 우리의 인생이 바뀐다니, 늦잠이 웬 말, 자다가도 '벌떡' 일어날 일이다.

미국엔 좋은 차를 탄 사람 순으로 출근한다는 말이 있듯, 성공한 사람들의 아침은 부지런하다. 새벽 3시에 기상하는 빌 게이츠, 아침 7시 30분이면 업무를 시작한 잭 웰치 전 GE 회장 등 세계를 움직이는 CEO들은 하나같이 '아침형 인간'이었다. 새벽 3시에 일어나 해 뜨기를 재촉했다는 고 정주영 현대그룹 명예회장을 비롯해 우리나라 1백 대기업 CEO들의 평균 기상시간은 5시 54분, 뉴스에서 들려오는 기업인이나 정치인들의 숱한 조찬 역시 아침형 인간들이 만들어낸 문화다.

일찍 일어날수록 더 건강해지고, 더 부유해지고, 더 현명해진다? 아침을 바꿔 인생을 바꾼다는 '아침형 인간'의 개념은 '잃어버린 10년'으로 불리는 오랜 불황에서 벗어나고 있는 일본의 새로운 비즈니스 트렌드로, 최근 국내에도 소개되어 신선한 '아침바람'을 일으키고 있다.

2. 야행성 생활 벗어나기

24시간 편의점, 방송, 인터넷, 쇼핑몰. 밤에도 얼마든지 일하고 즐길 수 있는 현대인들의 아침은 점점 늦어지고 있다. 하지만 야행성 생활로 인해 맞는 무기력한 아침은 무기력한 하루로 이어질 뿐. 아침형 인간이 되기 위해서는 야행성 생활로부터 벗어나는 것이 우선이다. 상습적인 야근이나 음주 등 습관적 저녁활동을 과감히 접고, 집을 나서는 시간이 정해져 있듯 밤 9시 이전에는 반드시 귀가하도록 한다.

3. 잠을 관리하라

수면시간은 짝수로 정하는 것이 좋다.

인간의 수면은 얕은 잠, 조금 깊은 잠, 깊은 잠, 렘수면(꿈을 꾸면서 숙면)이 한 사이클로, 약 2시간 간격으로 반복된다. 생리적으로 렘수면이 끝날 즈음에 눈을 뜨는 것이 좋으므로, 수면시간은 6시간이나 8시간이 적당하다.

또한 사람의 체온이 가장 낮을 때인 새벽 2, 4시가 수면의 적기. 따라서 밤 11시부터 5시까지가 이상적인 수면시간으로, 이때의 6시간은 다른 시간대의 8시간 수면과 비슷한 효과가 있다.

또한 낮잠의 경우 깊은 잠에 들기 전인 30분 이내에 끝내는 것이 효과적이다.

4. 가벼운 운동, 풍부한 식탁

땀을 흘리는 격한 운동은 저녁에 하는 것이 좋다.

아침엔 30분, 1시간 정도의 산책이나 체조 등 몸을 워밍업하는 정도가 적당하다. 반면 아침식사는 하루에 필요한 에너지의 대부분을 충전한다는 생각으로 풍성하게 하는 것이 좋다. 아침식사는 세 끼 식사 중 가장 중요한 것으로, 특히 뇌의 활동에 절대적인 영향을 미친다. 식욕을 돋우기 위해 전날 밤 9시 이후에는 음식을 금하고, 영양이 풍부한 채식 위주의 아침식탁을 준비하라.

5. 아침에 두뇌를 활발하게 하는 방법

1) 일어나면 바로 하루의 일정을 메모한다. 손가락을 움직여 대뇌를 자극할 수 있고, 아침에 눈으로 얻은 정보는 뇌에 깊이 각인된다.

2) 이불에서 나오면 바로 마른 수건으로 온몸을 마찰시켜, 뇌에 충분한 혈액을 보내준다.

3) (오른손잡이의 경우) 왼손으로 칫솔을 잡는다. 자주 사용하지 않는 근육을 의식적으로 움직여, 우뇌와 좌뇌의 균형을 잡아주는 것.

4) 당분을 조금 많은 듯 섭취한다. 뇌는 에너지원을 포도당에만 의존하기 때문에, 일어나자마자 적당한 당분을 보충해 주면 뇌의 활동을 촉진하는 데 도움이 된다.

5) '오늘은 뭘 입지' 등 자신을 꾸미는 일을 생각한다. 자신을 꾸미면 남의 이목을 신경 쓰게 되고, 더 나아가 활기를 불어넣어 상상력을 풍부하게 해준다.

6. 근무자세

하루의 절반을 생활하는 직장은 여러 사람이 모인 곳이다. 밝은 분위기를 위해서는 서로가 서로를 존중하는 마음과 행동이 기본이다.

근무 중의 자세는 일에 대한 마음의 표현이며 또 자세가 좋은 사람은 상대방에게 그것만으로도 호감을 주고 신뢰감을 준다.

근무하는 동안 좋은 자세를 유지하는 것이 아름답게 보이며 업무의 능률도 올리는 지름길이다.

기본자세 : 허리와 가슴은 펴고, 머리는 곧게 입가엔 미소를 띤다.

걸음걸이 : 시선은 앞을 보고, 턱은 당기며, 어깨는 힘을 빼고 걷도록 한다.

책상·의자에 앉는 자세 : 책상과 윗몸 사이는 적당히 띄우고 등받이에 기대지 않는 자세로 허리를 곧게 펴고 앉는다. 올바른 자세는 무엇보다도 자신의 신체건강을 유지시켜 준다.

7. 삼가야 할 태도

업무와 관계없는 일, 비효율적인 독서, 신문보기 등은 삼간다.

큰소리로 떠들거나 고함치는 일이 없도록 한다.

구두, 슬리퍼소리를 요란하게 내고 다니지 않도록 한다.

친구, 친척은 퇴근 후 만나도록 하며, 근무 중 방문한 경우는 짧게 끝낸다.

자리를 비울 경우에는 행선지, 용건, 귀사예정시간 등을 반드시 상사에게 보고하고, 자리에 돌아왔을 때에도 보고 후 업무에 임한다.

통화 중, 계산을 하고 있는 사원에게 용무가 있을 때는 끝나기를 기다렸다가 말을 건다.

책상이나 서류함에 걸터앉지 않는다.

남이 보는 데서 화장을 고치거나 업무 중에 사적인 통화를 잦게 하거나 길게 하지 않는다.

의자에 반 누운 상태에서 작업을 한다든가, 의자에 앉은 채 미끄럼을 타듯 자리이동을 한다든가, 사무실내에서 담배를 피우는 행동은 삼간다.

8. 근무예절

1) 출근

정규 출근시간 15분 전까지 도착하여 간단한 청소, 정리정돈을 하고 하루의 일과계획을 점검한다.

사무실에 들어서면 인사를 망설이지 말고, 상사나 동료를 향해 "안녕하십니까"라고 크고 밝은 목소리로 먼저 인사한다. 인사는 직장생활의 윤활유이다.

부득이한 사정으로 결근·지각을 했을 경우에는 상사에게 솔직하게 사유를 보고한다(슬그머니 자리에 앉는 것은 좋지 않다).

아침의 기분이 하루의 기분을 좌우한다. 일단 회사에 출근하면 의도적으로 밝은 표정을 만들도록 노력한다.

통화 중에 상사가 출근할 때나 상사가 통화 중에 본인이 출근할 때는 가볍게 목례를 한다.

2) 근무

회사의 규정을 준수하며 단정하고 예의바른 집무태도를 갖는다.

개인적인 전화나 잡담을 삼간다.

회사의 사무용품이나 비품을 사용한 후에는 반드시 제자리에 놓아둔다.

근무시간 중에 업무와 관련이 없는 책을 읽는다든지 개인적인 일은 하지 않는다.

점심시간은 정해진 시간 이상으로 보내지 않는다.

임무를 부여받은 시간보다 더 앞당겨 마치도록 노력한다.

매일 업무에 관련된 모든 문서의 정리·분류·보관이 밀리지 않도록 한다.

3) 퇴근

문서와 서류는 보관함에 넣고 안전장치를 확인한다.

인계사항을 확인하고 내일 할 일을 간단하게 기록해 둔다.

전화 약속을 여러 곳에 해둔 채로 퇴근하는 일이 없도록 한다.

상사나 남아 계시는 분들께 "먼저 퇴근하겠습니다. 먼저 나가겠습니다. 저 실례합니다." 등 간단한 인사를 잊지 않도록 한다.

먼저 퇴근하는 사람에게 "수고하셨습니다." "안녕히 가십시오." 등으로 상호 인사를 나눈다. 퇴근시간 전에 미리 퇴근준비를 하지 않는다.

전자제품(컴퓨터, 복사기 등) 전원을 껐는지 확인한다.

의자를 책상 안으로 밀어넣고, 지저분한 상태로 퇴근해서는 안된다. 책상 위에는 사적 용품이나 불필요한 물건은 치우고 반드시 필요한 물건, 용품, 자료만 놓는다.

4) 이석, 외출

이석 시는 소재를 분명히 한다.

이석 시에는 반드시 목적지를 주위에 알린다.

책상을 간단히 정리하고 서류를 서랍 속에 넣는다.

화장실을 갈 때에는 주위에 알릴 필요가 없다.

외출 시에는 상사의 허가를 받는다.

외출 시에는 행선지, 목적, 소요시간을 보고하고 허가를 받는다.

근무 시 무단으로 사적 외출을 해서는 안된다.

외출지에서 퇴근시간을 넘길 경우 전화를 걸어 상사에게 현지 퇴근을 알린다.

제2절 | 열정은 천재의 재능보다 낫다

1. 성공의 ABC

성공 공식 ABC라는 게 있다. 성공의 기본을 뜻하는 말이다. 여기서 ABC란 이렇다. 먼저 Attitude(자세)다. 이런 말이 있다. Attitude is everything. 사물을 보는 자세가 성공을 좌우한다는 이야기다. 다음엔 Belief(믿음)다. 확고한 믿음이다. 자신이 하고 있는 일에 대한 믿음 없이는 아무것도 이루어지지 않기 때문이다. 끝으로 Commitment(행동)다. 성공을 낚으려면 결단을 하고 행동으로 이어가야 하는 건 당연하다. 만약 당신이 야구선수라고 치자. 당신이 지금 1루에 있는데 1루에서 발을 떼지 않고서는 절대 2루에 진출할 수 없기 때문이다. 그러면 성공의 기본이라고 할 수 있는 바로 성공공식 ABC를 더욱 다지기 위한 작업을 해보자.

첫째, 성공은 생각이다.

성공학자 데일 카네기가 라디오 방송에 출연했을 때 일이다. 방송 진행자가 카네기에게 "당신이 지금까지 배운 최대의 교훈을 세 마디 문장으로 표현해 주시겠습니까?"라고 질문을 했다. 이 질문에 카네기는 다음과 같이 자신 있게 답했다. "이제까지 제가 배운 최대의 교훈은 우리가 무엇을 생각하고 있는지를 아는 것의 중요성입니다. 나는 당신이 무엇을 생각하는지 알 수 있다면 당신이 어떤 인물인지 알 수 있습니다. 왜냐하면 당신이 생각하는 것이 당신을 만들기 때문입니다. 그러니까 우리들은 우리들의 생각을 바꿈으로써 인생을 바꿀 수가 있습니다."

말하자면 행복을 생각하면 행복해지고, 비참한 생각을 하면 비참해지고, 무서운 생각을 하면 무서워지고, 병적인 생각을 하면 정말 아프고, 실패를 생각하면 정말 실패한다는 이야기다.

불황에 빠졌던 시기에 마쓰시타 전기의 마쓰시타는 이렇게 말했다. "바람이 강하게 불 때야말로 연을 날리기에 가장 좋다."

경기가 나쁠 때야말로 개발과 혁신을 통해 도약의 발판을 마련해야 한다는 뜻이다. 그리고 개발과 혁신에 대해서는 다음과 같이 말했다.

"현재의 상황에 만족하지 마라. 현재 상황을 제로로 놓고 생각하라." 당신의 생각은 무엇인가? 지금 정상을 생각하고 있는가? 자문해 보아라.

둘째, 불가능이란 없다.

데일 카네기와 쌍벽을 이루는 성공학자 나폴레온 힐의 생일날에 있었던 일이다. 그의 성공학 세미나를 들었던 제자들이 멋지고 두툼한 사전을 그에게 선물했다. 단상에서 사전을 받은 나폴레온 힐은 펜을 꺼내고는 이런 말을 했다. "여러분, 이 멋진 선물을 받게 되어서 참으로 기쁘게 생각합니다. 하지만 나는 이 사전을 받을 수가 없습니다. 왜냐하면 이 사전 속에는 내가 가장 싫어하는 말이 실려 있기 때문입니다."

그리고 나폴레온 힐은 사전에서 '불가능'이란 말을 찾아내서 펜으로 지워버렸다. "자 이제 이 사전을 받을 수 있게 되었습니다. 나는 '불가능'이란 말이 실려 있는 이 책을 받을 수가 없습니다. 왜냐하면 나는 이제까지 불가능이라고 일컬어지던 것들이 실은 불가능하지 않았던 예들을 수없이 봐왔기 때문입니다. 나는 이 세상에 불가능이 존재하지 않는다고 확신하고 있습니다."

셋째, 열정은 천재의 재능보다 낫다.

세계 최고의 기업 GE에는 독특한 CEO선발 방식이 있다. CEO였던 레그는 GE 회장을 선출하기 위해 '기내 인터뷰'라는 방식으로 후보자들과 면담을 하였는데, 그것은 말 그대로 비행기 기내에서 행해지는 인터뷰가 아니라 만일 후보자 자신과 존스가 비행기 사고로 죽게 되었을 때 CEO의 후보로 누구를 추천하겠는가를 3명의 후보자에게 물음으로써 유래한 것이다. 말하자면 비행기 사고를 설정하여 답변을 요구하는 방식으로 후보자들의 지성, 리더십, 도덕성, 대외적인 이미지 등을 테스트하는 것이다.

레그 회장이 마지막으로 웰치를 불러 기내 인터뷰를 했다. "우리가 비행기를 함께 타고 있었는데 그 비행기가 추락하게 되었네. 나는 죽었고 자네는 살았네 누가 GE의 회장이 되어야 하겠나?" 이 질문에 그는 주저없이 대답했다. "바로 접니다" 이렇게 해서 잭 웰치는 GE 역사상 최연소 나이로 GE 전체를 통솔하는 위치에 올랐고 20여 년간의 기나긴 경영자의 길을 밟아야만 했다. 열정은 천재의 재능보다 낫다는 말처럼 열정은 최고의 경쟁력이다. 이제 당신이 다시금 추슬려야 할 것은 당신의 열정이다.

한 기자가 잭 웰치 회장에게 다음과 같이 물었다 "어떤 사람이 인재인지를 파악하는 기준이 뭡니까?" 이 질문에 그는 '열정'이라고 답했다. 일에 대해 파고드는 열정이 그 사람을 전진하게 만든다면서 다음과 같이 덧붙였다. "모든 승자들이 가지고 있는 특성을 꼽는다면 그것은 바로 열정일 것이다. 그것이야말로 승리한 사람들과 다른 사람들의 차이를 잘 나타내준다. 너무 사소해서 땀 흘릴 만한 가치가 없는 일이란 존재하지 않으며, 실현되길 바라기엔 너무 큰 꿈이란 것도 존재하지 않는다. 열정은 목소리나 크기 혹은 화려한 외모와도 상관없다. 열정은 내면 깊은 곳에서 비롯되는 것이다."

2. 한 발 더 나아간 비즈니스 매너

1) 상대방 응대

상대방에 대한 우리의 태도는 회사의 이미지를 좌우한다. 상대방 응대는 상대방과 회사가 만나는 최일선이라 할 수 있다.

① 상대방 응대의 마음가짐

　정성과 감사의 마음으로

　예절바르고 정중하게

　밝고 상냥한 미소로

　성의를 다하여 응대한다.

② 상대방 응대 시 삼가야 할 대화태도

　주위를 두리번거리며 말한다.

　고개를 숙이고 말한다.

　불안하게 몸을 움직인다.

　기운이 없이 말한다.

　쓸데없는 헛기침을 자주 한다.

　표정이 너무 굳어 있다.

　시선을 엉뚱하게 집중한다.

　거만스러운 태도를 취한다.

③ 상대방을 안내할 때

　손님을 응접실이나 어떤 장소로 안내할 경우에는 "이쪽으로 오십시오"라고 말하고 비스듬히 비껴서, 반걸음 앞서서 걸어가는 것이 바람직하다.

　응접실 앞에 이르면 손님만 안으로 들어가게 하지 말고 손님보다 먼저 들어서서 "어서 들어오십시오" 하며 손님을 안내한다.

　자기가 접대하는 경우가 아니면 "잠깐만 기다려주십시오." 하고 의자를 권하면서 정중히 인사를 한다.

④ 응접실, 회의실에서의 매너

객석을 결정하는 기준

o 출입구로부터 먼 좌석

o 출입구를 바라볼 수 있는 위치

o 팔걸이가 있는 의자보다 긴 의자(소파)

어디에 앉아야 할까요?

o 상대편 안내원으로부터 긴 의자를 권유받으면 지시대로 한다.

o 방문자가 한 사람일 경우에는 긴 의자의 가장 말석에 앉는 것이 겸손한 인상을 준다.

o 2, 4명이 방문하였을 때에는 직위 순으로 입구로부터 먼 좌석에 앉는다.

집무실

o 사무용 책상의 앞이 사내 직원용이다.

o 그 옆의 입구로부터 먼 위치가 상대방용의 상석이다.

회의실

o 상대방용과 사내용의 구분은 입구로부터 먼 쪽이 상대방용 좌석이다.

사무실 내의 응접세트

o 창을 바라보는 좌석이 상대방용 좌석이다(전망이 좋은 쪽).

2) 소개방법

① 상사를 소개할 때

o 상대방과 회사의 상사를 서로 소개할 경우 - 상사를 먼저 소개한다.

o 상사를 상대방에게 소개한다.

예) 이름·직명도 소개, 소개하는 사람의 특기, 취미 등을 같이 소개하면 좋다.

　　상대방을 상사에게 소개한다.

예) 항상 도움을 받고 있는 홍길동 씨입니다.

　상사와 함께 가볍게 인사한다.

② 상사도 자신도 초면일 때

○ 부하는 상사로부터 소개받는 것을 기다린다. 결코 상사보다 먼저 자기소개 등을 하지 않도록 겸손한 태도로 임한다.

○ 상사가 먼저 자기소개를 한다.

○ 상사로부터 소개받는 것을 기다린다.

③ 남성을 여성에게 소개할 때

예) 신 여사님, 김철수 씨를 소개합니다.

④ 손아랫사람을 손윗사람에게 소개할 때

예) 부장님, 기획팀의 김철수 씨입니다.

⑤ 직급이 낮은 사람을 높은 사람에게 소개할 때

예) 과장님, 신입사원 김철수 군입니다.

3) 명함교환

명함은 직위임과 동시에 자신의 인격을 나타내는 것이다. 특히 상대방과의 대화가 많은 사원에게 있어 명함교환은 사원의 품위와 관계되는 중요한 일이다.

언뜻 보면 간단한 것처럼 보이나 의외로 어려운 것이 명함교환의 에티켓이다.

① 명함의 준비

명함은 전용지갑에 깨끗이 보관한다.

명함은 상의 안주머니에 넣어둔다. 바지의 뒷주머니에서 내는 것은 결례이다.

면담예정자 한 사람에 대하여 최저 3장 정도 준비한다.

바로 낼 수 있도록 자신의 명함과 받아 놓은 명함을 구별하여 넣어둔다.

또 명함을 넣을 때에는 한 동작으로 상대에게 건넬 수 있도록 놓는 것도 중요하다.

② 명함교환 순서

인사

명함을 낸다.

양손으로 상대편 것부터 받는다.

③ 명함을 교환하는 방법

초면의 사람에게는 반드시 상대보다는 먼저 명함을 낸다.

자신의 명함을 확인한 후 상대방이 읽을 수 있도록 돌려서 내민다.

회사명과 이름을 확실히 말한 다음 오른손으로 명함을 건넨다.

상대방이 먼저 명함을 냈을 때에는 자신의 명함은 일단 왼손으로 옮기고 우선 상대방의 명함을 받는다. 그러나 언제든지 상대보다 먼저 명함을 낼 수 있도록 준비하는 것이 좋다.

④ 명함을 받는 방법

상대방으로부터 명함을 받을 때에는 가볍게 목례한 다음 바로 양손으로 받는다.

명함교환이 끝나면 받은 명함은 반드시 읽어 이름을 확인한다.

받은 명함은 허리 아래로 내려가지 않도록 주의한다.

⑤ 동시 교환이 되었을 때

만일 상대가 자신과 동시에 명함을 냈을 경우에는 상대의 명함을 받는 왼손은 높게 자신의 명함을 내미는 오른손을 낮게 하여 교환한다.

⑥ 여러 사람 간의 명함교환

복수의 사람과 명함교환을 할 경우 상대편의 상급자 순으로 교환하고 상사의 명함이 항시 위에 있도록 받는다.

한 번에 많은 상대방과 면담할 때에는 이름, 직명을 외울 때까지 상대의 앉은 순서에 따라 명함을 테이블 위에 나란히 놓아도 관계없다. 외운 다음에는 정중하게 주머니에 넣었다가 나중에 명함꽂이에 정리하여 보관한다.

복수 대 복수의 명함교환은 쌍방 모두 상급자 순으로 교환한다.

⑦ 명함정리의 습관화

받은 명함은 본인에게는 장래와 관련 있는 귀중한 재산이다. 날짜, 용건, 그 사람의 특징, 대화내용 등을 메모하여 놓으면 편리하다.

4) 악수하는 요령

일반적으로 악수를 먼저 청하는 쪽은 '윗사람'이다. 남녀 간 지위나 연령이 비슷한 경우는 '여성'이 먼저 청하지만, '지위나 연령차이'가 클 때는 예외이다.

윗사람에게 존경심을 표현하려면 '가볍게 목례'를 하고 악수에 응하는 것이 좋다.

① 오른손으로 상대방의 힘에 맞춰서 잡는다.

② 손끝만 잡게 되면 성의 없이 보이므로 주의하고 손가락으로 장난하지 않는다.

③ 다른 한 손(왼손)은 반대편 바지 옆 라인에 가지런히 둔다.

④ 손을 포개서 잡거나 팔꿈치에 한 손을 붙이는 것은 기본자세에서 어긋난다.

⑤ 이때도 항상 상대방의 눈을 마주보고 손을 마구 흔들지 않는다.

⑥ 왼손을 주머니에 넣고 악수하거나 허리를 지나치게 깊숙이 굽히는 자세도 좋지 않다.

⑦ 계속 손을 잡은 채로 말을 해서는 안되며 인사가 끝나면 곧 손을 놓는다.

5) 흡연매너

최근 신문이나 뉴스 등에서 금연권이라는 말을 자주 보고 듣게 된다.

버스나 비행기에서도 금연석이 설치되어 있다. 사무실에서도 금연해야 할 장소를 지정하고 있는 기업도 있다. 담배는 개인의 기호문제라고는 하지만, 담배를 피우지 않는 사람들에 대한 배려도 생각해야 한다.

때와 장소와 상황에 따른 흡연태도가 요청된다.

① 방문 후 인사 즉시 담배를 피우는 것은 결례

② 상대방용 담배를 권유받을 때

면담 중 탁자 위 상대방용 담배를 권유받는 경우가 있다. 이럴 때에는 "감사합니다"라는 인사말을 잊지 말아야 하며 두 번째부터는 "하나 더 피우겠습니다"라고 양해를 구한 다음 피우도록 한다. 그러나 너무 많이 피우지 않도록 한다.

③ 권유받은 담배는 거절하여도 좋다.

상대방이나 윗사람으로부터 담배를 권유받는 경우도 있다. 피우지 않는 사람이 담배를 든 채로 만지작거리는 모습은 옆에서 보고 있는 사람의 입장에서는 모양이 좋지 않다. 이때에는 "담배를 안 피웁니다"라고 정중히 거절하도록 한다.

④ 상대방이나 상사가 담배를 집어 들었을 때 불을 붙여주어야 하는가?

중요한 업무상의 이야기를 하고 있을 때 담뱃불을 붙여주면 상대편은 호의를 느끼지만 한편으로는 부담도 느끼게 된다. 그러나 상대가 주머니의 이곳저곳을 찾고 있을 때 여유를 갖게 하기 위하여 불을 붙여주는 것은 좋은 매너라고 할 수 있다.

6) 면담 중의 매너

① 면담 중 응접실에 들어갈 때
   ○ 노크한 다음 들어가 가볍게 목례한다.
   ○ 문이 열려 있을 때에는 "실례합니다"라고 인사한 다음 들어간다.
② 면담 중의 상사 또는 직원에의 연락방법
   ○ 연락은 메모로 하여 알려준다.
   ○ "말씀 중에 죄송합니다"라고 상대방에게 양해를 구한 다음 상대방에게 메모의 내용이 보이지 않도록 건네준다.
   ○ 응접실을 나올 때는 상대방에게 인사하는 것을 잊지 않도록 한다.
③ 면담 중에 상사가 인사하러 들어왔을 때
   ○ 반드시 일어나서 상사를 상대방에게 소개한다.

- 소개한 후 상대방이 앉은 다음에 자신도 앉는다.
- 상사에게 지금까지의 상담 경과를 간결하게 보고한 후 상담을 계속한다.

④ 상대방을 장시간 기다리게 할 경우
- 우선 기다리게 하는 것에 대하여 양해를 구한다.
- 상사를 대리할 수 있는 사람이 상대방을 상대한다.
- 상대방을 오랫동안 기다리게 할 경우에는 중간보고를 하도록 한다.

7) 차의 대접

상대방과 면담 중 한 잔의 차는 긴장된 분위기를 풀어주고 마음을 편안하게 하여주는 효과가 있다. 진심이 담긴 한 잔의 차는 면담을 원활하게 진행시켜 주는데 빼놓을 수 없다. 상대방이 기분 좋게 면담할 수 있도록 차를 시의 적절하게 내도록 한다.

① 차의 준비
- 손은 더럽혀져 있지 않습니까?
- 찻잔은 깨어져 있다든지 금이 가 있지 않습니까?
- 찻잔에 흔적이 남아 있지 않습니까?
- 찻잔과 주전자를 따뜻하게 해놓았습니까?
- 차의 양은 7부 정도 되어 있습니까?
- 차의 농도와 온도는 적당합니까?
- 쟁반은 더럽혀져 있다든지 물기가 있지 않습니까?
- 청결한 행주는 준비되어 있습니까?

② 커피를 내는 방법
- 가볍게 두 번 노크를 한다.
- 응접실로 들어간다.
- 인사를 한다.

- 쟁반을 놓는다.
- 차를 운반한다.
- 차를 낸다.
- 찻잔의 손잡이 및 티스푼을 찻잔 받침접시의 오른쪽으로 놓이도록 해야 한다.
- 인사를 한다.
- 응접실에서 나온다.

③ 회의실에서 차를 내는 방법

- 적당한 시간을 선택하여 차를 낸다.
- 차를 내는 시간이 정해져 있다면 잊지 않도록 한다.
- 사람 수가 많을 경우에는 두 사람 이상이 신속하게 운반한다.
- 상석을 중심으로 좌우로 나누어 낸다.
- 서류 등의 위에는 놓지 않도록 한다.

④ 찻잔의 뒤처리

- 상대방이 돌아가는 즉시 치운다.
- 찻잔은 바로 닦고 접시, 주전자 등도 깨끗이하여 잘 정돈한다.
- 재떨이도 깨끗이하여 둔다.

⑤ 이럴 땐 어떻게 할까요?

(1) 차가 부족할 때

상대방에게 먼저 차를 낸다. 그리고 일단 나간 다음 부족한 분을 갖고 온다.

(2) 차를 내는 순서

상석 순으로 내면 무난하다.

(3) 좌석이 좁기 때문에 상대방에게 직접 차를 낼 수 없을 경우

회사 직원에게 협력을 받아 전달하도록 한다.

(4) 사이드 테이블이 없을 때

테이블 끝에 쟁반을 놓은 다음 차를 낸다.

⑸ 테이블이 서류로 가득 차 있을 때

양해를 구한 다음 지시받은 자리에 놓는다.

⑹ 쟁반을 놓을 자리가 없을 때

왼손으로 쟁반을 잡고 오른손으로 차를 낸다. 한 손으로 차를
낼 때에는 특히 정중히 하도록 한다.

⑺ 찻잔이 치워져 있지 않을 때

"죄송합니다"라고 사과한 다음 우선 사이드 테이블에 서둘러 운반한다.
먼저 낸 찻잔은 치우고 새로운 차를 낸다.

⑻ 차를 엎질렀을 때

"죄송합니다"라고 사과한 다음 침착하게 처리하고 새로운 차를 갖고 온다.

⑼ 상대방과 직원이 섞여 앉아 있을 때 차를 내는 순서

ㅇ 상황, 장소에 따른다.

ㅇ 상급자 순으로 낸다.

ㅇ 우선 최상급자부터 내고 좌석순서에 따라 낸다.

8) 방문매너

타사를 방문할 때에는 한 사람 한 사람이 회사의 대표자이다.
상대편은 당신 개인의 인격을 회사와 연계하여 대응하고자 한다.
회사의 대표자로서 부끄럽지 않은 매너를 갖도록 노력해야 한다.

① 방문 전의 준비

⑴ 방문일시를 미리 약속해야 한다.

⑵ 대화의 소재로 이용할 수 있도록 방문회사의 일반 현황 등은 사전에 파
악·준비한다.

⑶ 방문신청은 일반적으로 전화로 하면 충분하다.

⑷ 상대가 대회사의 상무급 이상이라면 비서나 관련부서를 통하여 신청하는
것이 예의이다.

⑸ 명함 등의 휴대여부를 재확인한다.

⑹ 방문하기 전에 동료사원에게 방문처, 귀점시간을 알리고 간다.

② 도착은 늦어도 약속시간 5분 전까지

⑴ 아슬아슬하게 약속시간에 도착하여 여유를 갖고 상담에 임할 수는 없다. 늦어도 약속시간 5분 전까지는 도착하도록 한다.

그러나 너무 빨라도 업무방해가 될 수 있으므로 주의한다.

⑵ 만일 부득이한 사정이 있어서 늦을 것 같은 경우에는 미리 상대에게 그 뜻을 연락한다. 상대의 귀중한 시간을 낭비하게 한다든지 염려하게 하는 것은 곤란하다.

③ 상대편을 기다릴 때의 매너

⑴ 안내자로부터 지시된 좌석에 앉는다. 소파의 경우 말석에 앉는 것이 겸손한 인상을 준다.

⑵ 코트는 상대편이 권유하여 주면 옷걸이에 걸어도 좋다. 권유받지 않았을 때에는 마음대로 걸지 않고 가볍게 접어서 소파의 팔걸이에 놓는다.

⑶ 가방은 소파의 측면이나 발밑에 놓는다. 테이블이나 소파 위에 놓는 것은 실례이다.

⑷ 명함과 필요한 서류를 내어 준비하여 놓는다.

⑸ 상대편이 올 때에는 의자로부터 바로 일어나 인사를 한다.

상대편으로부터 좌석을 권유받은 후에 앉도록 한다.

④ 면담 중의 주의점

⑴ 용건은 간결·명확하게 전달하고, 장황하게 말하여 상대편의 바쁜 시간을 오래 빼앗지 않도록 한다.

⑵ 업무협조내용도 반드시 메모하도록 한다.

⑶ 면담 중에 상대의 상사가 들어왔을 때 이야기 중이라도 일어나서 인사하는 것이 예의이다. 그러나 긴 인사를 할 필요는 없고 간단히 끝낸다.

⑷ 차는 상대로부터 권유받은 이후에 마신다.

⑸ 나쁜 면담 자세

　팔짱을 끼는 것

　다리를 꼬는 것

　무릎을 흔들거나 떠는 일

⑤ 방문을 마치고 돌아갈 때의 주의점

⑴ 대화가 잘 진행되지 않을 경우에도 화난 얼굴이나 짜증난 얼굴을 보이지 않고 진지한 태도로 대화한다.

⑵ 면담 종료 후 시간을 내준 것에 대하여 감사의 인사를 잊지 않도록 한다.

⑶ 주위 사람들에게 웃는 얼굴로 인사하고 안내와 차를 내준 사람에게도 밝게 감사의 뜻을 말하도록 한다.

⑷ 방문처를 어느 정도 벗어날 때까지는 큰소리를 낸다든지 쓸데없는 말을 하지 않도록 주의한다. 특히 엘리베이터 내에서는 주의한다.

9) 탑승예절

자동차는 편리성의 도구만은 아니다. 즉 상사나 상대방과 함께 승용차를 이용할 때는 지켜야 할 매너와 예절이 있다. 상석의 순서는 편리성과 쾌적성을 근간으로 해야 한다.

① 승용차를 이용할 때

　○ 운전기사가 있는 경우 : 상석은 승하차가 편하고 승차감이 쾌적한 운전기사의 대각선 방향 뒷좌석이다.

　○ 손수 운전인 경우 : 상석은 주인과 대등한 입장에서 대화를 나눌 수 있는 운전석 옆자리이다.

② 버스를 이용할 때

　○ 운전석 뒤편 창가 쪽부터 상석이다.

　○ 앞좌석은 가급적 윗사람들에게 양보하고 뒷좌석부터 채워 앉는다.

    ㅇ 큰소리로 떠들거나 소란을 피워 동승자들에게 불편을 주지 않도록 한다.

③ 기차를 이용할 때

    ㅇ 기차이동 방향의 창 쪽이 상석이다.

    ㅇ 기차가 정거장에서 정차 중일 때에는 화장실을 사용하지 않는다.

④ 항공기 및 선박을 이용할 때

    ㅇ 탑승순서 : 상사(상대방)가 먼저 탑승하고 먼저 내린다.

    ㅇ 탑승좌석 : 앞쪽 및 창 쪽이 상석이다.

⑤ 엘리베이터를 이용할 때

엘리베이터를 타고 내릴 때나 엘리베이터 안에서 지켜야 하는 예절은 잘 모르고 지나치기 쉽다.

타고 내릴 때

    ㅇ 안내원이 있는 경우 윗사람이나 손님이 먼저 타고 내린다.

    ㅇ 엘리베이터 안내원이 없는 경우 : 버튼 조작을 위해 자신이 먼저 타고 나중에 내린다.

    ㅇ 엘리베이터가 만원일 때 : 앞사람부터 차례로 내린다.

    ㅇ 탑승을 기다릴 때 : 내리는 사람에게 방해가 되지 않도록 비켜서 대기한다.

엘리베이터 안에서

    ㅇ 가능한 문 쪽에서 먼 위치에 서며, 상사와 같이 탔을 경우는 버튼 조작판 쪽으로 선다.

    ㅇ 잡담이나 업무적인 대화는 삼가는 것이 좋다.

제3절 준비된 관리자

한국은 국가경제규모가 세계 11위의 선진국형 경제국가이다. 국내가 아닌 세계

경제 전쟁의 현장에서 무한경쟁을 해야 하는 한국기업의 구성원은 경제 전투병의 역할을 성공적으로 수행할 수 있는 사람이어야 한다.

1차적으로는 지금까지 이 책의 흐름대로 해온 바와 같이 자신의 적성과 강점을 고려한 인생목표를 설정하고 장기적으로 전망이 있는 직업을 조기에 선택하여 이를 달성하기 위한 전략 수립 및 강한 실천을 하여야 한다.

〈목표수립부터 취업까지 로드맵〉

인생목표설정	직종선택	업종선택	회사선택
• 자신의 강약점 분석 • 인생목표 수립 • 적성, 자질을 극대화할 수 있는 직종 선택 • 장점을 극대화한다	• 엔지니어, 기술직 • 연구개발직 • 기획관리직 • 판매영업직 • 공기업, 교직	• 전기, 전자, 반도체 • 기계, 자동차, 조선 • 토목, 건축, 디자인 • 정보통신 • 금융 • 유통, 물류, 운송 • 관광	• 삼성전자, LG전자, HYNIX • HP, IBM, GE • 현대기아, 대우, 쌍용 • 현대, 삼성중공업, STX • SKTELECOM, KT, LGT • 금호, 삼성, GS, 현대 • 국민은행, 교보증권, 삼성생명 • CJ, GS유통, ...

기업정보수집	서류 및 면접준비	리허설	취업
• 신입/경력채용방식 • 면접방식 • 인재상 • 기업 브랜드 및 매장 수 • 경쟁사 현황 • 시장점유율, 매출	• 입사지원서 작성 • 자기소개서 준비 • 면접준비 • 최근 시사정보 숙지 • 사회적 이슈 이해 • 전공 지식 정리	• 모의 면접 참가 • 교수, 취업지도실 지도 • 직장인 선배 도움 • 동료 간 팀단위 리허설 • 표현력, 목소리, 태도 • 습관 교정	• 내가 원하는 회사는 남도 원하는 회사이므로 경쟁률이 높다. • 반드시 복수의 회사를 고려하고 본인의 역량에 적합한 관련회사에 일단 입사를 한 후, 부족한 역량을 높여서 원하는 기업으로 전직을 하는 방법이 실리적임

그리고 지원하는 기업의 직무에 대한 명확한 사전이해가 필요하다. 그 기업에서의 중요성과 직무수행자들의 자격요건 등에 대한 기본적인 정보를 파악하고 본인의 역량과 적성이 적합한가를 충분히 검토한 후 지원해야만 한다.

〈직무요건과 실행계획〉

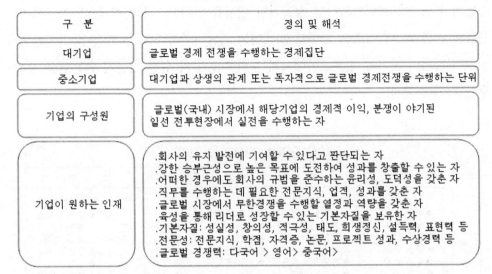

구 분	정의 및 해석
대기업	글로벌 경제 전쟁을 수행하는 경제집단
중소기업	대기업과 상생의 관계 또는 독자적으로 글로벌 경제전쟁을 수행하는 단위
기업의 구성원	글로벌(국내) 시장에서 해당기업의 경제적 이익, 분쟁이 야기된 일선 전투현장에서 실전을 수행하는 자
기업이 원하는 인재	.회사의 유지 발전에 기여할 수 있다고 판단되는 자 .강한 승부근성으로 높은 목표에 도전하여 성과를 창출할 수 있는 자 .어떠한 경우에도 회사의 규범을 준수하는 윤리성, 도덕성을 갖춘 자 .직무를 수행하는 데 필요한 전문지식, 업적, 성과를 갖춘 자 .글로벌 시장에서 무한경쟁을 수행할 열정과 역량을 갖춘 자 .육성을 통해 리더로 성장할 수 있는 기본자질을 보유한 자 .기본자질: 성실성, 창의성, 적극성, 태도, 희생정신, 설득력, 표현력 등 .전문성: 전문지식, 학점, 자격증, 논문, 프로젝트 성과, 수상경력 등 .글로벌 경쟁력: 다국어 > 영어> 중국어〉

1차 → 2차 → 3차적 인간관계를 형성하는 단계에서 개인적인 차이 발생은 불가피하지만 적극적인 대인관계와 학습을 통한 역량을 확보하여 글로벌시대의 변화에 적응함과 동시에 경제적 자립생활을 할 수 있어야 한다.

〈주요자산 형성과정으로 본 인생경로〉

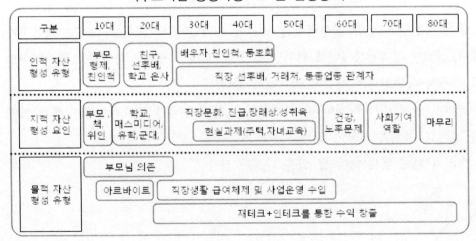

구분	10대	20대	30대	40대	50대	60대	70대	80대
인적 자산 형성 유형	부모, 형제, 친인척	친구, 선후배, 학교 은사	배우자 친인척, 동호회					
			직장 선후배, 거래처, 동종업종 관계자					
지적 자산 형성 요인	부모, 척, 위인	학교, 매스미디어, 유학, 군대,	직장문화, 진급,장려상,성취욕			건강, 노후문제	사회기여 역할	마무리
			현실과제(주택,자녀교육)					
물적 자산 형성 유형	부모님 의존							
	아르바이트	직장생활 급여체제 및 사업운영 수입						
		재테크+인테크를 통한 수익 창출						

　개개인의 인생은 저마다 다르지만, 열정과 바른 마음으로 사회생활에 요구되는 공통적인 역량을 키워나간다면 성공적인 인생을 영위할 가능성이 높다. 아래의 인생단계별 필요역량 전략을 토대로 20대에는 기본지식과 학습능력, 좋은 가치관 등을 키워나가며 서서히 전문분야에서의 노하우를 갖기 위한 전문지식과 역량 등을 쌓아 나가야 한다.

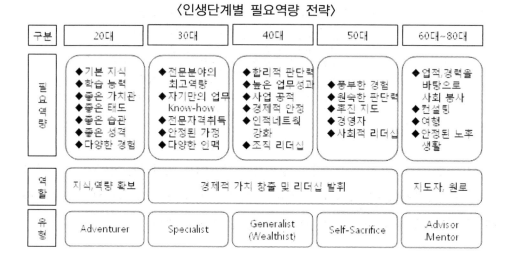

〈인생단계별 필요역량 전략〉

　좋은 품성과 다양한 경쟁역량을 보유한 사회인이 되기 위한 준비는 빠를수록 좋다. 글로벌 경제전쟁시대에 뛰어난 경영전사로서의 자질을 함양하고 관련지식으로 무장하여 변화하는 세상에 적응해야 한다.

　따라서 현재 대학에 재학 중인 학생들은 앞서 언급한 필요역량에 따른 로드맵을 그리고, 자신의 직무에 맞는 지식과 노하우를 쌓아나가야 한다.

　그러기 위해 현재 해야 할 일은 다음과 같다.

〈학년별 경력관리전략〉

학년	경력관리전략	세부 실행 방안
2학년 2학기	❖ 구직관련 자격 정비 ❖ 자기표현력 극대화 ❖ 지원서 작성 ❖ 구직 활동~입사	➢ 학점, 어학, 자격증, 경력, 포상내역 등 정비 ➢ Presentation, 집단토론 등 연습(준비성) ➢ 구체성, 간결성, 명확한 목표, 맞춤형 인재 ➢ 인맥 활용, 철저한 정보 분석 및 준비
2학년 1학기	❖ 관련 자격증 도전 ❖ 지원기업 검토, 설정 ❖ 태도 및 습관 교정	➢ 전공 및 지원직무 관련 자격증 도전 ➢ 지원기업, 채용형태 관련 정보수집, 대응 ➢ 건강하고 열정적이며 매너 있는 태도
1학년 2학기	❖ 직업/직무 선택 ❖ 전공/학점 관리 ❖ 직무체험 및 경력관리	➢ 자신의 강단점 고려한 직업/직무 선택 ➢ 학점 관리 및 전문지식 습득, 자격증 준비 ➢ 아르바이트, 프로젝트, 경진대회 참가
1학년 1학기	❖ 다양한 경험, 인맥 구축 ❖ 인생목표 설정 ❖ 직업에 대한 탐구	➢ 동아리, 특기/취미, 봉사 활동 적극 참가 ➢ 자신의 장래상(직업, 사회기여도 등) 설정 ➢ 다양한 직업에 대한 이해 및 장래직업 검토

제4절 핵심인재 VS 독립인재

1. 핵심인재

　회사생활을 해보면 상사에 대한 아쉬운 점이 장점에 비해 많이 느껴지는 것은 무슨 이유일까? 이 부분에 대해 많은 비즈니스맨들이 고민을 하고 있다. 조금만 상냥한 말투로 지시를 내렸으면 좋으련만, 왜 그렇게 무뚝뚝하게 이야기하는 것일까? 왜 직원들은 상사와 밥먹기를 꺼려할까? 이런 질문들에 대해 큰 틀로 보니 직원들을 단순히 부속품으로밖에 생각하지 않는다든가, 직원들이 존중감을 느낄 수 있게 하는 제안 프로그램이나 다변화 프로그램, 360도 평가제 등의 부재나 자신의 자리에 대한 미래를 그려볼 수 없기 때문이다.

　이러한 점을 개선하기 위해서 기업교육은 그 대상과 내용 및 방법에 따라 다양하게 전개되어 오고 있으며 진화를 거듭하고 있다.

대상에 따른 분류에 의해 신입사원부터 직급별로 승진하는 대상자, 그리고 임원 교육으로 나누고, 경영학에 기반을 둔 경영지식과 문제해결, 그리고 기획력, 커뮤니케이션을 아우르는 Business Skill, 그리고 리더십이나 IT, 외국어 등이 일반적 분류로 나누어진다. 이러한 교육은 인터넷의 발전에 따라 온라인 교육과 오프라인으로 이루어지는 집체교육 혹은 두 가지를 결합한 교육은 매체별 방법에 따른 분류이다. 그 밖에 독서 경영이나 Action Learning 등을 활용하여 기업에서는 핵심인재를 양성하고자 하고 있다.

핵심인재는 이러한 교육과 더불어 코칭과 멘토링, 직무순환을 통해 노하우를 쌓게 되는 과정을 거치게 된다.

이러한 핵심인재는 직원과 회사가 같은 방향으로 가야 한다. 개인들도 성공하려 하고 회사도 성공하려고 한다. 같은 방향을 향했을 때 서로 성장할 수 있으며 그렇게 하기 위해서는 서로 간의 유대감과 배려가 필요하다.

세계적인 컨설팅회사 매킨지는 80대 20의 원칙으로 조직과 사회에 대한 이야기를 하였다. 매출의 80퍼센트를 영업사원 중의 20퍼센트가 달성하고 조직의 핵심인력 20퍼센트가 80퍼센트의 인력을 유지시켜 주며 나라 전체로 보면 인구의 20퍼센트가 부의 80퍼센트를 창출하고 소유한다는 원리가 그동안 많은 조직들의 운영에 있어서 지침이 되어왔다. 그런데 최근에는 90대 10의 원칙으로 열 명 중 한 명의 직원이 나머지 9명을 먹여 살리는 시대가 왔다고 한다. 그렇다면 이러한 상황 속에서 개인이 생각해야 할 전략은 무엇일까? 내가 10%에 들기 위해서는 입사 후 어떤 일을 해야 하고 어떤 것들을 배워야 할까? 이러한 논쟁에 대해서 일본의 인재개발Top 매니저, 사이토 고타쓰는『핵심인재』의 저서에서 크게 4가지로 나누어 제시하였다.

생각의 기술, 매니지먼트, 자기계발, 자기실현의 네 부분으로 나누어 이 모든 것이 필요한 것이 아니지만, 이러한 부분에 초점을 맞춘다면 자신의 노력이 성과로 나타날 확률이 그만큼 높아질 것이다.

2. 독립인재

강한 개인과 강한 조직 중에서 하나만 선택해야 한다면 어떤 사람들은 강한 개인을 만들어야 한다고 생각한다. 그러나 한편으로는 강한 조직이 없는데 개인이 강하게 성장할 수 없으며 강한 개인 없이 조직이 강해질 수 없다.

당연한 이치이지만, 강한 조직에 어물쩍 조직에 기대에 넘어가려는 사람들이 있고, 이러한 반복은 무모한 자원의 낭비와 반칙으로 이어진다.

근무하고 있는 회사에서 부장이 되고, 이사가 된다든지 하는 꿈보다는 내가 할 수 있겠어?

5년 후 나는 장사나 해야지 라는 등 자신의 사업을 일으켜보겠다는 소망의 목표를 갖고 있으나, 현실과의 괴리감에서 실천하지 못하고 매력적이지 않은 일을 계속하는 사람들도 있다.

혹은 일과 사생활, 예를 들어 업무에 시달려 가족들과 시간을 보내지 못한다든가, 자신이 취미로 갖고 있는 낚시를 하러 갈 여유가 없다든가 하는 이유는 기업에서 핵심인재가 아닌 독립인재가 되고자 하는 원인이 되곤 한다.

기업에 입사하여 정해진 코스 즉, 기업-정년보장을 포기하고 불확실한 미래에 도전하는 사람들이 독립인재이다.

이러한 변화를 체험하는 독립인재는 정해진 코스를 벗어나 스스로 강한 개인으로 성장할 수 있기 위해서는 개인들의 몫이 필요하다.

여러분의 선택은 어떠한가? 핵심인재가 되기 원하는가? 독립인재가 되기 원하는가?

이에 따라 입사 후 여러분의 역량을 쌓아야 하는 전략이 바뀌어야 한다. 당장의 취업이 문제인데, 라는 사고에서 벗어나, 나는 어떤 인재가 되기를 원하는지, 내가 원하는 게 이루어지지 않았을 때 다른 전략 B, C를 생각해 보아야 한다.

○ 실천가이드

1. 인생단계별 필요 역량표를 본인에게 적용하여 작성하여 보아라.

	20대	30대	40대	50대	60대~80대
필요역량					
역할					
유형					

2. 학년별 경력관리전략을 본인에게 맞게 작성하여 보아라.

학년	경력관리전략	세부 실행 방안
2학년 2학기		
2학년 1학기		
1학년 2학기		
1학년 1학기		

행동할 수 있는 계획 세우기

Chapter

○ Objective

01 항공사 시간표처럼 구체적인 계획표를 작성하라. 작성의 5가지 원칙에 따라 계획을 쪼개고 쪼개라.

02 실행력을 높이기 위해서는 구체적인 계획과 그 계획을 실행에 옮기지 않았을 때의 자극이 필요하다. 자신에게 정기적으로 자극이 되는 자극제를 개발하라.

03 실행이 잘 되고 있는지 자신만의 KPI(Key Performance Indicator)를 개발하라. 그리고 당장 실행하라!

제1절 항공사 타임 테이블 벤치마킹하기

항공사의 timetable은 특정 두 구간을 운항하는 비행편의 운항요일 및 유효기간 등의 정보를 조회할 수 있는 기능으로써 매월 up-date된 비행스케줄을 유지하며 조회 지정일로부터 28일 범위 내에서 조회 가능하다.

1. 기본형태

기본형태는 ① time table조회 기본 지시어 ② 요청일 ③ 출발지(도시코드나 공항코드) ④ 목적지(도시코드나 공항코드)로 이루어져 있다.

ST 10DEC SEL SFO
① ② ③ ④

아래 그림표의 ⓐ는 적용기간(요청일+28일), ⓑ는 요일코드(월화수목금토일), ⓒ 는 출발지/도착지 ⓓ는 운항요일(1-월, 2-화, 3-수, 4-목, 5-금, 6-토, 7-일), ⓔ 출발시간 및 출발지 ⓕ 도착시간 및 도착지를 말한다.

〈항공사의 Timetable〉

```
>ST10DECSELSFO      ⓑ              ⓒ
10DEC- 6JAN    NTWTFSS  SEL      SFO SAN FRANCISCO.CAN.US
      ⓐ 4JAN   1.3.567  1505ICN  0806SFO ⓖU UA 892   777  FPCDZ   0
         4JAN ⓓ1.3.567 ⓔ1505ICN ⓕ0806SFO   OZ6614 ⓗ777 ⓘFCY  ⓙ0
        14DEC   1.3.567  1505ICN  0806SFO ⓗM US6632   777  FCDZY   0
16DEC 16DEC    ..3....  1505ICN  0806SFO   M US6632   777  FCDZY   0
18DEC  4JAN    1.3.567  1505ICN  0806SFO   M US6632   777  FCDZY   0
       6JAN    1.3.567  1505ICN  0819SFO   0 UA 892   777  FPCDZ   0
       6JAN    1.3.567  1505ICN  0819SFO     OZ6614   777  FCY     0
       6JAN    1.3.567  1505ICN  0819SFO   M US6632   777  FCDZY   0
               .2.4.67  1635ICN  0940SFO   M DL7867   772  CDIYB   0
        22DEC  .2...67  1635ICN  0945SFO   0 KE 023   772  PACOI   0
        31DEC  ...4...  1635ICN  0945SFO   0 KE 023   772  PACOI   0
26DEC          .2...67  1635ICN  0945SFO   0 KE 023   772  PACOI   0
               .23.5.7  1645ICN  1000SFO     OZ 214   777  CY      0
               .23.5.7  1645ICN  1000SFO   M UA4664   777  CDZYB   0
               .23.5.7  1645ICN  1000SFO   M US5204   777  CDZYB   0
        31DEC  1234567  1740ICN  1115SFO   0 SQ 016   77W  FPACZ   0
   1JAN         1234567  1740ICN  1115SFO   0 SQ 016   77W  FPACZ   0
```

항공사 시간표는 꼭 지켜져야 한다. 그렇기 대분에 세분화되어 있다. 월요일에 출발할 예정이니 내가 원하는 때에 가겠다는 게 없다.

지금까지 여러분의 목표를 세웠다면 현재(출발지)와 미래(도착지)를 구체적으로 그려보아라.

그리고 그 GAP을 보완하기 위해 어느 요일에 어떤 활동을 할 것인지 더 나누고 쪼개보아라.

2. 구체적 실행을 위한 5단계

아이디어가 목표달성을 위한 일반적인 방법이라면 개념은 보다 구체적이고 실행 가능한 방법을 말한다.

따라서 항공사 시간표처럼 정교하게 만들기 위해서 5단계를 거친다.

---

① 1단계 : 해야 할 일 정하기

② 2단계 : 아이디어 리스트 만들기

③ 3단계 : 개념 도출해내기

④ 4단계 : 대체 아이디어 만들어내기

⑤ 5단계 : 몇 번 반복해서 하기

---

1) 1단계 : 해야 할 일 정하기

칠판에, 혹은 큰 노트에 해야 할 일이 무엇인지 먼저 크게 써본다.

그리고 그 일을 통해 어떠한 이익, 영향이 있는지를 적는다.

2) 2단계 : 아이디어 리스트 만들기

이를 위한 근본적인 아이디어를 정리해 보기

마찬가지로 그러한 일들을 통해 자신에게 어떠한 영향이 있는지 적는다.

3) 3단계 : 개념 도출해내기

근본적인 아이디어와 관련되는 새로운 개념을 브레인 스토밍을 통해 만들어내기

4) 4단계 : 대체 아이디어 만들어내기

브레인스토밍을 한 개념별로 관련되는 새로운 아이디어를 정리해 보기.
그러면 조금씩 나무와 같이 새로운 가지들이 뻗어 나갈 것이다.

5) 5단계 : 몇 번 반복해서 하기

적절한 개념과 아이디어가 정립될 때까지 3, 4단계를 반복하기
그리고 마지막으로 잊지 말아야 할 것은 이렇게 정한 세부계획, 실천을 위한 아이디어들이 얼마나 실행력이 있는지 측정해 보아야 한다.

3. KPI(Key Performance Indicator)

자신의 세부계획 실행을 위한 KPI 도출 시에는 관리 중요성, 통제 가능성, 그리고 측정 가능성을 고려하여야 한다.

예를 들어 날씬한 몸매를 갖고 싶다는 목표가 있다면 현재 몸무게가 몇 kg이고, 목표는 몇 kg, 언제까지 달성할 예정인지 식단과 운동은 어떤 것을 몇 분 동안 할 것인지에 대한 세부적인 계획도 중요하지만, 그 계획이 실행되고 있는지 정기적으로 측정해야 한다. 항공사 또한 정시율, 운항률 등을 정기적으로 측정하고 발표한다.

따라서 매일 정해진 시간에 몸무게를 측정하여 기록하고 주위 사람에게 발표한다면 목표에 가까워질 확률이 높아진다.

관리 중요성을 기준으로 KPI를 도출할 경우, 자신이 추구하는 전략방향이 먼저 고려되어야 한다. 자신이 추구하는 전략방향이란 일반적으로 성장단계에 따라 달라진다. 예를 들어 자신이 성장기, 성숙기, 수확기 등 어떠한 라이프 사이클 단계에 있는가에 따라 KPI 개발의 초점이 달라져야 한다. 성장기에 있는 경우, 예를 들어 토익목표가 800점인데 지금 600점대라면 Grammar와 Vocabulary 부분을 동시에 병행하는 것을 중심으로 KPI를 개발하는 것이 필요하며, 반면 700점대라면 현 점수를 유지 및 향상시킬 수 있는 학습플랜 방향에 의거하여 KPI를 개발하는 것이 필요하다.

몸무게나 토익점수같이 숫자로 구체적으로 표현할 수 있으면 좋다.

자신만의 KPI를 만들고 주위 사람에게 발표하라.

제2절 S.M.A.R.T 계획 세우기

사람들마다 가지고 있는 상식은 다르다.

예를 들어 생수기 통에 물을 꽂을 때 반드시 입구 주위를 깨끗이 닦는 사람이 있는가 하면, 그 부분이 물에 닿지 않는다고 하여 그러한 것을 중요시 여기지 않는 사람들이 있다. 이와 마찬가지로 사람들의 감각 또한 각기 매우 다르다.

장수프로그램이었던 가족오락관에서 이러한 다른 감각을 이용한 게임을 한 것을 본 적이 있다. 자신이 60초라고 생각한 시간 동안 돈을 세는 것이다. 그런데 사람마다 60초를 세어보라고 하면 천차만별이었다. 이는 사람마다 가지고 있는 감각이라는 것이 매주 개인적인 주관에 의해 생성되기 때문이다.

그렇지만 가족오락관에 등장한 게스트들에게 시계를 나눠주고 60초를 세라고 했다면?

모두들 정확히 계산해 낼 것이다. 이는 감각에 의존하는 60초가 아닌 실제 대상을 비교·판단할 수 있는 근거인 시계가 있기 때문에 가능하다.

누구나 계획을 세운다. '이제부터 열심히 살을 빼겠다!' '영어공부에 올인하겠다!' 그러면 어떻게 하면 열심히 혹은 올인한 것일까? 사람마다 다를 것이다.

여기서 한 발 더 나아가 '오늘은 1시간 동안 운동을 해서 살을 빼겠다!'라고 계획을 세웠다고 가정해 보면 1시간 동안 얼마나 운동해야 열심히 한 것일까? 최소한 계획은 감각에 의지하지 말고 직관적으로 공유할 수 있는 근거를 바탕으로 세운 것이어야 한다.

'오늘은 1시간 동안 자유형 30분, 평형 30분으로 수영장 20바퀴를 돌아야지'라고 해야 진정한 계획이 되는 것이다.

SMART는 약자이다.

Specific : 구체적이어야 한다.

추상적이거나 실제적이지 않은 목표는 좋지 않다.

Measurable : 달성도를 측정할 수 있어야 한다.

목표를 숫자화하는 것도 좋다.

Achievable : 실현가능한 것이어야 한다.

너무 어렵거나 너무 쉬우면 좋지 않다.

Result-Oriented : 과정보다는 결과지향적으로 표현하는 것이 좋다.

Time-Bounded : 달성할 날짜, 마감일을 정해야 한다.

제3절 필요 없는 시간 없애기

필요 없는 지출 줄이기, 필요 없는 소품들 버리기는 먼저 내가 어느 부분에 지출을 하는지, 이러한 소품은 언제 사용했는지를 알고 있으면 버리기가 쉬워진다. 따라서 필요 없는 시간을 없애기 위해 내가 하루 동안 무엇을 했는지를 먼저 기록해라. 우리는 모두 하루 24시간씩을 선물로 받았다. 그러나 그 24시간 동안 무엇을 하며 어떻게 살아가는지는 우리의 책임이며 그에 따라 인생의 모습은 달라진다. 벤자민 프랭클린은 "당신은 인생을 사랑하십니까? 그렇다면 시간을 낭비하지 마십시오. 인생이라는 것은 바로 시간으로 이루어져 있습니다"라고 말하였다. 이 말이 진실이라면, 인생을 관리하는 것은 시간을 관리하는 것이요, 그것은 곧 인생에서 벌어지는 사건들을 관리하는 것이라고 해도 과언이 아닐 것이다.

그런데 많은 사람들은 시간에 대해 다음과 같은 두 가지 착각을 하고 있다.

첫 번째로 지금보다는 미래의 어느 때에 더 많은 시간을 가지게 될 것이다.

두 번째로 시간을 저축할 수 있을 것이라는 점이다.

그러나 우리가 오늘 시간을 관리하지 못한다면 내일도 마찬가지일 것이다. 게다가 시간은 결코 모아 두었다가 사용할 수 없다. 그러므로 바로 오늘 이 순간을 충실하게 사는 것은 너무도 중요한 문제이다. 지혜로운 시간 관리를 위해 다음과 같은 사실들을 기억해라.

1. 우선순위를 세워라

우리가 이미 알고 있는 것처럼 '긴급'이 '매우 중요'는 아니다. 미국의 통계를 보면 평균적으로 아버지가 자녀와 1대1 대화를 하는 것은 주당 평균 17분, 아내와는 27분이라고 한다. 가족 간의 대화는 중요하긴 하지만 긴급한 일은 아니기에 우선순위에서 밀려나기 때문이다.

2. 내가 관리할 수 있는 일에 집중하라

내가 관리할 수 있는 일들은 어떤 것인가? 그것이 중요하다. 바로 거기에 집중해야 한다. 그런데 이를 위해 먼저 시정되어야 할 오해가 있다. 그것은 우리가 관리할 수 있다고 생각하지만 할 수 없는 것들이 있고, 관리할 수 없다고 생각하지만 할 수 있는 것들이 있다는 것이다. 필요성이 충분히 클 때 우리는 평소에는 불가능하다고 믿던 것들을 관리할 수 있다. 그러므로 문제는 우리가 얼마나 중요하게 여기느냐 하는 것이다.

3. 시간 도둑을 막아라

우리의 시간을 도둑질해 가는 것들은 다음과 같다. 이 도둑들을 막을 수만 있다면 우리는 우리에게 주어진 시간을 효과적으로 사용할 수 있을 것이다.

1) 방해에 의한 중단
2) 뒤로 미루기 : 이것은 가장 흔히 일어나는 일이다. 그러나 일을 미루면 사건이 우리를 끌고 간다. 그러므로 스스로 마감일을 정해야 한다. 그리고 스스로 상을 주어라. 일이 너무 커 보인다면 헨리 포드의 말을 기억해 보아라. "일을 잘게 나누면 특별히 어려운 일이란 없다."
3) 우선순위의 변경
4) 엉성한 계획 : 오래된 격언 "계획에 실패하면 실패를 계획하는 것이다."

4. 좋은 습관을 가져라

습관은 수많은 과중한 일들을 과중한 정신적 부담 없이 처리할 수 있게 도와준다. 그러나 좋은 습관을 가질 것인지 나쁜 습관을 가질 것인지는 자신의 선택에 달려 있다.

제4절 역산(逆算)다이어리

최근 들어 방문판매원의 학력도 올라가고 있다. 전집류 등을 파는 웅진씽크빅의 방문판매원 중 학사 이상의 학력자는 2006년 29%에서 2009년 38%로 증가했다. 같은 기간 석사 이상 학력자도 31명에서 101명으로 3배 이상으로 크게 늘었다.

남성 방문판매원도 꾸준히 늘고 있다. 웅진코웨이의 남성 방문판매원 '코닥'은 2007년 425명에서 지난해 840명으로 약 2배로 증가했다. 전체 방문판매원 중 남성 비중도 같은 기간 3%대에서 7%대로 증가하는 모습을 보였다. 아모레퍼시픽 카운슬러의 경우 새터민은 물론 몽골 출신이 있을 정도로 문화적 배경도 다양해지고 있다.

젊고 똑똑해진 방문판매원들은 IT기술로 날개를 달았다. 두꺼운 다이어리에 기록했던 고객정보와 상담내용은 개인휴대정보기(PDA)로 옮겨졌다. 아모레카운슬러의 PDA에는 고객 이름과 함께 '철수네 엄마', '○○슈퍼 사장님'처럼 애칭을 기록하는 기능도 있다.

방문판매원이 판매하려는 상품을 고르면 고객의 화장품 사용주기를 역산해 현시점에서 재구매 가능성이 높은 고객 명단까지 뽑아준다. 아모레퍼시픽 관계자는 "요즘 고객관리는 장부나 기억력에 의존하던 과거와는 수준부터 다르다"고 말했다.

여기서 주의 깊게 볼 점은 고객의 화장품 사용주기를 역산해 현 시점에서 재구매 가능성이 높은 고객명단을 뽑는다는 것이다.

즉 각 목표에 도달하는 시점에서 역산하여 계획의 대강을 세워간다. 반년 단위의 계획이라면 6월의 결말을 상장한 뒤에 5월, 4월, 3월, 2월, 1월로 시간을 거슬러 올라온다. 1년 단위라면 12월부터 마찬가지로 소급해 올라온다. 이렇게 하는 편이 1월부터 순차적으로 조립하는 것보다 현실성과 확실성이 높다. 먼저 연필로 써놓은 뒤 결정된 단계에서 볼펜이나 사인펜으로 기입하는 것이 수정하기 좋다.

전체적인 일과 오늘 작업과의 연결성을 이해하면 시간을 낭비하는 일은 없다.

○ 실천가이드

1. 자신이 해야 할 일에 대한 아이디어를 모아본다.

① 1단계 : 해야 할 일 정하기

② 2단계 : 아이디어 리스트 만들기

③ 3단계 : 개념 도출해내기

④ 4단계 : 대체 아이디어 만들어내기

⑤ 5단계 : 몇 번 반복해서 하기

2. 자신이 세운 목표에 대해 SMART 계획표를 완성하라.

	S	M	A	R	T
항목 1._____					
항목 2._____					
항목 3._____					

○ 책 속의 책

1. 책제목 : 버킷리스트

저자 : 강창균·유영만

2. 주제 : 자신의 버킷리스트를 찾아가는 과정을 통해 버킷리스트의 의미와 버킷리스트 작성의 중요성, 그것이 주는 삶의 행복을 찾게 한다.

3. 내용 : 내 가슴을 뛰게 하는 도전과 소원 목록인 버킷리스트는 '내 생애 꼭 하고 싶은 일들'이다. 하고 싶은 일은 사람마다 다르다. 죽음을 눈앞에 둔 사람은 사랑하는 사람과 오붓하게 오솔길을 걷는 게 버킷리스트가 될 수 있다. 바쁜 일상에 쫓겨 여유를 잃고 사는 사람들은 일상을 일탈해 가까운 곳으로 여행을 떠나는 게 버킷리스트가 되기도 하고, 오랜 투병생활 끝에 일상으로 돌아온 사람은 날씨 좋은 가을날 노천카페에 앉아 에스프레소 커피 한 잔을 마시는 게 버킷리스트가 되기도 한다.
이처럼 버킷리스트는 각자가 처한 상황, 간직하고 있는 꿈,
도전하고 싶은 욕망에 따라 일상의 사소한 일이 될 수도 있고 많은 시간이

걸리는 큰일이 될 수도 있다.

그런 의미에서 버킷리스트는 행복으로 가는 꿈의 목록이자 꿈을 나누고 실천하면서 절망적인 상황에서도 희망을 나누는 일이다.

버킷리스트는 꿈을 달성하기 위해 스스로 실천하겠다고 자신과 다짐한 약속 목록이다.

나의 꿈을 달성하기 위해 실천하겠다고 다짐한 약속은 이제까지와는 다른 방법으로 도전할 때 비로소 현실로 구현된다.

꿈은 도전을 통해 달성되기 때문에 버킷리스트는 꿈의 목적지에 이르기 위해 추진해야 될 도전목록이다.

버킷리스트를 달성하는 순간 느끼는 즐거움은 형언하기 어려울 정도로 감동적인 체험이다.

버킷리스트는 감동적인 기쁨을 제공해 주는 일종의 감탄사 모음집이다.

나아가 버킷리스트는 그것을 실천하면서 깨닫는 소중한 배움을 던져주는 교훈 목록집이기도 하다.

마지막으로 버킷리스트는 하고 싶은 일을 추가하는 '플러스 리스트'인 동시에 이미 달성한 목록을 지우는 '마이너스 리스트'이기도 하다.

4. 나에게 주는 메시지

○ 맺음말

대학등록금, 청년실업률, 집값, 자살률은 미치도록 높고, 성인의 노동시간과 학생의 학습시간은 미치도록 길고, 비정규직 임금은 미치도록 낮고, 사회안전망은 미치도록 후지다는 우울한 눈사람은 데굴데굴 굴려버렸으면 좋겠다.

학생들은 대학의 낭만이라는 것을 느껴보기도 전에 취업이라는 현실 때문에 자유롭지 못하다.

그런데 바꾸어 생각해 보라. 요즘은 샐러던트라는 말이 나올 정도로 회사에 입사해 일하면서 대학으로 다시 회귀하여 자신의 역량을 개발하는 사람들이 많다.

현재 내가 그러한 샐러던트가 되어 공부하고 있다고 역발상해 보자. 하루하루가 좀 더 여유롭게 느껴질 것이다. 왜냐면 나는 지금 일을 하고 있지 않으니까 그 시간만큼 샐러던트보다 시간이 더 많지 않은가?

기업컨설팅을 하다 보면 맞춤형 조언과 교육이 필요하다. 그런데 사원들을 인터뷰하다 보면 비슷비슷한 이야기들이 나온다.

우리의 비전이 뭐지? 아, 그건 총무팀 김 부장이 아는 거야. 나는 몰라. 오늘 처리해야 할 일도 산더미고, 고객들을 응대하기도 바쁘다고.

어디로 가는지도 모르고 모두들 노를 젓는다면 열심히 노를 젓되 각기의 방향으로 열심히 달려갈 것이다. 한 배를 타고 있는 줄도 모르고….

이 책의 기획의도는 건강, 가족, 시간, 일, 돈이 자아와 어떻게 연결되어 균형 있게 발전할 수 있느냐라는 취지에서 시작되었다. 내 목표가 저 언덕 너머 사과나무 위에 있는데, 그 목표에 다다랐을 때 사과나무에 오르지도 못할 정도로 건강이 좋지 못하다면? 나 혼자뿐이라면, 혹은 사과를 살 돈이 없다면? 어떻게 할까?

자기계발과 취업에 관한 많은 조언과 이야기들이 있지만, 정작 지금 알고 있는 걸 그때도 알았더라면 하고 무릎을 치지 않도록 균형 있는 자기발전에 대한 소리가 아직은 미약하다.

누구나 꿈을 꾼다.

그러나 누구나 꿈을 키워가는 것은 아니다.

꿈 너머 꿈을 꾸고 그 꿈을 이루기 위한

각고의 노력이 필요하다. 시간이 갈수록 더욱더

우리의 피를 끓게 하고 가슴 뛰게 하는

균형을 이룬 원대한 목표여야 한다.

이 책이 그러한 꿈을 이룰 수 있는 Plan-Do-See를 돕는 도움닫기가 되길 바란다.

그럼, 이제부터 배우자! 미치자! Show하자!

▌저자약력

인하대학교 대학원 석·박사 졸업(서비스경영/생산 및 경영과학 전공)
University California, Riverside Extention(TESOL)
대한항공 객실 여승무원
SLA어학원 원장
現 : 부천대학 겸임교수
　　　인하대학교 경영학부 외래교수
　　　국제회의기획사
　　　(주)지니BS컨설팅 경영연구소 부소장

엄 경 아

고려대학교 경제학과 졸업
아시아나항공(주) 收入관리부
동아생명보험(주) 부동산사업부
ING생명보험(주) 부지점장
전앤김웰스펌 센터장/상무
現 : (주)지니BS컨설팅 대표이사
　　　증권투자상담사/선물거래상담사
　　　AFPK(한국재무설계사)
　　　CFP(국제공인재무설계사)

이 정 훈

경희대학교 관광대학원 호텔경영학 석사
연세대학교 CEO과정 이수
대한항공 객실 여승무원
동양대학교 교수(관광서비스개론)
레이크사이드 C.C. SVC 교육개발팀장
제너시스 창업전략연구소 CS강사
한국프랜차이즈협회 강사
現 : (주)지니BS컨설팅 경영연구소장
　　　국제공인경영컨설틴트(ICMCI CMC)

김 은 정

대학생을 위한 BS 컨설팅

2011년 2월 25일 초 판 1쇄 발행
2012년 2월 20일 수정판 1쇄 발행

저 자 엄경아·이정훈·김은정
발행인 (寅製) 진 욱 상

저자와의
합의하에
인지첩부
생략

발행처 📖 백산출판사
서울시 성북구 정릉3동 653-40
등 록 : 1974. 1. 9. 제 1-72호
전 화 : 914-1621, 917-6240
FAX : 912-4438
http://www.ibaeksan.kr
editbsp@naver.com

값 15,000원
ISBN 978-89-6183-432-2